KB075250

명문가의 격

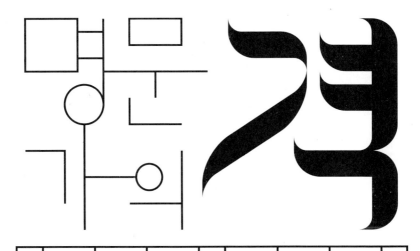

명문가의 격

고귀하고 명예로운 삶을 추구한
중국 11대 가문의 DNA

홍순도

지음

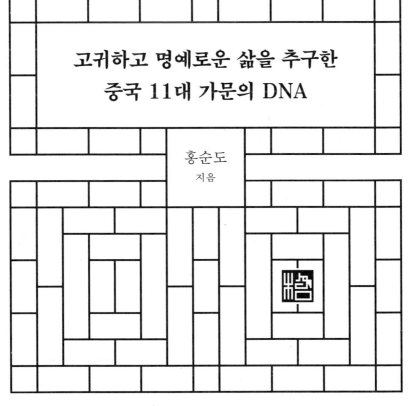

유유

서문

명예롭고 고귀한 삶을 위하여

자녀 교육을 제대로 하는 것은 정말 힘들다. 얼마 전에 세상을 떠난 대처 전 영국 총리도 환갑이 다 된 망나니 아들 마크 대처로 인해 철의 여인이라는 별명이 무색하게 늘 가슴을 졸였다고 하니 어느 정도인지 알 수 있다. 총리 재임 시절 아들의 음주운전으로 비판을 받은 바 있는 토니 블레어 전 영국 총리가 눈물을 흘리면서 "총리보다 부모 노릇이 더 힘들다"라고 말했던 것처럼 정치나 사업보다 더 어려운 것이 자녀 교육일지도 모르겠다.

그렇다고 자녀 교육에 심적 부담을 가져서는 안 된다. 쉬운 일이 아니기 때문에 더 사명감을 가지고 자녀들을 열심히 가르치려 노력해야 한다. 그래야 사회를 이루는 기초 단위인 가정이 제대로 돌아가고 사회와 국가 시스템의 원활한 작동에도 도움이 된다. 한마디로 가정교육은 학교교육과 마찬가지로 가정, 사회, 국가가 모두 잘되게 만드는 필수 조건인 것이다.

가정교육은 대체로 가문이 추구하는 정신과 밀접한 관계가 있다. 집안에서 어떤 가치관으로 어떻게 가르치느냐에 따라 자녀들의 인생이 달라진다. 콩 심은 데 콩 나고 팥 심은 데 팥 난다는 속담처럼 세상에 돌연변이는 없는 까닭이다.

추구하는 정신을 자녀들에게 잘 가르쳐 명예를 드높인 가문을 우리는 명문가라고 한다. 이 명문가는 반드시 경제적으로 여유가 있거나 세속적으로 출세한 집안만 일컫지 않는다. 구성원들이 금전적 여유도 있으면서 모두가 부러워할 출세를 했더라도 훌륭한 가정교육을 시키는 가문이 있는 반면 전혀 반대인 집안도 있으니까 말이다. 이 책이 말하고자 하는 바는 바로 이것이다.

재력이나 권력을 손에 쥔 집안보다는 명예로우면서도 고귀한 삶을 추구해, 자신의 사회나 국가에 기여하는 구성원을 배출한 집안을 명문가로 불러야 한다. 심오한 공부와 자족적인 삶을 통해 사회나 국가에 귀감이 된 사람들을 많이 배출한 집안 역시 명문가로 꼽을 수 있을 것이다.

한국에도 이런 명문가는 많았다. 대표적으로 경주의 최 부자, 거의 모든 구성원이 독립운동을 한 우당 이회영의 가문을 들 수 있다. 전자는 14대나 이어 오는 나눔의 자선 정신, 후자는 노블레스 오블리주를 실천했다는 점에서 아무리 높은 평가를 받아도 지나치지 않다. 요즘 들어 이런 가문이 별로 보이지 않는다는 사실을 감안하면 큰 귀감으로 삼을 만하다.

명문가에 관한 한 중국은 한국보다 할 말이 많다. 유구한 역사나 인구, 땅덩어리가 비교가 되지 않기 때문이다. 이 책에서 필자는 진정한 명문가의 기준에 걸맞은 가문들을 중국의 오랜 역사에서 간추려 되살려 냈다. 사람이 하늘이라는 생각을 자손들뿐 아니라 제자들에게도 늘 강조한 공자부터 늘 부지런하게 살라는 가훈의 정신을 실천해 불후의 작가가 된 노사老舍 가문까지 망라했다.

미시적으로는 차별화된 각 가문의 핵심 정신, 지금 본받아도 좋을 자녀 교육과 인재 양성의 비결, 존재 가치 등도 소개한다. 책을 읽으면 자연스럽게 명문가의 격이 어떤 것인지 느낄 수 있을 것이다. 이 책을 읽는 독자가 우리 집안도 명문가로 만들었으면 하는 바람직하고 생산적인 욕심을 내어 실천하고 노력한다면 더없이 기쁠 것이다. 행간 곳곳에 재미있는 에피소드를 많이 담았고 책을 읽는 동안 중국사의 맥락이 자연스럽게 그려질 수 있도록 집필했다.

책을 읽은 독자들이 가정교육의 중요함을 깨닫고 자녀들을 잘 훈육해 너 나 할 것 없이 명문가라고 불릴 만한 가정을 이뤄 준다면 큰 보람이겠다. 나아가 이런 가정교육이 사회와 국가, 지구촌의 평화를 위해 크게 기여한다면 가문의 영광일 것이다.

2013년 6월
베이징 왕징望京 우거에서

차례

1

모택동 가문

아들도 죽음의 전쟁터에 내보낸

노블레스 오블리주

노 블 레 스   오 블 리 주 의   밑 바 탕

　모택동毛澤東(마오쩌둥)은 중국에서도 긍정적 시각과 부정적 평가가 교차하는 대표적인 인물이다. 공산 혁명을 주도하고 이른바 신중국을 건국한 것은 높은 평가를 받고 있으나 말년에 문화대혁명(문혁)을 일으켜 전 대륙을 천하대란으로 몰아넣은 것은 입이 열 개라도 할 말이 없는 과오라고 평가되는 까닭이다. 그는 한국인에게는 더욱 긍정적으로 평가받지 못한다. 아니 거의 부정적인 평가를 받는다고 해야 마땅하다. 흔히 중공군으로 불린 인민해방군을 한국전쟁에 대거 투입, 궁극적으로 한반도의 통일을 방해한 원흉이 바로 그였으니까. 그러나 노블레스 오블리주(사회 지도층의 도덕적 의무)에 관한 한 그는 한국인에게도 긍정적으로 평가받아야 한다. 모택동을 비롯한 그의 가문

구성원들이 하나같이 이런 자세로 일관한 삶을 살았거나 살고 있기 때문이다.

호남성湖南省 상담현湘潭縣 소산韶山 출생인 모택동의 집안은 대단한 명문가와는 거리가 한참 멀었다. 20대조인 모태화毛太華가 요즘으로 하면 영관급 장교에 해당하는 무덕장군武德將軍이었으므로 각 왕조 황제의 후손들을 자처하는 중국인만 최소한 수백만 명인 중국에서 조상이 어떻다고 어디 감히 명함을 내밀기가 쑥스러울 정도다. 더구나 모태화의 후손들은 이후 고향에서 계속 빈농으로 산 탓에 이름조차 변변히 남기지 못했다. 노블레스 오블리주를 들먹이는 것이 언감생심이라고 해야 할 듯하다.

그러나 모택동의 아버지 모이창毛貽昌(모순생毛順生이라고도 함) 때에 이르러서는 약간 달라진다. 이재理財에 상당한 재주가 있었던 그가 땅을 잘 굴려 고향에서 내로라하는 재산가가 된 것이다. 털어도 먼지밖에 나지 않는 시골 가난뱅이 처지에서는 벗어났다. 또 노블레스 오블리주의 실천까지는 몰라도 그 비슷한 공익사업 등에 기여한다 해도 누가 뭐라 그럴 사람이 없을 정도는 됐다. 실제로 모이창은 알게 모르게 주변의 어려운 사람을 도우면서 가진 자의 의무를 종종 실천했다고 한다.

1919년 상반기, 소산 주민들은 교통의 불편을 해소하기 위해 자신들의 젖줄인 소하韶河를 가로지르는 다리를 놓고자 했다. 그러기 위해서는 상당한 액수의 돈과 노동력이 필요했다. 모이창은 이때 주저하지 않고 흔쾌히 나섰다. 50세에 가까운 나이인 자신의 노동력을 아낌없이 제공했을 뿐 아니라 다리 건설에 필요한 자금의 27분의 1인 은양銀洋 4위안元을 기부했다. 개인 기부금으로는 소산 전체에서 3위에 해당하는 돈이었다. 지금 환율로는 1,000위안(175,000원 상당)밖에 안되는 돈이지만 당시로서는 상당한 액수였다. 그의 이 행적은 지금도 남아 있는 다리 소록교韶麓橋의 비문에 새겨져 있다.

소년 시절 반항아 기질이 다분했던 모택동은 권위적인 데다 다소 이기적인 아버지와 별로 사이가 좋지 않았다. 기록을 보면 자주 충돌했다. 그러나 그는 가진 자의 의무를 실천하는 아버지의 모습에 대해서는 좋은 감정을 가졌던 것 같다. 자주 교육도 받았을 것으로 보인다. 모택동이 중국의 공산 혁명을 이끌면서 보여 준 자세를 보면 더욱 그런 짐작이 든다. 두 동생 모택민毛澤民(마오쩌민)과 모택담毛澤覃(마오쩌탄)이 혁명 과정에서 장렬하게 산화한 것 역시 집안 교육과 상당한 관계가 있다고 해야 한다.

가 족 조 차   돌 보 지   않 은   지 독 함

아버지 모이창이 어느 정도 모범을 보인 모택동 가문의 노블레스 오블리주 정신은 공산당이 국민당과 대륙의 패권을 놓고 대결할 때부터 빛을 발했다. 모택동부터 그랬다. 그는 주지하다시피 장개석蔣介石(장제스)이 1927년 4월 12일 백색 테러를 일으키면서 공산당을 탄압한 이후 당의 최고지도자로 올라섰다. 강서성江西省 정강산井岡山에 올라가 국민당에 대한 유격 투쟁을 전개한 10월부터는 공산당의 군권도 장악했다. 홍군紅軍의 전설인 천하의 맹장 주덕朱德(주더)과 팽덕회

彭德懷(펑더화이)조차 그의 앞에서는 고개를 숙여야 했다.

　이 정도 되면 자신 주변의 가족은 충분히 챙길 수 있었다. 또 아무리 국민당의 강력한 탄압을 받는 처지였어도 마음먹기에 따라서는 호의호식까지는 몰라도 가족들이 어느 정도 편안히 살게 하는 것이 가능했다. 하지만 그는 너무나도 뻔한 이 길을 가지 않았다. 국민당과의 투쟁에서 공산당과 홍군을 보전하는 것이 그에게는 우선이었던 것이다. 최고지도자라면 당연히 그래야 했다. 하지만 이로 인한 후유증은 너무나 컸다. 집안이 완전히 풍비박산 났다. 무엇보다 부인이 아닌 혁명 동지의 끈끈한 유대감이 훨씬 더 강했던 양개혜楊開慧(양카이후이, 모택동의 스승인 양창제楊昌濟의 딸로 사실상의 첫 부인이나 모택동은 고향에서 나씨羅氏라는 여성과 아버지의 강요로 혼인 신고를 한 적이 있다)가 국민당 군대에 생포되어 희생되었다. 요즘 같았으면 결혼도 하지 않았을 30세의 아까운 나이였다.

　양개혜와의 소생인 아들 3형제, 즉 모안영毛岸英(마오안잉), 모안청毛岸靑(마오안칭), 모안룡毛岸龍(마오안룽)도 혹독한 대가를 치러야 했다. 어머니가 세상을 떠난 뒤에는 상해 일대에서 유랑 생활을 해야 했다. 행색도 소년 걸인들과 다를 것이 없었다. 일설에 의하면 이 과정에서 모안룡이 실종되는 불운까지 일어났다. 위의 두 형 역시 행방이 묘연해졌다. 아버지가 조금만 더 신경을 썼으면 이런 엄청난 고생을 하지 않았겠지만 이때 모택동에게는 당과 인민이 먼저였다. 노블레스 오블리주라는 말로도 모자랄 당과 인민에 대한 지독한 헌신과 직계 가족조차 외면한 무관심이었다.

　공산당 지도부가 거지가 되어 사라진 자식들을 찾으러 나서겠다고 했을 때도 그의 정신은 다시 한 번 빛을 발했다. 더 고통을 받는 가족이 많은데 굳이 당의 소중한 인력을 동원하면서까지 찾을 필요가 있느냐고 말한 것이다. 그러나 모택동은 1936년 초 이 계획에 동의했다. 더 고사하는 것은 인륜마저 저버리는 고집이라고 판단하지 않았나 싶다. 이후 공산당 첩보 부처인 중앙특과中央特科에서는 비선 조직을 이용해 상해 일대의 빈민가를 이 잡듯 뒤졌다. 비가 오나 눈이 오나 멈추지 않기를 6개월여가 지나자 드디어 결과가 나왔다. 중앙특과 요원들이 지금도 알려지지 않은 모처에서 모안영과 모안청을 기적적으로 찾은 것이다. 찾아냈을 당시에도 거지꼴이었다는 것이 이와 관련한 몇 안 되는 기록이다.

모택동은 말년에 지독한 독재를 했다. 혁명을 함께한 평생 동지 유소기劉少奇(류사오치)를 비롯해 수많은 정적의 피를 손에 묻히는 것을 마다하지 않았다. 그에 의해 문혁이 발동한 것은 새 발의 피일 정도였다. 또 법적으로 네 번 결혼한 것도 모자라 주변의 여성들과 여러 차례 부적절한 관계를 맺었다. 여성 비서들은 대체로 그런 관계의 대상이었다. 그의 주치의를 무려 22년 동안 지낸 이지수李志綏(리즈수이)가 『모택동의 사생활』이라는 책에서 이에 대해 유독 많이 언급한 것으로도 증명된다. 이런 약점이 있긴 했지만 그는 결벽증이라고 할 정도로 노블레스 오블리주에 철저했다. 일부 비판적인 사람들은 필요성을 느끼지 않아서였다고 폄하하기도 하지만 부정 축재를 하지 않았을 뿐 아니라 집안 단속에도 한눈을 팔지 않았다. 감히 그의 이름을 팔아 공공연히 이권을 챙기거나 승진에 도움을 받은 친인척도 없었다.

모택동은 거의 없다시피 한 재산조차 자식이나 손자에게 물려주지 않았다. 실제로 그가 공산 혁명을 이끌던 시절에 홍군에 거지 군대라는 별칭이 붙은 것에서 보듯, 그는 특별히 다른 생활을 하지 않았다. 목욕도 하지 못해 외투를 벗어 털면 이가 우수수 떨어질 정도였다고 한다. 건국 후에도 그의 생활 습성은 그대로 이어졌다. 대체로 밤에 일하고 낮에는 휴식을 취하는 버릇도 크게 변하지 않았다. 재산을 모을 기회가 있었다고 하면 그게 거짓말이었다. 유산으로 물려줄 재산이 있을 턱이 없었다.

모택동이 얼마나 집안 단속을 철저하게 했는지를 말해 주는 일화는 많다. 대략 두 가지만 들어 보면 고개가 절로 끄덕여진다. 한번은 네 번째 부인 강청江靑(장칭)의 소생인 막내딸 이눌李訥(리너)이 갑자기 병이 났다. 빨리 병원 응급실로 가야 할 위중한 상황이었다. 모택동은 열이 펄펄 나는 딸을 보자 마음이 아팠다. 그답지 않게 어쩔 줄 몰라 했다. 그러나 그는 딸이 병원으로 가기 전 비서진들에게 예의 한 가지를 신신당부하는 것은 잊지 않았다.

"절대로 저 아이가 나 모택동의 딸이라는 사실을 알리면 안 되네. 다른 환자들과 똑같은 수속을 밟고 입원 치료를 하도록 하게."

이눌과 언니 이민李敏(리민, 모택동이 공식적으로는 세 번째 부인이 되는 하자진과 낳은 3남3녀 중 유일한 생존자. 모택동이 이득승李得勝이라는 가명을 쓴 탓에 이씨가 됐다. 원래 이름은 모교교毛嬌嬌)이 명문인 북경사범대학교 부속중학교에 입학할 때도 마찬가지였다. 학생 생활 기록부에는 모택동의 당부대로 학부모의 이름이 비서인 왕학빈王鶴濱으로 기재됐다. 이뿐 아니었다. 두 자매는 학교를 다니면서 용돈도 제대로 타 쓰지 못했다. 늘 쪼들려 친구들에게 신세를 진 적이 한두 번이 아니었다. 이 때문에 둘의 동창들 상당수는 지금도 모택동의 두 딸이 자신들과 같이 학교에 다닌 사실을 모른다고 한다.

모택동의 이런 정신은 부창부수라고 부인 양개혜에게도 상당한 영향을 미쳤다. 그녀는 1930년 10월 당 내부 배신자의 밀고로 두 아들과 장개석 휘하의 국민당 군벌 하건何鍵에게 체포되는 횡액을 당했다. 이어 호남성 장사長沙의 감옥에 수감돼 온갖 고초를 겪었다. 재판도 없이 처형될 가능성도 높았다. 이 절체절명의 순간에도 그녀에게 살길이 전혀 없지는 않았다. 당시 장사의 국민당 경비사령부에서 고문을 가하면서도 그녀에게 목숨만은 살려 준다는 조건을 내걸며 공산당을 배신하고 국민당으로 전향하라고 회유한 것이다.

하지만 그녀는 흔들리지 않았다. 오히려 "때리려거든 때리고 죽이려거든 죽여라. 그러나 내 입에서 너희들이 만족할 만한 말이 나오기를 기대하는 것은 망상이다. 내 머리가 잘리는 것은 그저 바람이 스쳐 지나가는 일일 뿐이다! 죽음은 귀신이나 두렵게 하지 공산당원을 떨게 할 수는 없다!"면서 빨리 처형해 달라고 요구하기까지 했다. 당시 공산당 지하당 당원들과 양개혜의 친척들은 어떻게든 그녀를 살리고자 노력했다. 백방으로 뛰어다니면서 구명 운동을 하기도 했다. 그녀를 체포한 하건으로서도 부담이 되지 않을 수 없었다. 그는 다시 조건을 제시했다.

"양개혜가 모택동과 부부 관계를 청산한다고 신문에 발표하도록 해라. 그러면 보석으로 석방하겠다. 다른 문제들도 더 이상 추궁하지 않겠다."

양개혜는 하건의 말에 즉각 대답할 가치도 없는 조건이라고 대응했다.

"나는 죽어도 하나 아쉽지 않다. 그저 내 남편의 혁명 사업이 조만간 성공하기를 바랄 뿐이다."

하건은 포기하지 않았다. 계속 고문을 가하면서 모택동과의 관계

모택동의 사실상 첫 번째
부인 양개혜와 두 아들
모안영, 모안청

를 공개적으로 청산하라고 압박했다. 양개혜의 답은 변함이 없었다.
"나와 남편의 관계는 영원하다! 공산당도 영원하다!" 이제 그녀에게
더 이상의 희망은 없었다. 1930년 11월 14일, 그녀는 남편과 자신의
신념을 지키기 위해 노모와 세 아들을 남겨둔 채 의연히 총살 현장으
로 걸어 들어갔다. 막내를 제외한 두 아들이 지켜보는 앞이었다.

큰아들 모안영의 부전자전

부모가 영웅인데도 자식은 형편없는 경우가 전혀 없지는 않다. 그러나 모택동과 양개혜의 자식들은 그렇지 않았다. 가장 대표적인 자식은 역시 장남 모안영이었다. 그는 상해에서 6년 동안이나 동생 모안청과 걸인 생활을 하다 아버지의 동지들에게 1936년 겨우 발견된 다음 프랑스로 보내져 비교적 안전하게 지낼 수 있었다. 이어 이듬해 동생과 소련으로 가서 걸인 생활을 하느라 그동안 전혀 하지 못한 공부를 시작했다. 그는 거지처럼 생활할 때는 자신이 모택동의 아들이라는 사실조차 의식하지 못하고 살았으나 모스크바에서는 달랐다. 늘 아버지처럼 살아야겠다는 다짐을 하면서 타의 모범이 되도록 최선을 다했다. 그가 1940년 모스크바에서 300킬로미터 떨어진 이바노프 시의 공산당 국제학교에 다녔을 때 청년단 서기를 역임하는 등 적극적으로 활동한 것은 이런 결심과 관계가 깊다.

모안영은 사생활에서도 철저하게 자신의 신념을 지키려고 노력했다. 그의 연애 비사를 살펴보면 잘 알 수 있다. 그는 국제학교에 다닐 때 브라질 출신의 금발 미소녀와 굉장히 가깝게 지낸 적이 있었다. 브라질 공산당 총서기의 조카로 이름은 예리나였다. 그보다 두 살 어렸고 결혼까지 생각할 정도였다. 마치 장개석의 아들 장경국蔣經國(장징궈, 대만의 2대 총통)이 모스크바 유학 시절 부인을 만난 것과 비슷한 경우였다.

그러나 예리나는 모안영과 인생관이 달랐다. 늘 최고지도자의 자녀로서 무엇을 할 것인가를 고민하는 그와는 달리 평범한 생활을 꿈졌다. 그는 고민했다. 그래서 큰마음 먹고 자신과 같은 인생을 걷는 것이 어떠냐고 은근히 권유하기도 했다. 당연히 통하지 않았다. 예리나는 그의 고민을 눈치 채고 다른 남자 친구를 사귀기 시작했다.

모안영의 노블레스 오블리주에 대한 집착은 2차 세계대전 발발과 함께 독일이 소련을 침공했을 때도 유감없이 발휘됐다. 당시 소련에 체류하던 남성들은 만 16세가 되면 무조건 군에 입대해야 했다. 여기에 전쟁까지 일어났으니 웬만한 청소년들은 다 군대에 가야 했다. 그렇지만 이때 스탈린은 공산당 국제학교에 다니는 학생은 굳이 입대할 필요가 없다는 예외 규정을 만들었다. 모안영은 그 규정을 받아들일 수가 없었다. 중국과 소련의 관계를 봐서라도 자신은 입대를 해야 했다.

모안영은 스탈린에게 자신의 생각을 허심탄회하게 토로한 편지를 두 통이나 보냈다. 스탈린의 회신은 오지 않았지만 그는 포기하지 않았다. 마침 이때 코민테른(공산주의 인터내셔널Communist International의 약칭)의 대표인 마누일스키 장군이 이바노프를 방문하고 있었다. 그는 바로 장군을 찾아가 졸랐고 그의 막무가내는 효과가 있었다. 쑤야사관학교 속성반에 들어가 공부해도 좋다는 허가를 받은 것이다. 이어 그는 다시 추천을 통해 모스크바의 레닌군사대학에 입학했다. 졸업 후에는 중위 계급장을 달았고, 1년 후 고위 장교 육성을 목표로 설립된 프룬제군사학원을 졸업한 다음에는 독일군과의 전투에도 참전했다. 일설에 의하면 기갑부대 중대장으로 직접 탱크를 몰고 베를린까지 진군해 독일군의 항복을 받아냈다고 한다.

모안영은 독일이 항복한 다음 해에 귀국길에 올랐다. 행선지는 아버지가 국민당과의 내전을 총지휘하고 있던 섬서성陝西省의 연안延

모가문
택동
가문 · 오블레스 오블리주
노블레스 오블리주
전쟁 내레보터
죽음에
아들의 도
1

2
5

安이었다. 당시 소련에서 유학을 하고 군사학교를 졸업했다면 대단한 신분이었다. 소련군 중위 역시 아무나 하는 것이 아니었다. 게다가 그는 모택동의 장남이 아니던가. 꽤 괜찮은 자리가 주어져도 무방한 상황이었다. 팔로군八路軍의 중견 장교가 돼도 누가 뭐라 할 사람이 없었다. 이 경우 장군이 되는 것은 일도 아닐 터였다. 모안영 또한 군복을 입고 자신의 전공을 살려 당과 인민에 봉사하고 싶은 마음이 간절했다. 그러나 그의 아버지의 생각은 달랐다. 하루는 모택동이 그를 불러 물었다.

"너도 이제 당과 인민을 위해 일을 해야지? 그래, 무슨 일을 하고 싶으냐?"

모안영은 솔직하게 대답했다.

"제가 가장 잘 아는 분야에서 일했으면 합니다. 다시 군복을 입어도 좋다고 생각합니다."

"그것도 좋지만 기층 인민들 속으로 들어가는 것이 어떠냐? 너는 소련에 오래 있었기 때문에 이곳 정세를 잘 몰라. 인민들은 우리들에게 먹을 것과 입을 것을 주는 부모와 같은 존재야. 그러니 그들 속으로 들어가서 배워야 해."

"아, 그렇군요. 아버지 말씀대로 하겠습니다."

그 아버지에 그 아들이었다. 모안영은 바로 자신의 결정을 실행에 옮겼다. 연안에서도 벽촌으로 꼽히는 오가조원吳家棗園이라는 곳으로 가서 땅을 개간했다. 이어 산서성山西省의 학가파郝家坡와 산동성山東省 덕주德州에서는 토지 개혁과 관련한 일에 열성을 쏟았다. 이때 같이 일한 사람들 중에는 그가 모택동의 아들이라는 사실을 나중에라도 안 사람이 거의 없었다. 혹시라도 살 오해를 피하기 위해 철저하

아버지 모택동과 포즈를
취한 모안영

게 신분을 감췄던 것이다.

모안영이 모택동과 엮어 낸 노블레스 오블리주의 일화는 신중국이 건국된 이후에도 이어졌다. 1949년 10월 중순, 그가 유송림劉松林(류쑹린)과 결혼할 때였다. 어느 날 모택동이 그를 불러 물었다.

"결혼을 축하한다. 내가 너희에게 무엇을 선물하면 되겠느냐?"

모안영은 쑥스럽다는 표정으로 대답했다.

"아버지, 좋은 세월에 제가 결혼을 하면 선물을 받아야겠죠. 그러나 지금은 모두들 어렵습니다. 밥 한 끼 먹는 것도 정말 쉽지 않습니다. 인민들 중에는 하루 한 끼 먹기 힘든 이들도 많습니다. 그런데 선물이라뇨? 저는 아무것도 바라지 않습니다."

"아니다. 그래도 내 성의는 표시해야겠다. 이걸 받도록 해라. 낮에는 네가 입고 밤에는 며느리가 덮도록 하려무나."

모택동은 말을 마치자 바로 버려도 괜찮을 듯 보이는 남루한 외투를 하나 모안영에게 건넸다. 그가 연안 시절에 늘 입고 다닌 외투였다. 그제야 모안영은 외투를 받았다. 이후 늘 아버지의 말대로 낮에는 자신이 입고 밤에는 부인이 덮도록 했다.

모안영은 이 무렵 주변 친척들로부터 적지 않은 청탁을 받았으나 하나도 들어주지 않았다. 유명한 일화가 있다. 한번은 어머니 친정의 가까운 친척 중 한 명이 그에게 고향인 장사의 청장급 관리가 되게 해 달라는 청탁을 은밀하게 해 왔다. 그는 이때 다음과 같이 정중하게 쓴 편지를 보냈다.

"저는 정말 참담한 심정입니다. 지금은 새로운 시대입니다. 그런 생각은 대단히 전근대적인 사고방식입니다. 공산당이 국민당과 다른 점이 무엇입니까? 모택동은 장개석이라는 사람과는 다른 사람입니다. 또 모택동의 자녀를 비롯한 식구들도 장개석의 식구들과는 다른 사람입니다. 저는 제 외갓집 분들을 사랑합니다. 만약 제 외할머니가 저를 욕해도 할 수 없습니다. 저는 그냥 욕을 먹고 말겠습니다. 이 생각은 제 아버지의 생각이기도 합니다."

모안영은 이 편지를 보낸 다음 자신에게도 더욱 엄격한 잣대를 들이댔다. 그가 이극농李克農(리커눙) 중앙사회부 부장을 수행해 모스크바에 가서 통역을 담당하고 돌아온 1950년 봄 무렵이었다. 당시 똑똑한 측근이 필요했던 이극농은 그를 자신의 비서로 계속 쓰고 싶어 했다. 그러나 모안영의 생각은 달랐다. 자신이 고위층의 비서로 근무한다는 것은 절대로 누려선 안 되는 특권이었다. 그는 이극농이 자신을 오래 붙들고 있고 싶어 한다는 사실을 알고는 이바노프 국제학교 시절의 은사 한철성韓鐵聲(한테성)을 찾아갔다. 스승과 제자 두 사람은 오래간만에 얼굴을 대하자 감회가 무척이나 새로웠다. 반가운 인사가 끝나기 무섭게 한철성이 물었다.

"그래, 자네는 지금 무슨 일을 하고 있나? 중요한 자리에서 일한다는 말은 얼핏 들었네만."

모안영이 안타까운 어조를 굳이 숨기지 않은 채 대답했다.

"저는 일단 중앙사회부에서 일하고 있습니다. 그러나 이 일은 제가 하고 싶은 일이 아닙니다. 저는 기층 민중들이 많이 모여 있는 공장에 가서 일하고 싶습니다. 제 동창인 채박蔡博은 지금 안산鞍山의 강철공장으로 갔습니다. 저도 그 친구처럼 공장에 가서 노동자로 일하고 싶네요."

"좋은 생각이기는 하네. 그러나 자네의 일은 당 중앙조직부에서 결정할 걸세. 자네가 가고 싶다고 가는 것은 아니지. 중앙조직부에 혹시 아는 분이 없는가?"

모안영은 은사의 말에 중앙조직부에 근무하는 수맹기師孟奇(솨이멍치)를 즉각 떠올렸다. 평소 어머니처럼 자신을 잘 챙겨 주는 그녀라면 그를 위해 어떤 조언을 해 줄 가능성이 높았다. 다행히 그는 그녀에게서 주은래周恩來(저우언라이) 총리를 찾아가 부탁하라는 권고를 받을 수 있었다. 그는 잠시도 머뭇거리지 않고 주은래를 찾아갔다. 내친김에 곧 아버지에게도 자신의 의지를 전달했다. 그는 그러고서도 허락을 받지 못할까 싶어 한동안 노심초사했다. 그러나 두 사람은 흔쾌히 그의 생각에 동의했다. 심지어 주은래는 직접 나서서 북경기계총공장이라는 곳의 당 위원회 부서기 자리를 마련해 줬다. 이 상황에서는 이극농으로서도 방법이 없었다. 모안영은 '10년 동안 단 하루도 빠지지 않고 이 공장에서 일하겠다'라고 다짐하면서 새로운 직장에서 열심히 일했다. 평소에는 양영복楊永福이라는 가명을 주로 사용한 까닭

에 그가 모택동의 아들이라는 사실을 아는 사람은 공장에서도 극소
수에 지나지 않았다.

모 안 영 의   전 사

　모안영은 아버지의 권고대로 진짜 노동자가 되어 기계 관련 기
술도 직접 몸에 익혔다. 그러나 그의 공장 생활은 그다지 길지 않았
다. 한국전쟁이 발발해 그의 참전을 기다리고 있었던 것이다. 어느 날
이었다. 중국의 한국전쟁 참전 여부 문제로 골머리를 앓고 있던 모택
동이 그를 불렀다. 그는 아버지의 관저인 중남해中南海의 풍택원豊澤園
으로 달려갔다.
　"요즘 공장 일은 어떠니? 몸에 익었어?"
　"예, 만족스러워요. 무엇보다 주변 동지들이 저에게 잘 대해 줍니
다. 제 일도 적극적으로 도와주고 있죠. 당초 결심한 대로 10년을 쉬
지 않고 일하는 것이 어렵지 않을 것 같네요."
　모안영은 아버지의 질문에 지체 없이 대답했다. 모택동이 대견하
다는 듯 말을 이었다.
　"다행이구나. 그러면 이제 어떻게 되는 건가. 너는 귀국한 이후에
농민으로도 일을 해 봤어. 지금은 노동자로 일하고 있고. 아직 해 보
지 못한 일은 우리 인민해방군 병사뿐이로구나. 일본군이나 국민당과
의 전투도 당연히 하지 않았고."

"저도 그게 대단히 유감스럽네요. 저는 특히 장개석이 그 정도로 무기력할 줄은 몰랐어요. 그자가 너무 빨리 대만으로 도망간 탓에 제가 인민해방군이 될 기회를 놓쳐 버렸잖아요."

"너도 그렇게 생각하는구나. 내가 오늘 너를 부른 것은 바로 그 문제 때문이다."

"예? 저를 인민해방군에 보내려고 하시는 건가요? 아, 그럼 조선전쟁에 우리 인민해방군이 출병하게 됐나요? 그런가요?"

"그렇다. 출병을 하기로 했다. 우리가 가만히 있으면 저들은 우리에게까지 총부리를 겨눌 거야. 방어를 위해서라도 출병을 해야 해."

"입대하겠습니다. 입대에서 그치지 않고 조선까지 가겠습니다. 솔직히 그렇게 생각하고 말씀드리려고 했었어요. 저는 독일 나치스 군대와도 전투를 해 봤어요. 이번에는 미군과 한번 겨뤄 보고 싶습니다."

"꼭 조선으로 가지는 않아도 된다. 그저 인민해방군에 입대해서 내 아들답다는 소리만 들어도 나는 괜찮다. 너는 결혼한 지도 얼마 되지 않았잖아."

"아닙니다. 이왕 입대하는 것이라면 용감하게 출병하겠습니다. 그렇지 않으면 의미가 없습니다. 허락해 주십시오."

"그렇지. 내 아들을 보내지 않고 누구에게 가라고 하겠는가. 네가 이제야 내 아들 같다는 생각이 드는구나."

모안영은 자신의 의지대로 1950년 10월 한국전쟁에 지원병으로 나섰다. 이른바 항미원조抗美援朝(미국에 대항하면서 북한을 지원한다는 뜻. 중국은 지금도 한국전쟁 참전을 이렇게 부름)를 명분으로 한 중국인민지원군 총사령관 팽덕회의 러시아어 통역 겸 비서 신분이었다. 그러나 그는 한국 전선으로 떠난 지 한 달 만인 1950년 11월 25일 아침에 평안북도 동창군 대유동에서 미군 전투기의 폭격으로 전사하고 말았다. 배식용 식판을 손에 들고 스탈린이 귀국 기념으로 그에게 선물한 권총을 허리에 찬 채였다. 아직 채 피지 못한 28세의 나이였다.

졸지에 모안영을 잃은 팽덕회는 기가 막혔다. 자신에게 아들을 잘 부탁한다고 신신당부를 한 모택동에게 어떻게 보고를 해야 할지 난감했다. 어쨌든 비보는 알려야 했다. 그는 이날 오후 결국 모안영의 시신을 매장한 다음 본국의 당 중앙으로 전보를 보냈다. 다음 날인 26일 새벽, 팽덕회의 전보는 북경의 중남해에 도착했다. 전보는 모택동의 비서 섭자룡葉子龍(예쯔룽)의 손을 거쳐 주은래에게 전달됐다. 그 역시 난감하기는 마찬가지였다. 마침 이때 모택동은 독감에 걸려 심신의 상태가 굉장히 좋지 않았다. 알리지 않는 쪽으로 일단 방향이 정해졌다.

모택동이 아들의 비보를 들은 것은 해가 바뀐 1951년 1월 2일이었다. 그의 몸도 많이 회복돼 있었다. 그러나 섭자룡이 전한 비보를 들은 그는 순간 침착함을 잃었다. 얼굴이 굳어지면서 말 한마디 하지 못했다. 눈도 축축하게 젖었으나 끝까지 눈물을 흘리지는 않았다. 얼마 후 그가 말했다.

"누가 그 아이를 모택동의 아들이라고 했는가?"

자신의 뜻에 따라 노블레스 오블리주를 실천한 아들에 대한 미안함과 고마움이 뒤섞인 복잡한 감정의 말이었다. 섭자룡을 비롯한 주위 사람들은 흐르는 눈물을 주체하지 못했다. 이후에도 모안영의 시신은 중국으로 돌아오지 못했다. 수많은 청년이 전사했는데 자신의 아들만 특별하게 대우할 수 없다는 모택동의 강력한 희망에 따라 그대로 북한에 묻혔다. 장지는 북한을 방문하는 중국인에게는 성지나 다름없는 평안북도 회창군 인민지원군 열사능원이다. 어머니를 잇는 장렬한 삶을 살았다고 할 수 있을 듯하다.

형제와 조카까지 철저했던 노블레스 오블리주

　　모택동의 둘째 아들 모안청은 노블레스 오블리주를 실천하기 위한 조건이 형보다는 많이 좋지 않았다. 상해에서 유랑 걸식하던 시절 뇌를 다쳐 가볍지 않은 장애를 얻은 탓이었다. 그럼에도 그는 장애를 핑계로 삼지 않았다. 2차 세계대전 때는 형처럼 소련 군대에 입대하지는 않았으나 참호를 파는 노동에 종사하는 등 적극적인 후방 지원 활동에 나섰다. 1947년 소련에서 귀국한 다음에는 병 치료를 위한 요양에 더 힘써야 함에도 아버지의 뜻에 따라 흑룡강성黑龍江省 일대에서 토지 개혁 사업을 벌이기도 했다.

　　모안청 역시 형처럼 자신의 러시아어 특기를 살렸다. 1949년부터 중앙선전부의 마르크스레닌저작번역국에서 번역에 종사한 것이다. 이때 10여 권의 책을 번역해 출판하고 10여 편의 논문을 발표했다. 그는 자신의 지병을 이유로 여러 번 주변의 공직 취임 제의를 거절하기도 했다. 대신 요양을 하는 틈틈이 부모의 기념 문집 출판과 공산혁명을 소재로 하는 영화 제작에 적극적으로 참여했다. 말년에는 부인 소화邵華(사오화)와 아들 모신우毛新宇(마오신위)를 데리고 여러 차례 아버지가 장정長征 때 지났던 옛길을 답사하기도 했다. 2007년에 15세나 어린 부인보다 지병으로 1년 빨리 세상을 떠났으나 최고지도자의 아들로 부끄럽지 않은 삶을 살았다고 할 수 있다. 적극적으로 노블레스 오블리주를 실천하는 것도 바람직하지만 나대지 않은 채 쥐죽은 듯 지내는 것 역시 그런 삶의 한 방법이라는 사실을 상기하면 더욱 그렇다. 여기에 평생을 괴롭힌 지병이 있었다는 사실을 감안할 경우 그의 삶은 더욱 높이 평가할 만하다.

모택동 가문 딸들의 노블레스 오블리주 또한 그의 존재로 인해 강요된 쇼는 아니라고 해야 한다. 사촌동생 모택건毛澤建(마오쩌젠)은 젊은 나이에 희생됐다. 고향에서 사범학교를 나와 농민 운동 등을 전개하면서 홍군의 유격전까지 참가했다 체포되어 꽃다운 나이에 생을 마감했다. 남편 진분陳芬(천펀)도 이 무렵 희생되어 중국에서는 드라마의 소재로 유명해진 부부 열사로 통한다. 어릴 때부터 모택동의 집안에서 자란 탓에 그가 친동생처럼 여기고 지도했다고 한다. 영향을 받지 않는 것이 이상하다고 하겠다.

큰딸 이민의 행적 역시 간단하지 않다. 그녀는 어린 나이에 어머니 하자진賀子珍(허쯔전)과 함께 소련으로 보내졌다가 13세가 된 1949년에 모택동의 곁으로 돌아왔다. 이후 아버지와 중남해에서 함께 지내면서 북경사범대학교에 진학했다. 그러다 졸업하기 직전인 1959년 당시 북경항공학원 학생 공영화孔令華(쿵링화)와 결혼하면서 중남해를 떠났다. 그녀는 이때부터 아버지의 가르침을 철저하게 지켰다. 주변에 모택동의 딸이라는 말을 일절 하지 않은 채 그저 평범한 가정주부의 삶을 살았다. 심지어 아버지가 세상을 떠나는 1976년까지 중남해를 딱 두 번밖에 찾지 않았다. 세 번째는 아버지의 임종을 지킬 때였다. 당시 모택동은 "보고 싶었다. 그런데 왜 그동안 나를 자주 찾아오지 않았느냐?"라고 원망스럽게 물었으나 그녀는 그저 한없이 눈물만 흘렸을 뿐이었다.

북경의 보통 사람이 사는 동네의 골목에서 평범하게 지냈던 만큼 이민의 생활은 풍족하지도 않았다. 나중에는 남편과 자신이 모두 직장에 다녔음에도 1남1녀의 학비를 대기도 빠듯했다. 매달 홀로 사는 어머니 하자진의 용돈도 부담해야 했다. 늘 빚에 허덕이는 것이 결코 이상한 일이 아니었다. 1남1녀가 무사히 대학을 졸업한 것이 기적일 정도였다. 노년에 접어든 지금은 고생하면서 키운 두 남매 공계령孔繼寧(쿵지닝), 공동매孔東梅(쿵둥메이)가 경제적으로 잘돼 생활에 지장이 없으나 여전히 검소한 생활을 하고 있다. 가끔 그녀의 동정을 전하는 언론에 따르면 가까운 지인들 외에는 주변에서 그녀가 모택동의 큰 딸이라는 사실을 아는 사람도 별로 없다. 또 본인의 입으로 아버지의 이름을 거론하는 경우도 상당히 드물다.

이민의 동생이자 강청의 딸인 이눌은 언니보다 더 많은 감동의 일화를 남긴 노블레스 오블리주의 표본으로 꼽힌다. 지금도 많은 사람들에게 회자되는 그녀의 행동은 아마 너무나도 욕을 많이 먹은 어머니를 대신한 의식적인 속죄일 수도 있다. 그러나 어릴 때부터 시종일관한 것으로 볼 때 부단한 교육 덕분이었다고 해도 크게 틀리지 않을 성싶다. 그녀가 끝까지 생존한 4남매 중에서는 가장 아버지와 오래 중남해에서 함께 살았으므로 이런 단정은 충분히 가능하다.

이눌은 중고등학교에 다닐 때 용돈만 제대로 받아쓰지 못한 것이 아니었다. 등하교는 기본적으로 자전거로 해야 했다. 고관들의 자제들인 친구들은 수입 자전거, 심지어 자가용으로 등하교를 하는데도 그녀는 완전히 달랐다. 나중에는 낡은 자전거조차 바꾸지 못해 산고장으로 애를 먹어야 했다. 그럼에도 그녀의 성적은 좋았다. 무사히 원하던 북경대학교 역사학과에 입학할 수 있었다. 이제는 이전보다 조금은 나은 세상이 열릴 것도 같았다. 이눌 역시 아버지의 혹독한 훈육에서 벗어나 자유를 만끽할지 모른다는 약간의 기대를 했다. 그러나 아니었다. 이눌은 대학 시절보다 더 지독한 시련에 시달려야 했다.

우선 대약진운동(모택동의 주도하에 1958년부터 1960년 초 사이에 일어난 경제성장 운동)의 실패로 그녀도 굶기를 밥 먹듯 해야 했다. 과자나 반찬을 더 먹는다는 것은 언감생심이었다. 모택동이 허락하지도 않았다. 그녀는 이로 인해 어릴 때처럼 다시 병에 걸렸다. 그대로 진급해 졸업하는 것이 가능했으나 이 역시 모택동의 반대로 무산됐다. 결국 1년을 더 다니고 졸업한 그녀는 이름을 초력肖力으로 바꾼 채 『해방군보』解放軍報의 기자로 들어갔다. 모택동의 딸로 누릴 권리를 스스로 원천봉쇄한 것이다. 이후 그녀는 소시민으로 평범하게 살았다. 『해방군보』편집국장을 거쳐 1975년 북경시 부서기라는 고위직에 잠깐 올라 일한 것이 낯설 정도였다.

이눌은 언니와 마찬가지로 모택동으로부터 유산을 땡전 한 푼 받지 않았다. 평생을 특권과는 거리가 먼 평범한 소시민으로 살아온 탓에 저금을 많이 하지도 못했다. 자연스레 노후에 경제적으로 어려운 처지에 봉착하게 됐다. 더구나 어릴 때부터 종종 아팠던 몸은 그녀를 더욱 궁지로 내몰았다. 60세 중반에 접어들던 10여 년 전부터 신부전증으로 투병 생활을 하게 된 것이다. 이처럼 그녀가 경제적 어려움과 병마에 신음한다는 소식이 들리자 주위에서 온정이 쇄도했다. 당정 권력 서열 4위에 해당하는 전국인민정치협상회의(정협) 주석을 지낸 이서환李瑞環(리루이환)이 그녀에게 도움을 주겠다는 의사를 피력했다. 그러나 그녀는 정중히 사양했다. 또 산동성의 한 농민과 홍콩의 독지가가 치료비로 보낸 2천 위안과 1만 홍콩 달러 역시 더 어려운 사람을 위한 기부금으로 내놓았다.

현재 이눌은 아픈 몸을 이끌고 아버지의 경호원 출신인 재혼한 남편 왕경청王景淸(왕징칭), 아들 왕효지王孝芝(왕샤오즈)와 함께 크게 부유하지 않게 살고 있다. 어려운 경제 형편 탓에 평범한 여행사의 관광 가이드로 일한 다음 사업을 하는 아들은 끝내 대학에 보내지 못했다. 평생 특권을 마다했으나 아버지와 자신에게는 노블레스 오블리주의 떳떳한 삶이라고 할 수 있을 듯하다.

3명에 이르는 모택동의 조카들의 삶도 대단하다는 탄성이 절로 나온다. 노블레스 오블리주를 군이 강요할 필요가 없는 삶이었다. 첫째 조카 모초웅毛楚雄(마오추슝, 막내동생 모택담의 큰아들)은 큰아버지의 지시와 아버지의 유지에 따라 항일 투쟁에 참여했다 국민당에 의해 약관 20세의 나이에 사망했다.

모초웅의 이복동생인 하록성賀麓成(허루청, 원래 이름은 모초성毛楚成. 어머니의 성을 따라 하씨가 됨)은 자신의 특기인 학문으로 국가와 인민에 봉사하는 길을 선택한 경우이다. 상해 교통대학교 전기학과를 졸업한 다음 소련 유학길에 올라 미사일 전문가가 됐다. 중국이 우주항공 대국이 되도록 만든 1세대 전문가로 유명하다. 그러나 모택동의 조카라는 사실을 숨겼기 때문에 그의 출신 성분에 대해 아는 사람은 극소수에 불과하다. 지금은 은퇴해 가끔 자신의 전공 분야 후배들에게 조언하는 삶을 살고 있다.

모택민의 아들인 모원신毛遠新(마오위안신)은 자신이 나름대로 옳다고 판단한 인생관대로 가진 자의 의무를 다히다 무려 20년 가까운 수감 생활까지 감내해야 했다. 너무 똑똑한 데다 가문에 누가 되지 않도록 열심히 하려 한 과욕 탓이었다.

모원신은 아버지가 장렬하게 희생당한 까닭에 가문의 그 누구보다도 큰아버지의 혜택을 가장 많이 받았다. 명문 하얼빈공업대학교를 졸업한 다음에는 가족 중 유일하게 측근으로 활동했다. 큰어머니인 강청의 사랑도 많이 받았다. 그러나 이게 비극의 씨앗이 될 줄은 그 역시 몰랐다. 그저 그는 모택동과 강청의 말대로 하는 것이 로열패밀리가 가야 할 최선의 길이라고 믿었을 뿐이었다. 이 판단으로 그는 문혁이 일어난 후 모택동의 말에 충실한 홍위병이 되었다. 심지어 문혁이 끝날 때에는 당 중앙정치국과 모택동을 연결하는 이른바 창구 역할까지 했다. 30대 중반의 젊은 나이에 걸맞지 않은 지위였다. 하지만 문혁이 끝난 후 사정은 완전히 달라졌다. 강청 등의 사인방(문혁 기간에 무소불위의 권력을 휘둘렀던 네 명으로 강청, 장춘교張春橋, 왕홍문王洪文, 요문원姚文元)이 체포되면서 그 역시 반혁명죄로 단죄된 것이다. 다소 억울할 수도 있었음에도 그는 자신에게 선고된 징역 17년을 모범수로 성실하게 살았다. 또 수감 생활 중 얻은 병으로 양 다리를 저는 상태가 됐으나 가석방을 요구하지 않았다.

1993년 10월 출소하고서도 그는 불평 한마디 하지 않았다. 다만 자신의 노동으로 먹고사는 일자리는 필요로 했다. 정부에서는 그에게 전공을 살릴 수 있도록 상해의 자동차품질검사연구소에 자리를 마련해 줬다. 그는 신이 나서 50세가 넘은 불편한 몸으로 자전거를 타고 출퇴근하면서 열심히 일했고, 이로 인해 계속 승진을 거듭했다. 나중에는 고급 엔지니어 자리까지 올랐다. 2001년 퇴직한 이후에는 연금 2천여 위안으로 생활하고 있다. 최근 그동안의 봉사 정신이 통했는지 본인이 신청하지 않았음에도 열사 유족 신분을 회복할 수 있었다. 지금은 독서로 여생을 즐기고 있다. 벼락출세를 한 다음 엄청난 시련에 직면하는 좌절을 겪었음에도 마지막에는 노블레스 오블리주를 실천한 전형적 케이스이다. 끝이 좋으면 다 좋다는 격언을 생각나게 하는 인생 역정이기도 하다.

신 앙 처 럼   지 켜   나 가 는   신 념

모택동 가문의 노블레스 오블리주는 현재 진행형이라고 해야 한다. 모안청의 아들로 가문의 유일한 적손인 모신우가 인민해방군 소장 겸 정협의 위원으로 활동하면서 국가를 위해 봉사하고 있기 때문이다. 물론 일부에서는 2010년 불과 41세의 젊은 나이에 장군으로 승진한 것은 집안 배경 때문이 아니냐는 비판이 없지는 않다. 확실히 그런 면이 있을지 모른다. 그가 아무 배경이 없는 일반 장교들과는 출발선이 다른 것은 부인하기 어렵다. 이에 대해서는 그 역시 "장군 승진에 집안 배경이 도움이 된 것은 객관적 사실인 것 같다. 그 사실을 회피하고 싶지 않다"면서 솔직히 인정하기도 했다.

그러나 그가 초급 장교부터 대교大校(대령)까지 차근차근 단계를 밟아간 다음 승진했다는 사실을 감안하면 얘기는 조금 달라진다. 게

모 가 문
택 동

노 블 리 주
블 레 스

오 블 리 주

전 내 보 냈 던
쟁 터

아 들 의 죽 음 에 도

1

3
9

모택동의 유일한 손자
모신우(오른쪽)와 유소기의
아들 유원(류위안)

다가 당시 그의 승진과 관련해서는 모택동 가문의 그 누구도 군부에 직접적인 영향력을 행사할 위치에 있지 않았다. 유일하게 군 인사에 영향을 미칠 만한 장군 출신인 어머니 소화는 이미 고인이었다. 따라서 중국 군부의 모택동에 대한 존경과 사랑이 그에게 옮겨져 승진이 가능했다고 한다면 비난의 강도는 조금 줄어들 수도 있지 않을까. 여기에 태자당太子黨(당정 원로들의 후손. 무소불위의 권력을 자랑함) 성골인 그가 집안 배경을 활용해 사업을 하려고 했다면 상당한 혜택을 누렸을 수도 있었다는 사실을 상기하면 그의 장군 승진은 충분히 수긍할 수 있다. 모신우는 이와 관련해서도 "재산은 유형과 무형의 재산으로 나눌 수 있다. 나는 모택동 사상을 영원히 남을 무형의 재산으로 생각한다. 우리 집안 역시 재산을 탐하지 않았다. 나 역시 집안의 가르침을 엄격히 지키고 있다"면서 자신의 신념을 피력한 바 있다.

모신우는 자신의 말대로 장군이면서도 재산이 크게 많지 않다. 1남1녀의 자녀들을 학비가 저렴한 일반 초등학교와 유치원에 보내고 있을 정도이다. 장군이 이용하는 군용 승용차 역시 잘 타지 않는다. 별만 달면 집안에 양주와 보석이 넘쳐나고 가족들이 군용 승용차를 마치 자가용처럼 이용하는 대부분 일반 장군들의 상황과는 차원이 다르다. 그가 최근 "태자당은 고삐가 풀렸다. 과거에는 이렇지 않았다. 지나치게 많은 돈을 버는 것을 경계했다"라고 발언한 것은 그의 성향으로 볼 때 당연한 듯하다. 다소 비대한 풍채뿐 아니라 사고도 할아버지와 그대로 닮았다고 해도 좋을 것 같다.

모택동 가문은 굳이 따지자면 지난 1920~1930년대 이후의 중국 현대사에서 가장 손꼽히는 명문가라고 할 수 있다. 마음먹기에 따라서는 다른 명문가들과 긴밀하게 교류하거나 통혼하여 가문의 외연을 넓힐 수 있었다. 이렇게 하는 것이 과거에는 당연했고 지금도 이상할 게 없는 관례로 여겨진다. 그러나 모택동 가문은 그렇게 하지 않았다. 특히 통혼은 평범한 가정과 하는 것을 거의 집안의 전통으로 여겼다. 실제로 누구 하나 내로라하는 집안의 선남선녀와 결혼을 한 경우가 없다. 인민해방군 포병 부사령관의 아들과 결혼한 모택동의 큰딸 이민 정도가 유일하다. 이 사실은 모택동의 손자 모신우의 초혼 비화를 봐도 잘 알 수 있다. 1994년 어머니 소화와 함께 들른 산동성 태안泰安의 한 호텔에서 우연히 만난 객실 종업원 학명리郝明莉(하오밍리, 2003년 요절)에게 반해 결혼한 사실은 중국인이라면 모르는 사람이 없다. 그는 재혼 역시 지극히 평범한 여성과 했다.

물론 모택동 가문과 정신적으로 소통이 가능한 아주 가까운 집안이 없지는 않았다. 대표적인 집안이 초창기 여성 공산당원인 장문추張文秋(장원추) 가문이다. 원래 그녀는 공산 혁명 초창기 때의 열사인 유겸초劉謙初(류첸추)와 결혼해 유송림을 첫딸로 봤다. 이어 남편이 희생되자 또 다른 열사인 진진아陳振亞(천전야)와 재혼해 소화를 낳았다. 모택동은 그녀의 출신 성분보다는 이런 정신을 높이 샀다. 당시 지위 면에서 볼 때는 만나기가 쉽지 않았으나 그가 적극적으로 나선 덕에 자연스럽게 교류하면서 인연도 쌓을 수 있었다. 나중에는 마치 약속이나 한 듯 유송림과 모안영, 소화와 모안청의 결혼까지 이르렀다. 겹사돈이 된 것이다. 모택동의 정신세계를 분명하게 보여 주는 대목이다.

사람은 신이 아닌 이상 누구나 실수를 한다. 모택동 역시 예외가 아니다. 공만큼이나 과도 무척 많았다. 그러나 그가 세상을 떠난 지 40년이 다 되어 가지만 중국에서 그를 비난하는 목소리는 그다지 높지 않다. 오히려 시간이 가면 갈수록 추모의 정이 더해 가는 느낌이다. 웬만하면 사람을 부정적으로 보기보다 긍정적으로 평가하는 중국인 특유의 관용 정신 때문만은 아니다. 이는 그가 거의 신앙처럼 철저하게 지킨 노블레스 오블리주의 정신이 높은 평가를 받기 때문이 아닐까. 가족보다는 당과 인민을 우선하다 자신이 제대로 돌보지 못한 탓에 열 명의 자녀 중 무려 여섯 명이나 중간에 잃은 사실에 비춰 보면 이 단정은 크게 무리라고 하기 어려울 것이다. 노블레스 오블리주는커녕 이를 들먹이는 사람이 바보가 되는 세상에 사는 사람의 입장에서는 한없이 부러운 일이다.

2

노사
가문

티끌 모아 태산 만드는 부지런

다 수 의   훌 륭 한   작 품 을   낸   작 가

사람은 아주 특수한 경우가 아닌 한 대체로 편한 것을 추구한다. 앉으면 눕고 싶고 누우면 자고 싶은 것이 인지상정이다. 그러니 일부러라도 부지런하게 지내려고 노력하는 것은 보통 어려운 일이 아니다. 창작의 고통을 안고 사는 문단의 작가들에게는 더 말할 필요조차 없다. 독창적인 자신의 세계를 그려 내는 것도 쉬운 일이 아니므로 부지런하게 살려고까지 하면 고통은 배가된다고 해야 한다.

물론 작가가 부지런하다고 훌륭한 작품을 많이 쓰는 것은 아니다. 이름을 대면 알 만한 작가들 중 달랑 한 편의 작품으로 유명해진 사람들이 적지 않은 현실을 상기하면 더욱 그렇다. 영미권에서는 『바람과 함께 사라지다』를 쓴 마거릿 미첼, 『폭풍의 언덕』의 저자 에

말년의 노사

밀리 브론테가 이런 대표적인 작가에 속한다. 또 중국에서는 문화곤
륜文化崑崙이라는 어마어마한 별명으로 통하는 천재 작가 전종서錢鍾書
(첸중수)가 이 유형에 해당한다. 포위된 성이라는 뜻의 작품 『위성』圍
城이라는 소설 하나로 중국 문단에서 평생 대가 대접을 받았다. 심지
어 노벨문학상 후보로 몇 번씩이나 거론되기도 했다. 혹 수백 권의
소설을 쓰고도 모든 작품들이 쓰레기 취급을 받는 작가가 있다면 상
당히 열불이 날 수 있는 불공평한 현실이다. 시쳇말로 인생은 한 방
이라는 말을 실감나게 해 주는 현실이기도 하다. 하지만 역시 작가
는 부지런해야 좋은 작품을 많이 남길 가능성이 커진다. 또 부지런
히 쓰다 보면 본인의 능력을 뛰어넘는 작품을 쓰는 횡재를 할 수도
있다.

　　중국 문단의 작가들 중에는 부지런한 사람들이 많다. 현존하는
작가로는 투병 생활 중에도 병상에 누워서 2년 동안 육필 원고를 썼

다는 중견 작가 염연과閻連科(옌롄커)를 대표로 꼽을 수 있다. 그러나 역시 부지런함의 화신으로 불리는 작가로는 노신魯迅(루쉰)에 버금간다는 평가를 듣는 노사老舍(라오서)를 첫손가락에 꼽아야 하지 않을까. 본명이 서경춘舒慶春인 그는 중국에서는 아웃사이더에 속하는 소수민족인 만주족 출신이다. 아무리 문단이 차별이 없는 곳이라 해도 명성을 날리는 것은 결코 쉬운 일이 아니었다. 그럼에도 그는 1966년 여름에 세상을 떠나기 전까지 노벨문학상 후보에 거의 매년 오르는 대작가로 성공했다. 그가 소수민족의 불리함을 극복하고 이처럼 성공한 비결은 다른 데 있지 않았다. 바로 항상 부지런히 살라는 집안의 가르침에 충실했기 때문이다.

북경에서 대대로 만주족 무장 가문이었던 그의 집안은 경제적으로 그다지 넉넉하지 않았다. 그저 청나라 팔기군八旗軍의 군관이었던 아버지 서영수舒永壽의 얼마 안 되는 녹봉으로 근근이 살아가는 처지였다. 게다가 형제가 아홉 명이었으므로 살림의 어려움은 말할 필요가 없었다. 그나마 이런 빠듯한 살림도 그다지 오래가지 못했다. 아버지가 그가 겨우 한 살 때인 1990년에 발생한 서구 열강 연합군과 청나라 군대 간의 전투에서 전사해 수입원이 완전히 끊어진 탓이었다. 그의 어머니는 남겨진 자녀들을 양육하기 위해 독하게 마음먹지 않으면 안 됐다. 학령기를 이미 지난 아들의 학비를 벌기 위해 거의 매일 광주리에 땅콩이나 완두콩 등을 이고 북경 시내로 장사를 나갔다. 그렇게 부지런히 노력해도 고달픈 생활은 계속되었다.

외 삼 촌 이   준   인 생 의   선 물

그러던 어느 날 전기가 찾아왔다. 노사의 인생에 결정적인 영향을 미친 친척 어른 한 명이 불쑥 모습을 드러낸 것이다. 평소 잘 내왕하지 않던 그의 외가 쪽 삼촌뻘 되는 사람이었다. 노사가 만년에 쓴 자전적인 수필에 따르면 유수면劉壽綿이라는 이름의 이 외삼촌은 대단한 부자였다. 돈이 많은 사람답게 좋은 일도 많이 했다. 자연스럽게 주변에 사람이 많이 모였다. 그러나 이상하게 친척들은 잘 챙기지 못했다. 항상 남을 도와주는 일에만 정신이 팔려 정작 친척들을 찾을 시간은 내지 못했던 것이다. 해가 서쪽에서 떴다고 해도 좋을 행차를 한 외삼촌은 대문에 들어서자마자 불쑥 노사의 어머니에게 질문을 던졌다.

"누님, 저 아이가 학교에 다니고 있나요? 학교에 다닐 나이가 된 것은 같네. 매형을 닮았으면 아주 총명하겠죠. 똑똑해 보이기도 하네요. 귀티도 나고."

"보내야지. 나이도 지났고. 그러나 경제적으로 여유가 없네. 아이가 똑똑해서 공부를 시켜야 한다고 생각은 하는데 말이야."

"학교에 보내세요. 돈 걱정은 하지 마세요. 제가 알아서 하겠습니다. 남도 돕는데 조카 하나 못 돕겠어요?"

노사는 멋들어지게 차려 입은 외삼촌의 외관에 주눅이 잔뜩 들어 어머니가 뭐라고 하는지 제대로 듣지 못했다. 그러나 외삼촌이 돈이 얼마가 들더라도 자신을 학교에 보내 준다는 소리만큼은 분명하게 들었다. 다음 날 그는 외삼촌의 손에 이끌려 마치 말 잘 듣는 강아

문 사 ·   지 드 태 모 티
          런 는 산 아 끌   2

4
7

지처럼 집 근처 학교로 향했다. 이때 그는 하루 전과는 달리 진지한 표정으로 조카에게 말했다.

"너 나하고 약속을 하나 단단히 해야 한다. 학교에 가서 남들보다 부지런하게 열심히 공부하기로 말이야. 또 평생을 그렇게 살겠다고 약속해. 그래야 네가 너를 돕는 것도 보람이 있지. 네 어머니를 봐라. 너희 집안 전통을 이어 얼마나 열심히 일하고 계시느냐. 알았지?"

어린 노사는 평소 어머니로부터 자주 듣던 그 말에 얼른 그렇게 하겠다고 대답했다. 공부하러 다닐 수 있게 된 것이 마냥 좋았던 것이다. 그는 건성으로 대답했으나 실제로 학생의 신분이라는 사실을 망각하지 않고 부지런히 학교에 다니면서 공부에 전력을 기울였다.

노사는 외삼촌과의 약속을 지키기 위해 집에서도 부지런한 일상을 유지했다. 어린 나이였으나 잠은 아무리 많아도 여섯 시간 이상 자지 않는 것을 원칙으로 했다. 낮잠이라는 것은 아예 그의 사전에 없었다. 사실 부지런하게 사는 것은 철이 나기 시작한 어린 시절부터 그의 몸에 밴 습관이나 다름이 없었다. 틈틈이 어머니를 돕는 것을 잊지 않았고, 아무리 바쁘더라도 단 하루도 거르지 않고 일기를 쓰는 습관을 꾸준하게 유지했다. 그가 훗날 왕성한 필력을 자랑한 것은 이때의 습관이 바탕이 됐다고 해도 과언이 아니다. 그러니 본격적으로 학교를 다닌 다음부터 성적이 좋지 않을 리가 없었다. 무사히 고등학교를 거쳐 명문으로 꼽히는 북경사범대학교에 진학한 것은 당연한 일이었다.

그러나 그가 고등학교에 진학했을 무렵 외삼촌의 재산은 상당 부분 줄어들어 있었다. 사람이 너무 좋은 나머지 이곳저곳에서 사기를 당하고 뜯겼기 때문이다. 그럼에도 외삼촌의 퍼 주기 습관은 전혀 고쳐지지 않았다. 아니 오히려 재산이 거의 반의반 토막 이상으로 줄어들었을 때에는 가난한 아동들을 위한 학교와 무료 급식소까지 차렸다. 완전히 자신과 가족의 생계를 잊은 기인 같았다. 그는 외삼촌의 행동이 기가 막혔으나 학교를 운영하는 이상 모르는 체하기는 어려웠다. 그동안 학비를 대 주는 등 물심양면으로 보살핀 은혜에 보답하기 위해 외삼촌이 세운 학교에서 무급 교사로 활동했다.

요즘 말로 준재벌 수준에 이르는 전 재산을 없는 사람들에게 다 나눠 준 다음 불교에 입문한 이 외삼촌은 노사의 나이 42세 때 세상을 떠났다. 놀랍게도 외삼촌이 세상을 떠나자 지난 수십 년 동안 도움을 받은 사람들이 다비식에 구름처럼 몰려들었다. 그는 그때에야 비로소 훗날 종월 선사宗月禪師로 많은 존경을 받은 외삼촌이 얼마나 멋진 인생을 살았는지를 깨달았다. 더불어 부지런히 살아야 한다는 외삼촌과의 약속을 남은 생애에도 지킬 것을 거듭 맹세했다.

부지런한 습성과 그에 따른 자긍심

노사 모자가 얼마나 게으른 것을 싫어했는지를 보여 주는 실제 사례는 적지 않다. 가장 대표적인 것이 춘절春節(중국의 설) 등의 명절 때에 중국인이라면 누구 하나 예외 없이 터뜨리는 폭죽을 절대 손에 쥔 적이 없었다는 사실이다. 그는 연말에도 딱 하루만 집으로 가 가족을 만나고 학교 기숙사로 돌아갔다. 왔다 갔다 낭비하는 시간이 아까웠던 것이다.

노사는 어머니한테 게으르다고 따끔한 교육을 받은 일까지 있었다. 하루는 그가 잠깐 짬을 내 기숙사에서 집에 들러 새벽까지 글을 쓰다 그만 잠이 들었다. 하루에 최소한 원고지 15장은 쓰겠다는 목표를 세워 놓은 터라 늦게까지 원고지를 붙잡고 있었던 것이다. 그가 잠든 지 겨우 한 시간이나 됐을까, 아직 날이 채 밝지 않았는데도 문을 두드리는 소리가 들렸다. 어머니였다. 그를 깨우는 어조에 노기가 잔뜩 묻어 있었다.

"경춘, 너 이렇게 늦잠을 자면 어떻게 하니? 엄마가 누누이 부지런히 지내야 한다고 강조한 말을 벌써 잊은 것은 아니겠지? 네 아버지는 아무리 밤늦게까지 고된 훈련을 받았더라도 아침 일찍 일어나지 않은 적이 단 하루도 없었어. 새벽에 일어나서는 항상 무술 훈련도 했고 말이다."

노사는 어머니의 꾸중에 어제 늦게 잠자리에 들었기 때문이라고 변명하지 않았다. 오히려 깨워 줘서 고맙다고 생각했다. 아직 못 다 쓴 원고가 남아 있었던 것이다. 그 어머니에 그 아들이었다.

그뿐 아니었다. 그는 개인적으로 배울 만한 당대의 석학을 찾아다니는 노력도 게을리하지 않았다. 이 노력의 결과 고작 16세 나이에 당시 북경여자사범대학교 총장이었던 석학 방유일方惟一을 스승으로 모시고 고문과 시 수업을 받는 행운을 잡을 수 있었다. 그 나이 또래의 제자는 노사가 유일했다. 방 총장이 그를 아들처럼 여기고 정성을 기울여 가르친 것은 당연했다.

누구보다 부지런하게 열심히 글을 쓴 만큼 그는 자신에 대한 자부심이 무척이나 강했다. 그가 작가로서 명성을 쌓아 가고 있을 때였다. 한 잡지사에 작가들의 글을 고치기 유난히 좋아하는 편집자가 한 명 있었다. 그는 노사의 글 역시 예외로 취급하지 않았다. 마구 난도질을 해 노사로 하여금 마치 남의 글을 보는 듯하게 만드는 경우가 없지 않았다. 하루는 화가 치민 노사가 그 편집자에게 직설적으로 불만을 토로했다.

"나는 내 모든 정성을 기울여 글을 쓰는 사람이오. 문장의 글자 하나, 방점 하나까지 신경을 쓰는 작가요. 때문에 고치고 고쳐서 죽어라 써도 반나절에 원고지 7~8장밖에 못 쓰는 경우가 많소. 그런데 어떻게 그런 글을 함부로 뜯어고칠 수 있소? 만약 그런 글을 당신이 이해하지 못한다면 그것은 내 탓이 아니오."

노사의 항의에도 불구하고 그 편집자는 다음에 또다시 그의 글을 고쳤다. 자신의 능력과 부지런함이 무시당했다고 생각한 그는 드디어 화가 나서 편집자에게 욕을 마구 퍼부었다.

"내 글을 고치는 남자는 죄다 도둑이야. 여자도 다를 바 없어. 몸을 파는 사람이라고 해도 좋아."

노사의 부지런한 습성은 대학을 졸업한 다음 이어진 사회생활에서도 전혀 빛을 잃지 않았다. 1922년 천진天津 남개南開중학교에 부임해 국어 교사를 잠깐 하다 1924년에 중국어 강사로 일하기 위해 영국 런던대학교로 떠난 것은 이런 생활의 시작이었다. 런던 생활 틈틈이 작품을 쓰고는 했던 그는 1930년에는 8년 만에 싱가포르를 거쳐 중국으로 돌아왔다. 이어 산동성 제남濟南 소재의 제로齊魯대학교 교수로 부임했다. 전 세계 수십 개 언어로 번역돼 노벨문학상 후보까지 오른 대표작 『낙타상자』駱駝祥子는 바로 이 무렵에 쓴 작품이다. 그는 일본이 중국에 대한 침략을 본격적으로 자행한 1937년 이후에는 절친

했던 선배 노신의 동생 주작인周作人(저우쭤런)과 다른 길을 걷기도 했다. 주작인이 일본에 협력하는 글을 쓴 데 반해 그는 정반대편에 서서 항일 문인 동맹을 이끈 것이다. 몸이 두 개라도 모자랄 지경이었다.

자 유 로 우 면 서 도   엄 격 했 던   자 녀   교 육

노사는 문단과 사회를 통해 부지런하다는 말이 무색할 정도로 왕성하게 활동했으나 정작 4남매의 이름을 짓는 데에서는 별로 그답지 않은 면모를 보이기도 했다. 큰딸의 이름을 제남에서 태어났다고 서제舒濟(수지)라고 짓고, 아들의 이름은 딸의 이름이 너무 복잡하다고 생각했는지 간단하게 서을舒乙(수이)이라고 했다. 나머지 딸들에게는 비 올 때와 입춘에 낳았다고 각각 서우舒雨(수위), 서립舒立(수리)이라는 이름을 지어 줬다.

그러나 천성적으로 어린아이를 좋아했던 사람답게 자녀들에 대한 기대는 적지 않았다. 교육철학 역시 그다웠다. 너무 게으르지만 않는다면 지나친 간섭을 하지 않았다. 말하자면 아이들이 자유롭게 재능을 발휘하도록 도와주는 것이 그가 가진 교육 원칙이었다. 그가 나중에 문화대혁명의 광풍에 휘말려 자살이라는 극단적인 선택을 했을 때 황급히 달려와 가슴으로 울었던 장남 서을의 말을 들어 보면 잘 알 수 있다.

"나는 어렸을 때 그림 그리기를 대단히 좋아했다. 아버지는 내 그런 모습을 보면 무척 기뻐하셨다. 아버지는 항상 우리 자신이 좋아하는 분야와 특기를 살리기를 원하셨다. 손님들이 올 때는 늘 나에게 '네 그림을 가져와서 이분들께 보여 드려라'라는 말씀을 하셨다. 자식에게 자신감을 심어 주고 소질을 계발해 주려고 그러셨던 게 아닌가 생각한다."

대신 노사는 자식들이 게으르거나 과보호를 받는 것만큼은 절대로 용납하지 않았다. 하루는 아이들이 학교에 가야 할 아침 시간에 비가 오자 아들 서을과 딸 서우가 학교에 갈 엄두를 내지 못하고 있었다. 몸을 가릴 것이라고는 다 떨어진 삿갓만 달랑 몇 개 있었기 때문이다. 그 모습을 목격한 노사는 단호한 표정을 지은 채 삿갓을 가리키면서 말했다.

"너희들, 이거 쓰고 가거라."

서을과 서우는 눈을 동그랗게 뜬 채 감히 삿갓을 받아들지 못했다. 곧 동생인 서우가 볼멘 목소리로 투정을 부렸다.

"우산 주세요. 그걸 쓰고 창피해서 어떻게 학교에 가요. 다른 친구들은 아무리 가난해도 우산은 쓰고 온다고요."

노사는 기다렸다는 듯 타일렀다.

"너희들, 농부가 비가 온다고 우산을 쓰고 일하는 것 봤니? 농부는 그런 생각조차 하지 않을 거야. 그러나 게으름뱅이는 그런 생각을 한단다. 너희들은 학생이야. 모든 면에서 부지런해야 해. 우산이 없다고 학교에 안 간다는 것은 있을 수 없는 일이지."

아버지 말이라면 두 마디가 필요 없었던 평소와 달리 남매는 계속 머뭇거렸다. 노사는 안 되겠다 싶었는지 둘의 엉덩이를 찰싹 소리가 나도록 때리면서 다그쳤다.

노사와 그의 가족

"어서 가. 머뭇거리다가는 지각한다."

서을과 서우는 할 수 없이 삿갓을 쓰고 울면서 학교로 가야 했다. 그의 자녀들에 대한 이런 태도는 종종 다른 형태로 표현됐다. 한번은 서을보다 두 살 더 많은 큰딸 서제가 붓글씨를 쓰다 말고 30여 분 정도 소파에 앉아 쉬고 있었다. 노사는 딸이 충분히 쉬었다 싶자 지체 없이 입을 열었다.

"너 지금 뭐하고 있어?"

"쉬고 있는데요. 붓글씨 쓰기가 너무 힘들어요."

서제가 조금 더 쉴 요량인지 꾸물거리면서 성의 없이 대답했다. 이에 노사는 준엄하게 다그쳤다.

"너 설마 학교에서도 그렇게 하는 것은 아니겠지? 학교에서는 아무리 힘들어도 10분 이상 쉬는 법이 없잖아. 빨리 붓글씨를 다시 쓰거나 어머니 일을 도와라. 그것들도 하기 싫으면 아버지 원고 좀 정리하든지. 집에서는 학교에서보다 더 부지런해야 하는 거야. 이건 완전히 네 시간이잖아. 그걸 낭비하면 되겠니?"

서제는 하는 수 없이 머쓱한 표정으로 붓을 다시 잡았다. 훗날 서제는 아버지를 기억하면서 당시 느꼈던 감정들을 눈물을 글썽이며 회고한 바 있다.

"아버지는 정말로 부지런한 분이셨다. 일생 동안 오로지 프로라는 생각을 가지고 최선을 다하셨다. 매일 글을 쓰고 일을 하셨다. 휴일이라고는 도통 없었다. 아무리 밤늦게 아버지 방의 창문을 지나가더라도 불이 켜져 있지 않은 날이 없었다. 한번은 이런 일도 있었다. 아마 어느 해의 마지막 날 저녁이었을 것이다. 아버지도 이때만큼은 쉬어야 한다고 여기셨는지 우리에게 수수께끼 문제를 하나 내셨다. 분위기가 갑자기 좋아졌다. 하지만 나는 아버지가 작품 소재를 얻으려고 그런 것이라는 사실을 벌써 짐작하고 있었다."

이처럼 지독한 일면이 있었으나 그는 자녀들에게 대단히 관대한 사람이었다. 막내딸 서립이 시험 성적 60점을 맞고 울면서 집에 들어왔다. 그가 웃음을 머금은 표정으로 물었다.

"왜 우는 거니?"

서립이 대답했다.

"성적이 안 좋아서 그래요. 너무 분해요. 열심히 했는데도 이 모양이에요."

"울 필요 없어. 내가 볼 때 너는 최선을 다했어. 나는 네가 할 일을 하지 않고 게으름을 피우면서 노는 것을 본 적이 없어. 너는 아직 공부하는 방법을 깨우치지 못했을 뿐이야. 앞으로 더 노력하면 반드시 성적이 올라갈 거야."

피 해 가 지 못 했 던 문 혁 의 광 풍

노사가 어느 정도 부지런했는지는 기록만으로도 충분히 증명이 된다. 무엇보다 장단편 소설을 비롯한 주옥같은 작품이 무려 1,000여 편에 이른다. 게다가 대부분의 작품들이 문학사에 길이 남을 걸작으로 손색이 없다. 전중서의 소설이 한 권뿐이었다는 사실을 상기한다면 그가 얼마나 부지런한 작가였는지 어렵지 않게 알 수 있다. 하루에 최소 원고지 15장은 썼다는 노력의 소산인 것을 굳이 강조할 필요조차 없을 듯하다. 그는 글을 쓰는 외의 시간 역시 한가하게 보내지 않았다. 정말 할 일이 없으면 태극권을 수련하거나 중국의 판소리라고 할 수 있는 경극 한 대목을 목청껏 뽑았다. 그래도 시간이 남으면 꽃을 기르거나 취미인 고서화 수집에 매달리기도 했다. 함부로 낭비하는 시간이 당최 없었다. 그가 술, 담배를 거의 입에 대지 않은 드물게 보는 문인이었던 데에는 이유가 있었던 것이다.

노사는 적지 않은 세월을 해외와 중국 각 지방에서 보냈다. 1946년부터 3년 동안은 미국 국무성의 초청으로 미국에 머물면서 중국 문학을 전파하는 전도사 역할도 했다. 이런 떠돌이 생활은 중국이 통일된 직후인 1949년 12월에야 비로소 청산되었다. 주은래 총리의 요청으로 미국에서 귀국해 북경에 정착하게 되었던 것이다. 이후 그는 언제 역마살이 있었는가 싶게 1966년까지 화가이자 산문가인 부인 호혈청胡絜青(후제칭)과 함께 네 자녀를 데리고 동성구東城區 풍성豊盛 골목의 한 집에서만 16년 동안 살았다. 비로소 안정을 되찾은 그는 더욱 왕성한 집필 활동을 하면서 주로 상해에서 활약한 파금巴金(바진)과 함께 중국 문단의 양대 정신적 지주로 우뚝 섰다. '북경은 노사, 상해는 파금'이라는 말은 이 시기에 생긴 유행어였다. 중국작가협회 부주석, 북경시 문련文聯(문화예술계연합의 약칭) 주석 등의 자리에 올라 인민예술가의 칭호를 부여받은 것은 이런 활약에 대한 대가였다.

불행히도 이런 그조차 문혁의 광풍을 피하지 못했다. 특히 그가 북경시 문련의 주석이었다는 사실은 치명타였다. 그를 반동분자로 보는 홍위병의 칼은 서서히 그를 겨눌 조짐을 보이고 있었다. 그는 신변의 위협을 느끼자 조용히 집의 후원에서 가족회의를 열었다. 1966년 8월 21일이었다. 가족들은 영문을 몰랐으나 전원이 모이기는 했다. 그는 회의에서 비장한 어조로 말했다.

"아무래도 또 누구 한 사람이 죽을 모양이야. 그 사람은 아주 고결하고 의지가 굳은 사람인데 말이야."

이때 가족 중에서 그의 묘한 이 말이 내포한 의미를 아는 사람은 아무도 없었다. 이틀 후 오후 그는 일단의 홍위병들에 의해 북경시 문련 사무실에서 끌려나와 근처의 국자감國子監으로 향했다. 그곳에는 평소 그와 잘 알고 지내던 저명 작가들과 예술가들이 모여 있었다. 노사를 비롯한 그들은 아직 10대에 지나지 않은 홍위병들에게 무수히 구타당하고 모욕을 당했다. 심지어 머리까지 깎였다. 그는 이 와중에 머리에 피가 나는 상처도 입었다. 치욕이라는 말조차 부족할 정도였다.

다음 날 새벽 2시, 잠을 못 이루고 있던 부인 호혈청은 집으로 돌아온 노사를 눈물로 맞았다. 그는 부인이 상처를 치료해 주려 해도 신경 쓰지 않은 채 계속 안타깝게 중얼거리기만 했다.

"나는 지금껏 헛소리를 해 본 적이 없는 사람이야. 내 인생의 목표를 향해 부지런히 노력한 작가야. 그런 나를 이렇게 취급하다니. 지금은 나를 이해하지 못할지 모르지만 사람들은 훗날 내 이런 정신을 이해할 거야."

노사의 어조는 뭔가를 결단한 듯 비장했다. 부인 호혈청은 이때에도 어두운 그림자가 자신의 집 안으로 밀려오는 것을 감지하지 못했다. 그저 더 이상 남편이 수모를 당하지 않기를 바랄 뿐이었다.

날이 밝았다. 노사는 가족이 모두 외출하기를 기다려 정원으로 내려왔다. 예상대로 아무것도 모르는 세 살짜리 손녀만이 정원에서 뛰놀고 있었다. 그는 아이를 조용히 불렀다. 아이는 좋아라고 뛰어와 그의 품에 안겼다. 그는 손녀를 품에 안고 떨리는 목소리로 천천히 말했다.

"할아버지한테 바이바이라고 한번 말해 봐. 할아버지는 저 멀리 갈 데가 있단다."

손녀는 영문도 모른 채 노사의 말대로 했다. 그의 입에서 다시 착 가라앉은 어조의 말이 튀어나왔다.

"부지런히 살아야 한다. 네 할아버지가 부끄럽지 않도록 말이야."

비장한 느낌을 주는 말을 마친 노사는 집 밖까지 따라 나온 손녀를 들여보낸 다음 목적지인 북경 덕승문德勝門의 태평호太平湖를 향해 천천히 걸음을 옮겼다. 한동안 그는 태평호의 벤치에 미동도 하지 않은 채 앉아 있었다. 벌써 몇 시간째였다. 주변을 지나가는 사람들은 그를 자신들처럼 푹푹 찌는 북경의 더위를 피해 시원한 호수 바람을 맞으러 나온 피서객쯤으로 여기는 것 같았다. 다들 노인네가 참 곱게 늙었구나 하고 무관심하게 힐끗 쳐다만 볼 뿐 더 이상의 눈길은 주지 않았다. 그러나 그는 중천에 뜬 해가 호수 저편으로 떨어지려 하는데도 도대체 일어날 기미를 보이지 않았다. 이어 칠흑 같은 밤이 찾아 오는가 싶더니 여명이 밝아왔다. 노인은 어디로 갔는지 보이지 않았다. 그는 찌는 듯한 한여름에 호수로 몸을 던졌던 것이다.

큰딸 서제와 외아들 서을을 비롯한 노사의 4남매는 아버지가 세상을 떠난 다음 적지 않은 박해를 받았다. 소수민족인 데다 저명 문인의 자녀들이었으니 그건 어쩌면 문혁 기간 중 그들이 받아들여야 하는 운명이었다. 그러나 그들은 그 엄혹한 세월 속에서도 아버지의 가르침을 잊지 않으려고 부지런하게 노력해 나름대로 훌륭한 일생을 살았다.

큰딸 서제는 물리학을 전공한 다음 하북河北사범대학교 등에서 교편을 잡았으나 1978년부터는 40대 중반의 나이에 돌연 출판인의 길로 들어서서 맹활약했다. 인민문학출판사로 적을 옮겨 부편집장까지 지낸 것이다. 주로 생전에 출판하지 못한 아버지의 작품을 세상에 내놓는 일을 했다. 얼마나 부지런하게 일을 했는지 1991년 퇴임할 때까지 아버지의 책만 20여 종에 100여 권을 냈다. 그녀는 자신의 글도 적지 않게 부지런히 썼다. 부모로부터 물려받은 유전자보다는 부지런한 노력이 그녀의 성공적 변신을 가능하게 했던 것으로 보인다. 80세를 넘긴 지금도 아버지가 16년 동안 살았던 자택을 개조해 설립한 노사기념관의 관장으로 활동하고 있다.

외아들 서을의 변신은 누나와 비슷하기는 하나 훨씬 더 놀랍다. 그는 아버지의 가르침에 따라 처음에는 임학을 전공했다. 1954년에는 구소련 레닌그라드의 대학에도 유학해 우수한 성적으로 졸업했다. 귀국해서는 중국임업과학원에서 연구원으로 자리를 잡았다. 이어 1978년에는 고급 엔지니어에 정부 부처 국장급 직위에 오를 정도로 성공했다. 그러나 그는 부부장(차관에 해당)으로 승진할 수도 있는 이 시기에 인생 최대의 결단을 내렸다. 누나와 마찬가지로 문학으로 전공을 바꾼 것이다. 그의 나이 43세였다. 처음 작품은 『인민일보』人民日報에 연재한 『노사의 어린 시절』老舍的童年이었다. 이후 그는 부지런하다는 말이 무색할 정도로 늦깎이의 한풀이에 나섰다. 각종 문학 단체의 활동에도 적극적으로 참여했다. 1985년에 개관된 중국현대문학관의 설립에 힘을 쏟았을 뿐 아니라 부관장을 거쳐 2000년에는 관장을 역임하기도 했다.

늦깎이치고는 문학상도 많이 받았다. 저서 역시 많다. 20여 권 가까이에 이른다. 더욱 놀라운 것은 그가 61세 때인 1995년부터는 어릴 때 소질을 보인 그림에도 도전했다는 사실이다. 그것도 유명한 스승을 사사하지 않은 채 혼자만의 화법을 개발해 전시회를 12차례나 여는 기염을 토했다. 모두가 어렸을 때 아버지로부터 부지런히 지내라는 교육을 잘 받은 덕분일 것이다. 지금도 매일 글을 쓰고 그림을 그리는 생활을 계속한다고 한다.

서우도 만만치 않다. 1964년에 북경제2외국어대학교 독일어과 교수로 임용된 이후 부지런히 한 우물을 파고 있다. 최고의 독일어 교수에게 주는 상도 몇 번이나 받았고, 『그림동화전집』을 번역 출판해 어린이들의 많은 사랑을 받은 바 있다. 지금은 아버지의 작품들을 독일어로 소개하는 일에 주력하고 있다.

막내딸인 서립의 경우는 어머니의 영향인지 그림을 전공했다. 지금은 아버지와 어머니를 기리는 사업을 위해 열심히 뛰고 있으며 큰언니를 도와 노사기념관에서 벌이는 각종 사업에도 힘을 보태고 있다.

노사의 4남매는 억울하게 죽음으로 내몰린 아버지의 복권을 위해서도 부지런히 뛰어다녔다. 문혁의 광풍이 기승을 부리던 때는 어쩔 수 없이 숨죽여 지냈으나 1970년대 중반부터는 자신들의 목소리를 내기 시작했다. 이들의 바람은 1978년에 결국 현실로 이루어졌다. 정부 당국에서 공식 사과와 함께 노사를 완전히 복권시킨 것이다. 더불어 북경시 정부는 1984년 그가 살던 집을 문화재로 지정해 노사기념관으로 만들었다.

북 경 에   남 은   노 사 의   발 자 취

보통 사람이 부지런하면 각박해지기 쉽다. 그러나 노사는 그렇지 않았다. 인품이 좋아 주변에 늘 친구가 많았다. 작가와 학자뿐만이 아니었다. 시정의 이름 없는 장삼이사들과도 교류하고자 했다. 그의 작품 속에 서민들의 얘기가 많이 나오는 것은 이 때문이다. 심지어 그는 런던에서 사귄 정치인 염보항閣寶航, 금융인 영은승寧恩承 등과는 전문 분야가 달랐어도 평생 우정을 나누었다. 또 미국에서 함께 활동한 바 있는 극작가 조우曹禺(차오위)와는 11년의 나이 차이가 나는데도 격의 없이 교류했다. 조우의 경우 3년 동안 대선배의 부지런함에 질려 더욱 많은 자극을 받았다고 한다. 그 역시 지금 대가로 추앙받는 것은 아마도 당시에 왕성한 창작욕을 불태우는 버릇을 들였기 때문이 아닐까.

지난 2009년 2월, 탄생 100주년을 맞아 다시 한 번 대대적인 조명을 받은 그의 정신은 그저 단순하게 가족에게만 전해지지 않았다. 평소 그를 존경했다는 요절 작가 노요路遙(루야오)와 왕소보王小波(왕샤오보) 등에게도 큰 영향을 미치면서 이어졌다. 이들은 각각 중국 문단사에 길이 남을 『평범한 세계』平凡的世界와 『황금시대』黃金時代 등을 비롯한 역작을 많이 남겼으나 너무 창작에 몰두한 나머지 1990년대에 40대의 한창 나이로 잇따라 세상을 등졌다. 부지런하다는 것이 가끔은 감동적인 비극도 가져온다는 얘기다.

  현재 노사의 체취와 정신을 느낄 수 있는 곳은 북경에 많이 남아 있다. 옛집을 개조한 노사기념관이 대표적이다. 관장인 서제가 특별한 일이 없는 한 요즘도 매일 출근하여 관람객을 맞는다. 기념관의 정원에 노사가 직접 심었다는 감나무도 연륜을 자랑한다. 또 거실에는 각종 경매에서 최소한 1억 위안에 팔린다는 유명한 화가 제백석齊白石(치바이스)이 제자인 노사의 부인 호혈청에게 선물했다는 그림이 걸려 있다. 기념관에는 이 밖에 그의 작품 및 일생과 관련된 유물, 사진 자료, 문헌 등도 전시되어 있다. 그가 얼마나 부지런한 사람이었는지는 현장을 둘러보면 대번에 알 수 있다. 한국과 북한에서 번역되어 출판된 작품들도 다수 보인다.

  북경의 상징인 천안문天安門 인근 전문前門에는 그를 기념하기 위해 작품 『차관』茶館과 그의 이름을 따서 만든 '노사차관'이라는 전통 찻집도 있다. 찻집 치고는 상당히 큰 3천 평방미터의 공간에 차를 마시는 다실, 차와 다기를 판매하는 상점, 중국 전통 예술을 공연하는 무대 등이 들어서 있다. 매일 밤 그가 사랑한 보통 사람의 분장을 한 배우들이 다양한 전통 공연을 펼치는, 명실상부한 북경의 문화 아이

기념관이 된 노사의 옛집

콘이다. 1988년 문을 연 이후 지금까지 200만 명의 외국인 관광객까지 찾아왔다고 한다.

노사 마니아는 석경산구石景山區 팔보산八寶山 공원묘원에 있는 그의 납골당을 찾아 추모할 수도 있다. 그의 유골은 없으나 늘 쓰던 안경, 펜 등이 보존돼 있어 체취를 느끼는 것이 가능하다.

노사가 후세에 남긴 교훈은 어쩌면 다소 진부할지 모른다. 그러나 부지런함은 인생을 살아가는 데 없어서는 안 되는 덕목이다. 인생의 성패를 결정하는 요인이기도 하다. 아무리 강조해도 지나치지 않는다. 특히 아직 완전히 성숙한 인격체가 되기 직전의 학생들에게는 더욱 그렇다. 아마 그래서 중국 작가 중에서 그의 작품이 각급 교과서에 가장 많이 실린 것이 아닐까. 매년 30편 이상이 실린다. 이 점만 봐도 치열하다는 말이 부족하지 않은 그의 부지런했던 일생은 교훈 이상의 가치를 가진다고 할 수 있을 것이다.

3

양계초 가문

인생살이의 요체는 책임감

개 혁 에 실 패 한 양 계 초 의 책 임 의 식

한국인과 일본인에 비해 중국인은 상대적으로 개인주의적이고 이기적이다. 나와 직접적으로 관계가 없으면 남이 뭘 하든 전혀 신경을 쓰지 않는다. 신경을 쓰는 사람을 이상하게 생각하는 국민성이 있는 듯하다. 중국인이 잘 쓰는 말 중에 남 신경 쓰지 말라는 뜻의 '부리타'不理他가 있는 것은 괜한 게 아니다. 이런 성향은 대체로 국민 개개인의 책임감 결여로 이어진다. 국가적으로는 무척 바람직하지 못한 현상이라고 할 수 있다. 20세기 중국을 대표하는 대문호 노신과 대석학 호적胡適(후스)이 국민개조론까지 들먹이면서 자국민의 국민성을 비판한 데는 이런 이유가 있다.

그러나 동시대에 살았던 계몽주의적 학자인 양계초梁啓超(량치차오)

는 오히려 이들보다 한술 더 떴다. 사람은 혼자 사는 존재가 아니므로 진정 인간다운 사람이 되려면 가정과 사회, 국가에 책임감을 가져야 한다는 보다 명확하고 구체적인 생각을 늘 밝히고는 했다. 이는 그가 요즘이라면 대학을 졸업하지도 못했을 고작 25세 때인 1898년에 당시로는 파격적 개혁 운동인 변법자강變法自强 운동을 스승 강유위康有爲(캉유웨이), 동료 담사동譚嗣同(탄쓰퉁)과 함께 목숨을 걸고 추진한 사실만 봐도 알 수 있다. 지식인으로서 나라의 운명에 일정한 역할을 해야 한다고 믿은 그로서는 평소에 늘 강조하던 말을 적극적으로 실천에 옮겼다고 볼 수 있을 것이다.

그렇지만 양계초가 지식인으로서의 책임을 다하고자 추진한 급진적 개혁인 무술변법戊戌變法은 결과가 그다지 좋지 못했다. 그것도 훗날 이름이 붙여진 백일유신百日維新이라는 말대로 정확하게 100일 만에 좌절됐다. 궁극적으로는 광서제光緖帝를 옹립해 입헌군주제를 도입한 근대 국가를 세우고자 했던 그의 바람을 서태후西太后가 궁정 쿠데타를 일으켜 일거에 제압해 버린 것이다. 이후 끔찍한 피의 숙청이 이어졌다. 담사동은 "외국에서는 변법을 하며 피를 흘리지 않은 자가 없다. 나는 혁명을 위해 기꺼이 피를 흘리겠다"라는 의지를 피력하며 처형당하는 길을 선택했으나 양계초는 더 큰 책임을 지기 위해 일본 망명길에 올랐다.

중국 남부 광동성廣東省 신회新會에서 출생한 양계초는 어려서부터 신동으로 소문이 자자했다. 시쳇말로 하나를 가르치면 열을 깨우칠 정도였다. 그가 겨우 4세 때부터 수재秀才(지방에서 치르는 예비 과거 1차 합격자)였던 할아버지 양유청梁維淸과 아버지 양보영梁寶瑛의 집중 조기 교육 대상이 된 것은 어쩌면 당연한 일이었다. 양계초의 할아버지와 부모는 자신들의 손자와 아들이 이처럼 대단한 신동이었다고 해서 그저 오냐오냐 하고 치켜세우기만 하지 않았다. 오히려 때에 따라서는 더욱 바짝 다그치면서 혹독하게 교육했다.

특히 언제 어떤 상황에서나 책임감을 강조하는 것을 항상 잊지 않았다. 자칫 11세에 수재, 16세에 거인擧人(수재 다음의 예비 과거 2차 합격자)이 된 재주만 믿고 천방지축 날뛰다가 가정이나 사회, 나아가 국가에 큰 해를 미칠지 모른다고 우려했던 것이다. 이를 위해 그의 할아버지와 부모는 늘 죽음을 마다하지 않고 사회나 국가에 대한 자신들의 책임을 다한 역사 영웅의 사적을 자주 들려주고는 했다. 이를테면 불가능한 줄 알면서도 원나라에 끝까지 저항한 송나라 말기의 육수부陸秀夫, 문천상文天祥, 장세걸張世杰 등 충신들의 얘기는 그의 귀가 아플 정도로 입에 올렸다고 한다. 그가 변법자강 운동에 적극 뛰어들어 지식인으로서의 책임을 다하려고 했던 데에는 바로 이런 집안의 교육이 절대적인 영향을 미쳤다고 할 수 있다.

어느 정도 책임감을 가지도록 가르쳤는지를 잘 보여 주는 일화도 많다. 그 가운데 한 가지만 거론해 보자. 한번은 그가 집 앞 개울에서 신나게 놀다가 해가 저물어서야 집으로 돌아왔다. 옷과 신발이 완전히 다 젖은 까닭에 그는 옷과 신발을 벗어 하인에게 빨아 오라고 시켰다. 이 광경을 물끄러미 바라보고 있던 그의 어머니 조씨趙氏가 그 자리에 그를 호되게 야단을 쳤다.

"계초, 너 도대체 그게 무슨 짓이냐. 옷은 네가 너무 개구쟁이처럼 놀아서 그렇게 된 거야. 네 책임이라고. 그런데 그걸 누구더러 빨라는 게냐. 어서 네가 빨지 못해? 할아버지와 아버지가 아시면 치도곤을 당할 게다."

양계초와 부인 이혜선
그리고 두 아들

　양계초는 머쓱한 표정을 지은 채 자신의 옷을 빨기 위해 부랴부
랴 우물가로 향했다.

　변법자강 운동의 실패로 선택한 망명지인 일본에서도 그는 자신
의 행동에 책임을 지기 위해 부단히 노력했다. 손문孫文(쑨원)을 비롯한
개혁 세력과 계속 연락을 취하면서 『청의보』淸義報 같은 신문을 발간
하는 등 문화 사업에 힘을 기울였다. 당시 그는 망명지에서 경제적으
로 상당히 어려운 생활을 해야 했다. 또한 10여 년에 이르는 망명 생
활은 그에게 향수병을 일으켰다. 마침 이 무렵 청나라 조정의 실권을
장악한 원세개袁世凱(위안스카이)가 그에게 사법부의 부대신을 맡으라는
제의를 해 왔다. 웬만한 사람 같으면 이 제의에 흔들리기 쉬웠다. 그
러나 그는 단칼에 거절했다. 무술변법을 추진한 책임이 있는 사람으
로서 고개를 숙이고 청나라 조정에 항복할 수는 없었다.

　다행히 그는 1911년 발발한 신해혁명辛亥革命으로 이듬해 9월에 안전하게 귀국할 수 있었고, 이후 더욱 적극적으로 자신의 정견을 피력했다. 민주당에 입당해 당수가 되기도 했다. 이 당은 나중에 공화당 및 통일당 등과 합당해 진보당이 됐다. 그 결과 양계초는 1913년 웅희령熊希齡(슝시링, 중화민국 제1대 총리)이 이끄는 진보당 정부의 사법총장이 되었다. 1917년 7월에는 새로 구성된 단기서段祺瑞(돤치루이) 정부에서 재무부 장관에 해당하는 재정총장이 됐다.

양계초는 개혁가였으나 사상은 대단히 보수적이었다. 신해혁명 전에는 절친하게 교류했던 손문과 일정한 거리를 둔 채 계속 웅희령과 단기서 밑에서 일한 것은 그의 이런 성향과 밀접한 관련이 있다. 그러나 그는 정치적으로 길이 다른 손문조차 인정할 만큼 책임감이 투철했다. 자신이 한 말은 반드시 지켰을 뿐 아니라 모든 행동에 책임을 질 줄 알았다. 손문은 그의 그런 점을 높이 사 약 4개월 후 단기서 정부의 몰락과 함께 재정총장 자리에서 물러난 그에게 계속 같이 일하자고 권유했다. 하지만 양계초는 자신의 행동에 끝까지 책임을 져야 한다면서 그대로 정계 은퇴를 선언했다. 이후 세상을 떠나는 1929년까지 북경도서관장 등의 자리 외에는 다른 직책을 맡지 않은 채 줄곧 자신이 평생 주력해야 할 학문으로 선택한 문학, 사학, 철학 연구에만 매진했다.

부부 관계에서 드러나는 책임 의식

양계초는 평소에 "우리 어깨에 지워진 가장 큰 짐은 바로 책임이다"라는 말을 입버릇처럼 말하고 다녔다. "인생을 제대로 살려면 책임이 얼마나 어려운 것인지를 반드시 알아야 한다. 그러면 비로소 책임의 즐거움도 알 수 있다"라는 말도 했다. 그의 인생관의 요체를 말해 주는 "수확에 대해서는 묻지 않고 오로지 밭을 가는 것에만 뜻을 둔다"라는 말도 그렇다. 그를 학자, 사상가, 정치인이기 이전에 책임지상주의자라고 해도 무방하지 않을까.

양계초가 어느 정도 책임감을 중요하게 생각하는 사람인지는 그의 결혼관에서도 드러난다. 당시 중국에서는 웬만한 지위에 있는 사람이 첩을 두거나 두 번, 세 번 결혼을 하는 것이 법적으로 별로 문제가 되지 않았다. 심지어 국부인 손문조차 그랬으니 도덕적으로도 비난을 받지 않았다. 그러나 그의 관점은 달랐다. 첩을 두거나 결혼을 여러 번 하는 것은 도덕적으로 문제일 뿐 아니라 사회적으로도 무책임한 행동이라고 보았다. 그래서 지금 보면 우습지만, 담사동 등과 함께 일부일처세계회一夫一妻世界會라는 단체를 결성하기도 했다. 이로 인해 그는 당시의 여성들로부터 열렬한 지지를 받는 엉뚱한 해프닝을 겪기도 했다.

양계초는 자신의 이 신념에 부합하는 일관된 행동도 보여 줬다. 늘 자신보다 세 살 많은 부인 이혜선李蕙仙(리후이셴)에게 남편으로서의 책임감을 잊지 않은 채 최선을 다한 것이다. 그가 미국 하와이에 잠깐 체류할 때였다. 망명객으로서의 우울한 심기를 달랠 길 없었던 그는 이곳에서 그만 하혜진何慧珍(허후이전)이라는 화교 여성과 아주 가까운 사이가 되고 말았다. 그녀 역시 그에게 푹 빠져들었다. 그의 주위에서는 이왕 이렇게 된 것 결혼하라고 권하기까지 했다. 결혼식을 성대하게 열려고 준비를 하는 성급한 지인도 있었다.

"혁명을 하려면 영어를 할 줄 아는 부인이 있어야 합니다. 나중에 돌아보면 선생에게 엄청난 도움이 됐다고 생각하게 될 것입니다. 결혼하십시오. 많은 망명객이 다 그렇게 했습니다. 절대로 문제가 되지 않습니다."

그러나 양계초는 주저 없이 자신의 평소 생각을 피력했다.

"내가 그녀를 사랑하는 것은 사실입니다. 대단히 아끼는 마음도 있습니다. 항상 그녀를 생각하는 것은 더 말할 것도 없죠. 그러나 나는 이미 처자가 있습니다. 과거에는 내 동료 담사동과 일부일처세계회라는 단체를 만들기도 했고요. 나는 내 말에 책임을 지고 싶습니다. 더구나 내 목에는 청나라 정부의 엄청난 현상금이 걸려 있습니다. 이로 인해 가족들이 다 흩어져 살고 있습니다. 가족들에 대한 책임조차 지지 못하는 입장에서 내가 좋아하는 여성까지 연루를 시켜야겠습니까? 그건 정말 무책임한 행동입니다."

그의 말은 곧 하혜진에게 전해졌다. 하혜진은 그와 맺어지지는 못하게 됐으나 감동하지 않을 수 없었다. 기꺼이 감정을 정리하고 헤어지는 데에 동의했다.

"선생님, 훗날 혁명에 성공하면 저를 잊지 마십시오. 저의 마음은 항상 선생님에게 있습니다. 이승에서 안 된다면 내세에서라도 만나게 되기를 기원합니다. 부디 건강하십시오."

물론 이 여성 문제와 관련해서는 그가 위선자라는 비난을 퍼붓는 주장도 없지는 않다. 이유는 이렇다. 원래 양계초는 19세 때 이혜선과 결혼을 했다. 이때 부인 이씨는 자신보다 17세나 적은 여섯 살의 어린 소녀 왕계전王桂荃(왕구이취안)을 몸종으로 데리고 갔다. 양계초보다는 14세나 아래였다. 소녀 왕계전은 어린 나이였음에도 주인의 가정을 위해 최선을 다했고 나중에는 완전히 가정 경제권까지 쥔 집사 노릇을 했다.

양계초 부부는 이런 그녀를 굉장히 아꼈다. 이혜선에게는 마치 딸 같았다. 그런데 양계초가 일본에서 망명 생활을 하던 어느 날 갑자기 이혜선이 남편에게 조심스러운 어조로 말했다.

"요즘 제가 몸이 너무 좋지 않아요. 아무래도 제가 당신을 잘 보살펴 드리지 못할 것 같네요."

양계초는 이상한 생각이 들었으나 개의치 않고 대꾸했다.

"몸이 좋지 않아도 괜찮소. 내 옆에만 있어 주면 돼. 나도 당신이 집안 대소사까지 시시콜콜 챙기는 것은 원치 않소. 계전이 있지 않소."

"그래서 말인데요. 그 아이를 좀 가까이하세요."

"무슨 소리요, 그게?"

"측실로 들이시라는 말입니다. 요즘 측실 한 명 정도 없는 사람이 어디 있습니까?"

"아니 부인, 내가 일부일처제를 주창한 사람이라는 것을 모르오? 어떻게 그런 말을 하오?"

"꼭 그렇게 부정적으로 볼 것만은 아닙니다. 더구나 그 아이는 지금까지 우리 집안의 대소사를 책임져 왔습니다. 아이들도 잘 돌봤고요. 앞으로도 책임을 지려면 당신이 잘해 줘야 합니다. 그게 우리 책임이기도 하지요. 그 아이는 여기 일본에서 짝도 만나기 어렵습니다. 어쩔 수 없는 일입니다."

"그 아이는 뭐라고 하오?"

"제가 이미 다 말해 놨습니다. 싫지 않은 모양입니다."

양계초는 더 이상 말을 잇지 못했다. 이혜선의 말이 완전히 틀린 말은 아니었던 것이다. 그는 이렇게 해서 1903년에 17세의 어린 나이인 왕계전을 첩으로 맞아들였다. 조금은 특수한 케이스의 첩이었다. 그러나 그는 1929년에 세상을 떠나면서 5년 전 먼저 타계한 부인 곁에 합장해 달라는 유언을 남김으로써 남편으로서의 마지막 책임을 다했다.

양 계 초 의   혹 독 한   자 녀   교 육

이런 일련의 행동으로 볼 때 첫 부인의 소생 세 명, 1968년까지 생존한 두 번째 부인이 낳은 여섯 명 등 무려 아홉 명이나 되는 자녀들 교육을 어떻게 시켰는지는 보지 않아도 분명해진다. 특히 장남인 양사성梁思成(량쓰청)에게는 혹독하다고 할 정도로 책임과 의무를 강조했다. 그는 이 교육을 하기 위해 '오늘의 책임은 다른 사람에게 있지 않다. 바로 우리 젊은 사람들에게 있다'라는 요지의 장문의 글 「소년 중국설」少年中國說을 발표하기도 했다.

일화도 적지 않다. 한번은 큰딸인 양사순梁思順(량쓰순)이 아버지의 교육이 너무 혹독해 은근히 투정을 부린 일이 있었다. 양계초는 보다 못해 그녀를 불러 앉혀 훈계를 시작했다.

"사순, 너 지금 몇 살이지?"

양사순이 조금 불안한 표정을 한 채 대답했다.

"스무 살이에요."

"너는 동생이 몇이나 있느냐?"

"다섯 명이요."

"좋다, 동생이 다섯 명이나 있으면 네가 어떻게 처신해야 되겠니? 더구나 동생들은 앞으로 더 태어날지도 몰라. 큰딸로 태어난 것은 당연히 네 책임이 아니다. 그러나 이왕 큰딸로 태어난 걸 어떻게 하겠느냐. 동생들을 잘 챙겨 주고 내 일도 도와줘야지. 내가 내 조부모와 아버지, 어머니로부터 어떻게 교육을 받았는지에 대해서는 얘기하지 않겠다. 그러나 운명적으로 큰딸로 태어난 이상 그 책임만큼은 다하기를 바란다. 네 왕씨 언니(첩인 왕계전)를 봐라. 어린 나이에 우리 집에 들어와서 온갖 일을 다 했어. 너도 키웠고. 보통 책임감이 아니잖아? 너는 그때의 왕씨 언니보다 나이도 훨씬 많잖니."

양사순은 아버지의 말이 틀리지 않다고 생각했다. 이후 마음을 고쳐먹고 큰딸로서의 책임을 다하기 위해 전력으로 노력했다. 아버지의 비서 겸 조수로 일하는 것이나 동생들을 챙기는 일 어느 것 하나 소홀히 하는 법이 없었다. 그녀는 나중에 아버지의 편지와 글들을 묶어 『양계초 연보』를 출판해 큰딸로서 아버지에 대한 책임을 다 마치기도 했다.

자신의 가정생활에서는 더욱 그랬다. 아버지의 제자이자 외교관이었던 남편 주희철周希哲(저우시저)이 1938년에 일찍 세상을 떠나자 혼자 힘으로 4남매를 훌륭하게 키워 냈다. 또 말년에는 각종 사회 활동에도 적극 참여해 아버지의 교육을 실천으로 옮겼다. 여덟 명의 동생들이 하나같이 사회에 나가 자신의 역할을 충실히 하는 유명인이 된 데에는 그녀의 노력이 큰 영향을 미쳤다고 봐야 한다.

양 사 성 의   독 특 한   책 임 감

저명 건축학자로 이름을 날린 큰아들 양사성이 보여 준 책임감은 오늘날까지 중국인들을 감동시키고 있다. 아버지 양계초가 망명한 탓에 일본에서 태어난 그는 1912년 귀국한 후 회문匯文고등학교와 청화淸華대학교의 전신인 청화학당에서 건축학을 공부한 다음 1923년 미국 펜실베이니아대학교 건축학과에서 수학했다. 1927년 석사학위를 받은 다음에는 하버드대학교에서 중국 고대 건축을 계속 연구했다. 그에게 박사학위 취득 후 교수 자리 보장이라는 상당히 매력적인 제의가 들어온 것은 이때였다. 석학인 아버지 밑에서 갈고닦은 범상치 않은 실력과 중국어, 일본어, 영어에 모두 뛰어난 그의 재능을 간파한 대학 측에서 계속 학교에 남아 주기를 바랐던 것이다. 다만 한 가지 조건이 있었다. 국적을 미국으로 바꾸는 것이었다. 보통 사람 같으면 즉석에서 좋다고 하거나 고민했을 터였다. 그러나 양사성은 학교 측의 제의에 고민조차 하지 않았다. 일언지하에 거절해 버렸다. 오로지 서둘러 조국으로 돌아가 배운 것을 모조리 쏟아붓는 것이 자신의 갈 길이라고 여긴 것이다.

양사성은 자신의 뜻대로 1928년 중국으로 돌아오자마자 요령성遼寧省 심양瀋陽의 동북東北대학교에 둥지를 틀었다. 건축사를 전공한 겨우 27세의 건축과 학과장이었다. 이후 그는 전국을 샅샅이 돌아다니면서 중국 고대부터 근대에 이르는 유명한 건축물을 직접 발굴하는 혁혁한 성과를 올렸다. 학자로서는 1946년 청화대학교에 건축학과를 직접 설립한 이후 사망할 때인 1972년까지 학과장으로 일하는 등 왕성하게 활동했다. 1948년에는 그동안의 공로로 오늘날 한국의 학술원에 해당하는 중앙연구원의 원사院士가 되기도 했다.

재미있는 점은 양사성이 책임감을 전혀 엉뚱한 곳에서도 발휘했다는 사실이다. 그는 10대 후반 어린 시절에 아버지 친구 임장민林長民(린창민)의 딸인 임휘인林徽因(린후이인)과 약혼을 했다. 당대를 떠들썩하게 만든 바 있는 미인 약혼녀 임휘인은 1920년 혼자 영국 런던으로 유학을 떠났다. 그녀는 그곳에서 약혼자 양사성이 아닌 유부남인 문인 서지마徐志摩(쉬즈모)와 운명적인 사랑에 빠졌다. 둘의 사랑은 기본적으로 결실을 맺을 수 없었다. 그럼에도 둘은 귀국한 이후에도 묘한 관계를 계속 유지했다. 나중에는 시아버지가 될 양계초가 이 사실을 알고 노발대발하기도 했다. 누나와 어머니도 결혼을 극력 반대했다.

양사성은 전혀 흔들리지 않았다. 약혼자로서 자신이 임휘인을 지켜야 하는 책임을 다하지 못했다고 자책했을 정도였다. 가족이 아무리 파혼을 주장해도 소용이 없었다. 두 사람은 얼마 후 겨우 위기를 넘기고 1923년 함께 미국의 펜실베이니아대학교로 유학을 떠났다. 두 사람은 운명의 장난인지 이곳에서도 위기를 맞게 되었다. 이번에는 서지마의 친한 친구이자 유명 철학자 김악림金岳霖(진웨린)이 둘의 관계를 위기로 몰아넣었다.

　역시 유학생이었던 김악림은 중국 학생들의 연례 모임에서 두 사람과 자주 어울리다 허물없는 사이가 됐다. 특히 임휘인과는 서로 감정을 주체하지 못할 정도의 연인 사이로 발전했다. 양사성은 나중에 이 사실을 알게 됐다. 이 정도 되면 상습적인 약혼녀의 행각에 화를 내야 마땅했다. 그러나 그는 이번에도 그게 자신의 책임이라고 수없이 자책했다. 그러다 하루는 견디다 못한 임휘인이 울면서 양사성에게 솔직하게 사정을 털어놨다.

　"사성, 나 아무래도 정신이 어떻게 됐나 봐요. 당신 외의 사람을 또 사랑할 수 있다니 말이에요. 내가 어떻게 했으면 좋겠어요? 속 시원하게 말 좀 해 봐요."

　양사성은 올 것이 왔다는 생각이 들었으나 충격도 대단했다. 서지마와의 관계를 알았을 때보다 고통이 더 컸으면 컸지 못하지 않았다. 그는 온밤을 뜬 눈으로 고민했다. 자신과 연적인 김악림을 요모조모 비교하는 것도 잊지 않았다. 다음 날 그는 약혼녀 임휘인을 불렀다.

　"정말로 그 사람을 사랑하는 거야?"

　"미안해요. 내가 나쁜 사람이에요. 한 번도 아니고 두 번씩이나. 내가 못 견딜 정도로 밉죠?"

　"아니야. 모든 게 내 잘못이야. 당신을 지켜 줘야 하는데 그 책임을 다하지 못했어. 내가 나빠."

　"무슨 소리예요. 몹쓸 짓을 한 것은 나잖아요."

　"그렇게 생각하지 마. 당신은 감정에 충실했어. 지켜 주는 책임을 다하지 못한 나에게 더 큰 잘못이 있어."

양계초의 큰아들 양사성과
그의 아내 임휘인

"나는 벌써 두 번이나 당신을 배신했어요."

"아니야. 당신은 감정에 충실했을 뿐이야. 그래서 말인데……"

"말해 봐요. 무슨 얘기예요."

"당신은 이제부터 자유야. 하고 싶은 대로 하라고. 악림 그 사람
한테 가도 좋고 내 곁에 그대로 있으면 더욱 좋고. 나는 내 잘못에 대
한 책임을 져야 해."

임휘인은 약혼자의 뜻을 그대로 김악림에게 전했다. 김악림은 깜
짝 놀라지 않을 수 없었다. 급기야 그는 임휘인에게 눈물을 흘리면서
말했다.

"아무리 봐도 당신을 진정으로 사랑하는 사람은 약혼자인 양사
성 같소. 나는 진정으로 당신을 사랑하는 사람에게 상처를 주고 싶지
않아요. 미안하지만 나는 물러나겠소."

이후 세 사람의 삼각관계는 양사성과 임휘인이 1928년에 공식적

으로 결혼식을 올림으로써 완전히 종말을 고했다. 이후 김악림은 자신이 임휘인에게 쏟은 사랑의 진정성을 보이기 위해 평생을 독신으로 살았다.

양사성은 훗날 가문의 장남으로서의 책임도 훌륭하게 완수했다. 북경 교외의 북경식물원 인근에 방대한 규모의 가족묘지공원을 조성해 지금도 관광객들이 즐겨 찾는 관광 명소로 만들었다. 현재 이 공원에는 그의 부모와 계모, 그 자신을 비롯한 동생들이 잠들어 있다.

다 양 한 분 야 에 서 빛 나 는 책 임 감

양계초의 둘째 아들인 고고학자 양사영梁思永(량쓰융)은 오십 평생 이룬 업적도 업적이지만 책임감에서도 형에게 뒤지지 않았다. 고국의 고고학 발전에 일생을 바쳐야 한다는 책임 의식이 너무 컸던 나머지 하버드대학교 고고인류학과에서 석사학위조차 받지 않고 그대로 귀국해 각종 문화재 발굴 현장에 뛰어들었다. 지금은 세계적으로 인정받고 있는 신석기 시대의 앙소仰昭문화와 용산龍山문화의 존재는 이들 현장에서 체계적인 발굴을 총지휘한 그의 책임감이 없었다면 빛을 보지 못했을지도 모른다. 그는 병상에서도 발굴을 지휘하는 불굴의 의지를 보인 고고학자로 지금도 이름을 남기고 있다.

양계초의 책임 의식에 대한 강조는 자녀들을 군문軍門으로 이끄는 역할을 하기도 했다. 이 길을 간 자녀들은 셋째 아들인 양사충梁思

忠(량쓰중)과 막내딸인 양사령梁思寧(량쓰닝)이다. 각각 국민당 고급 장교와 공산당 홍군 간부를 지냈다. 이 중 양사충의 에피소드는 잘 알려져 있다. 하루는 그가 불쑥 아버지에게 깜짝 놀랄 말을 꺼냈다.

"아버지, 저 미국으로 유학 가겠어요. 보내 주세요."

"그래. 네 형들이나 누나가 미국에서 공부하고 있으니 너도 가면 좋지. 무슨 공부를 하려고 그러니?"

"저는 순수 학문보다는 다른 공부를 하겠어요. 군인이 되겠습니다. 미국 육군사관학교에 가겠어요."

"뭐, 군인이 되겠다고? 그건 좀 곤란한데."

"아닙니다. 저는 사고와 체질이 완전히 그쪽입니다. 군대에서 국가에 대한 책임을 다하고 싶습니다. 아버지께서는 우리들에게 항상 책임감을 가지라고 강조하셨잖아요."

양사충은 자신의 뜻을 그대로 관철했다. 버지니아 육군학교와 육군사관학교를 졸업하고 1930년대 초에 귀국해 국민당 군대의 고급 장교가 된 것이다. 계급은 장군 바로 아래인 상교上校, 병과는 포병이었다. 그는 많은 무공을 세운 것으로 알려졌다. 틀림없이 30세 이전에 장군이 될 것이라는 기대를 모았으나 25세 때 복막염으로 아깝게 세상을 떠나고 말았다.

놀랍게도 양계초의 자녀들 중에는 금세기까지 생존하면서 자손들이나 주변 친지들에게 책임감의 위대함을 강조한 사람도 있다. 유명한 경제학자인 넷째 아들 양사달梁思達(량쓰다)과 로켓 기술 전문가로 이름을 날린 막내아들 양사례梁思禮(량쓰리)가 그들이다. 특히 양사례는 중국이 오늘날 우주과학 분야의 선진국이 되는 데 지대한 공헌을 한 까닭에 국민적인 존경을 한 몸에 받고 있다.

후 손 들 의 책 임 감 있 는 활 동

양계초 가문의 가르침은 자손이 많았던 만큼 지금까지 유효하다. 생존해 있는 막내아들을 포함해 50여 명의 손자, 증손자가 각계각층에서 사명감을 가지고 맹활약했거나 하고 있다. 그 가운데 가장 두드러진 인물은 단연 장손자인 양종계梁從誠(량충제)가 아닌가 한다.

환경운동 활동가로 한국에도 널리 알려진 그는 책임감의 화신인 양사성과 임휘인의 1남1녀 중 아들이다. 물론 할아버지가 세상을 떠난 3년 후에 태어난 탓에 직접적인 훈도를 받지는 못했다. 그러나 부모와 삼촌, 고모의 영향은 크게 받았다. 책임감의 중요성을 몰랐다면 오히려 그게 이상할 일이었다. 그 자신도 이에 대해 "내가 할아버지와 부모로부터 물려받은 것은 책임감 있는 사람이 돼야 한다는 교훈이었다. 집안의 가훈이자 신념이었다. 삼촌과 고모도 나에게 그런 생각을 끊임없이 가르쳤다"라고 한 언론사와의 인터뷰에서 회고한 적이 있다.

양종계는 장손답게 어릴 때부터 가훈을 가슴 깊이 새겼다. 1949년 여름에는 그걸 행동으로 직접 보여 주기도 했다. 당시 그는 중국 최고 명문 고등학교인 북경사중北京四中에서 손가락에 꼽히는 우수한 학생이었다. 북경대학교와 청화대학교의 최고 인기학과를 골라 가는 것이 가능했다. 이때 양종계는 과감하게 그다지 높은 입학 성적을 요구하지 않는 역사학과에 지원했다. 학교뿐 아니라 집안에서도 놀랄 수밖에 없었다. 그의 어머니는 더욱 그랬다.

"종계야, 네 성적이 무척 좋은데 더 좋은 학과로 가야 하는 것 아니니? 우리는 그렇게 본단다."

어머니의 말에 양종계는 마치 기다렸다는 듯이 대답했다.

"어머니, 저는 집안의 장손이에요. 우리 집안의 학문을 이어 갈 책임이 있어요. 할아버지는 문학, 사학, 철학을 두루 공부하셨어요. 또 아버지는 건축사를 전공하고 계세요. 삼촌 한 분은 고고학을 하시고요. 그러니 제가 해야 할 학문은 역사학이어야 할 것 같아요. 그냥 역사학을 전공하게 해 주세요. 점수가 높은 것이 무슨 의미가 있나요?"

임휘인은 아들의 말에 자신도 모르게 고개를 끄덕였다. 교육의 효과에 대한 신념이 얼굴에 고스란히 묻어나고 있었다. 이후 양종계는 북경대학교에서 대학원까지 마친 다음 줄곧 대학에서 강의와 연구, 잡지 편집 등에 종사했다. 그러던 그에게 전기가 찾아온 것은 『백과지식』百科知識이라는 유명한 잡지의 편집장을 맡고 있던 1980년대 후반이었다. 기업의 오염원 배출로 촉발되는 환경 파괴 현상을 고발하는 독자 투고 하나가 그의 눈길을 확 잡아끈 것이다. 그는 글을 읽고 또 읽었다. 그럴 때마다 전율 같은 감동이 그의 뇌리를 감싸 돌았다. 갈수록 심각해질 중국의 환경 문제를 자신이 앞장서서 해결해야 한다는 책임감이 그의 뇌리를 스치고 지나간 것이다. 양종계는 곧 본격적인 행보에 나섰다. 마침 NGO 단체인 문화서원文化書院에서 그를 지도위원으로 초빙하기도 했다. 이후 그는 이 단체를 근간으로 '자연의 친구'自然之友라는 중국 최초의 민간 환경 운동 단체를 만드는 데 핵심적인 역할을 했다.

양종계의 선택은 2000년 막사이사이상 수상을 통해 옳은 것으로 확인됐다. 그는 지금까지 환경 운동으로 이 상을 받은 유일한 중국인

중국 최초의 민간 환경 운동
단체인 '자연의 친구' 전시회
앞에 선 양종계와 그의 부인

이라는 기록을 유지하고 있다. 세상을 떠난 2010년 직전까지 세계적
으로 악명 높은 중국의 환경 개선을 위해 젊은 활동가 못지않게 적극
적으로 전면에 나서서 일한 것은 집안 내력인 책임감의 발로라고 해
도 좋을 듯하다.

　양종계의 바로 위 누나인 양재빙梁再冰(량짜이빙) 역시 같은 평가가
가능할 것 같다. 그녀도 동생처럼 북경대학교를 나왔다. 전공은 스페
인어로 대학 졸업 후 관영 신화新華통신에 들어가 기자로 사회생활을
시작했다. 그녀는 능력도 뛰어났으나 운도 좋았다. 문화대혁명이 발
생하기 직전 남편 우항于杭(위항)과 함께 신화통신 런던 지사로 발령
이 나 해외 근무를 하게 된 것이다. 문혁 발발 소식과 아버지 양사성
이 혹독한 탄압을 받은 끝에 실종됐다는 사실도 런던에서 알게 됐다.
양재빙은 고민했다. 귀국 후의 뻔한 상황이 눈앞에 어른거렸던 것이
다. 게다가 당시 외국에 나가 있던 적지 않은 중국의 지식인들은 거
의 광란에 가까운 문혁의 소식에 좌절해 속속 망명객이 되고 있었다.

그녀 역시 남편을 설득해 망명을 할까 망설이지 않은 것은 아니었다. 그러나 마지막에 그녀는 마음을 바꿨다. 가족과 국가는 말할 것도 없고 조직을 배신해서는 안 된다는 결정을 내린 것이다. 그녀의 결정은 옳았다. 1969년 귀국해서도 크게 탄압을 받지 않았을 뿐 아니라 이후 오스트레일리아와 홍콩에서 계속 기자로 일할 수 있었다. 양재빙은 1991년 정년퇴직해 현재 할아버지와 아버지의 업적을 기리는 사업으로 여생을 보내고 있다.

양계초는 평생 동안 수많은 인물과 교류했다. 루스벨트 미국 대통령과도 만났다. 서로 영향도 많이 주고받았다. 그러나 가장 많은 영향을 주고받은 사람을 둘 꼽으라면 단연 손문과 스승 강유위이다. 다만 양계초는 너무 과격한 손문이나 반대로 극단적 보수주의자였던 강유위와 끝까지 함께 가지는 못했다. 모두 정치적으로 가는 길이 달랐던 탓이었다. 게다가 가문의 교류도 이어가지 못했다. 손문의 후손들은 대부분 대만에, 강유위의 후예들은 거의 외국에 살고 있는 탓이다. 물론 그의 가문과 계속 인연을 맺고 있는 집안이 전혀 없는 것은 아니다. 양계초가 아들처럼 생각한 시인이자 학자인 문일다聞一多(원이둬)의 집안이 이 경우에 해당한다. 양종계의 딸이자 양계초의 증손녀인 미국 뉴욕시티대학교 철학박사 양범梁帆(량판)이 문일다의 아들인 문입조聞立調(원리댜오), 손자 문여명聞黎明(원리밍)과 교류하면서 선대의 유업을 계승하고 있는 것이다. 당연히 양범은 자신의 아버지가 했던 환경보호 활동에도 적극 나서면서 딸로서의 책임도 다하고 있다.

양계초는 후손들을 훌륭하게 교육시켰으나 어떻게 보면 실패한 인생을 살았다고 할 수 있다. 무엇보다 변법자강 운동은 고작 100일로 막을 내렸다. 또 신해혁명 이후에 거친 공직에서는 1년 가까이 머문 경우가 드물었다. 아마도 이 때문에 그는 자신의 당호堂號를 음빙실飮氷室이라고 했는지도 모른다. 얼음을 먹듯 항상 깨어 있자는 뜻이었겠지만 늘 실패하는 자신에 대한 자조의 의미도 없지 않았을 것이다. 그러나 항상 좌절하면서도 강조한 가정이나 국가, 사회에 대한 책임 정신이나 다양하게 남아 있는 후손들의 족적을 보면 그가 전한 집안의 덕목은 그 실패의 아쉬움을 상쇄시키고도 남을 큰 성공을 거뒀다고 해야 할 것 같다. 그는 지금도 중국의 각급 학교 학생들이 반드시 알아야 하는 중국 인물 100명에 늘 선정된다. 그의 가문 또한 책임감에 관한 한 더할 나위 없는 롤모델이 되고 있다.

4

송씨
세 자매
가문

근대 중국을 만들다

중 국 근 대 사 의 중 심 에 선 가 문

　세상의 평범한 사람들은 대부분 역사에 이끌려 간다. 또 보통의
경우는 역사를 거스르지 않는 것을 당연하게 생각한다. 특별한 경우
가 아닌 한 그저 이래도 한 세상, 저래도 한 세상 하면서 소시민으로
살아가고 싶어 한다. 어쩌면 이런 삶의 방식이 좋을 수도 있다. 스트
레스를 받지 않을 뿐 아니라 남의 주목에서도 벗어날 수 있어 인생이
대체로 무난하다. 그러나 세상에 꼭 이런 사람만 있는 것은 아니다.
드물게 남의 주목을 끌면서 나름대로 의미 있고 화려한 인생을 살고
싶어 하는 사람들도 있다. 그래서 능력이 안 되는데도 역사의 도도한
현장에 무모하게 투신해 세상에 크고 작은 민폐를 끼치는 사람도 생
긴다. 이런 사람은 주변에서 좀 말려 줘야 한다. 이왕이면 가장 가까

운 가족이 충고하는 쪽이 효과가 크다.

『사기』史記에 이런 경우가 등장한다. 불로장생을 보장한다는 선약을 먹고 영원히 살 것 같았던 진 시황이 만 50세도 채우지 못하고 맥없이 세상을 떠난 직후였다. 천하는 빠른 속도로 대란으로 휩쓸려 들어갔다. 이 무렵 회계군會稽郡 동양현東陽縣의 청년들도 현령을 살해한 다음 기의를 일으켰다. 이어 당시 꽤나 성망이 있었던 하급 관리 진영陳嬰에게 자신들의 지도자가 돼 달라고 간곡하게 요청했다. 진영은 어머니에게 이 사실을 말하고 조언을 구했다. 그의 어머니는 일언지하에 말도 안 되는 소리라고 대답했다.

"나는 이 집안에 시집을 온 이후로 네 조상 중에 높은 자리에 오른 귀인이 있다는 소리를 들어 보지 못했다. 그럼에도 너의 성망이 지금 갑자기 이렇게 커지는 것은 분명 상서로운 조짐은 아니다. 너는 그저 큰일을 할 사람 뒤만 졸졸 쫓아다니는 편이 낫다. 그래서 만약 성공하면 상을 받을 것이다. 설사 실패한다고 해도 피해는 입지 않을 것이다. 그게 네 목숨을 보존하면서 잘 사는 길이다."

진영은 어머니의 말을 고분고분 따랐다. 왜 사나이의 큰 뜻을 꺾느냐고 반문하지 않았다. 나를 무시하느냐고 대들지도 않았다. 분수를 알았던 것이다. 그 어머니에 그 아들이었다. 그러나 앞에서 언급했듯 세상에는 이런 생각과는 완전히 반대되는 인생관을 교육하는 집안도 꽤 있다. 근대 중국에서는 흔히 '송가 왕조'宋家王朝로 불리는 송애령宋靄齡, 송경령宋慶齡, 송미령宋美齡 등 이른바 송씨 3자매 가문이 딱 이런 집안이다. 역사에 휘둘리기보다는 적극적으로 역사를 창조하라는 교육을 대대로 시켜 실제로 중국 근대사를 들었다 놨다 했다.

송씨 3자매 가문의 역사 창조 스토리는 그의 아버지 송가수宋嘉樹

어머니 예계진 외에 모두
함께한 가족사진

(쑹쯔수, 송여요宋如耀로도 불림. 영문 이름은 찰리 쑹) 때부터 본격적으로 싹이 튼
다. 그러나 그 싹은 어느 날 돌연 하늘 저 위에서 뚝 떨어진 것이 아
니라 집안의 전통에서 비롯되었다. 원래 그의 선조는 송나라 신종 때
의 재상 한기韓琦였다. 29대조인 것으로 알려져 있다. 역사에서 한 발
짝 뒤로 비켜나 있으려고 하는 것이 직무유기인 신분이다.

　이는 그의 아들 한충언韓忠彦과 증손 한탁주韓侂冑도 그의 훈도를
잊지 않고 모두 보란 듯 재상을 역임한 사실을 보면 증명된다. 한탁
주의 형 한방주韓侂冑의 손자 한현경韓顯卿도 이 점에서는 조상에게 부
끄럽지 않다. 과거 급제 후 회계의 현위縣尉와 염주廉州의 지현知縣을
지냈다. 그대로 맹활약을 이어 가 조상들처럼 재상으로 더욱 역사
의 무대 가까이에 다가갈 수 있을 것 같았다. 하지만 그는 42세 때인
1197년 홀연 당시에는 오지였던 해남도로 활동 무대를 옮기는 깜짝

놀랄 만한 선택을 했다. 은퇴나 다름없었다. 그가 송씨 3자매의 직계 선조라는 사실을 감안하면 결과적으로 가문의 후손들이 역사의 수레 바퀴를 더욱 확실히 돌리게끔 오랜 숨 고르기에 들어갔다고 할 수 있었다.

송 가 수 의   인 생   역 정 과   성 공

송가수는 이런 가문의 28대손인 한홍익韓鴻翼(일설에는 한굉의韓宏義라고도 함) 슬하의 3남1녀 중 둘째로 해남도海南島의 문창현文昌縣 고로원촌古路園村에서 태어났다. 한기의 29대손이자 한현경의 23대손이 되는 셈이다. 그의 아버지 한홍익은 다큐멘터리 작가 스털링 시그레이브가 쓴 『송씨 왕조』만 보면 유학을 공부한 상당히 괜찮은 기업인으로 보인다. 범선을 여러 척 가지고 있었을 뿐 아니라 이를 통해 밀수로 상당한 돈을 벌었다고 돼 있다. 그러나 여러 사서나 최근 나온 송씨 3자매 일대기를 비롯한 관련 서적들을 보면 이는 사실이 아닌 듯하다. 한홍익이 가난한 농부였다는 쪽이 진실에 훨씬 더 가깝다. 그는 네 명이나 되는 자식들을 먹여 살리느라고 정신이 없었다고 한다. 그렇다고 그가 조상들의 웅대한 포부까지 완전히 잊은 것은 아니었다. 또 자신이 이루지 못한 비원을 자식들이라도 이뤄 줬으면 하는 바람도 있었다. 그리하여 그는 어느 날 부인을 불러 그동안 자신이 은밀히 추진하던 일을 속 시원하게 토로했다.

"부인, 내 긴히 할 말이 있소. 오랫동안 고심한 일이지만 아무래도 지금 얘기를 해야겠소."

한홍익의 부인은 심상치 않은 남편의 어조에 깜짝 놀랐다. 얼굴에 어두운 그림자가 떠올랐다. 아무래도 이상한 예감이 든 모양이었다.

"무슨 말씀을 하시려고요?"

"위의 아이 둘을 인도네시아 자바라는 곳에 보내려고 하오."

"예? 인도네시아라는 곳이 어딥니까?"

"아, 베트남이라는 나라에서 한참 더 남쪽으로 내려가는 곳이오. 우리 화교들이 많이 살고 있지. 내 친척들도 그곳에서 장사를 하면서 살고 있소. 그 사람들이 얼마 전에 나한테 아이들을 보내 달라고 했소. 자신들의 일을 도우면서 학교를 다니라고 말이오."

"안 됩니다. 둘째는 아직 열 살도 되지 않은 어린아이입니다. 어떻게 그 어린아이를 저 먼 외국으로 보낸다는 말입니까?"

"그렇기는 하오. 그러나 지금 좋은 기회가 온 거요. 이 기회를 잡지 못하면 우리 아이들은 타성에 젖어 평생 이 섬에 눌러앉아 그저 이름 없는 무지렁이로 살아가야 할 거요. 나는 우리 아이들이 그렇게 되는 것을 원치 않소. 큰물에 나가서 많은 것을 배워야 나중에 큰일을 할 수 있소. 역사를 만들어야 한다는 말이오. 우리 윗대의 조상들은 다 그렇게 했소. 나는 우리 아이들이 나 같은 인생을 살지 말았으면 하오."

한홍익은 계속 부인을 설득했다. 결국 그의 부인은 남편의 진지한 자세에 그만 손을 들고 말았다. 이렇게 해서 1872년 고작 아홉 살에 지나지 않던 한교준은 형 한정준韓政準의 손을 잡고 인도네시아행 기선에 올랐다. 이후 둘은 자바에서 일하면서 공부하는 생활을 3년 가까이 이어 갔다.

　한교준과 형이 자바로 떠난 지 3년이 다 돼 갈 무렵이었다. 그의 고향인 고로원촌에 어느 날 온 마을 사람들이 다 뛰어나와 반기는 손님이 한 명 나타났다. 미국 매사추세츠 주의 주도州都 보스턴에서 비단과 차 사업을 하는 송씨라는 사람이었다. 그는 한홍익의 동생 처남이기도 했다. 한홍익은 당시만 해도 거의 달나라에서 왔다고 해도 좋은 이 신사의 등장과 동시에 자바에 있는 두 아들을 번뜩 떠올렸다. 두 아들이 보다 더 큰물에서 놀 기회가 왔다 싶었다. 그는 작심하고 송씨를 직접 찾아갔다.

　"사돈, 내 부탁 하나 들어주시오."

　송씨는 뭣 때문에 매형의 형이 그러는지 짐작조차 못하겠다는 표정을 지으며 고개를 갸웃거렸다.

　"무슨 어려운 일이 있으신가요? 제가 뭘 도울 일이 있는지요?"

　"내 아들들이 지금 인도네시아 자바라는 곳에 있어요. 지금 친척 집에서 일하면서 공부하고 있죠. 그런데 곧 계약이 만료됩니다. 어떻게 그 아이들을 미국에 데리고 갈 수 없겠습니까? 나는 그 아이들이 공부를 했으면 합니다."

　"그거야 어려운 일이 아니죠. 그러나 어린아이들인데 어머니가 반대하지 않을까요?"

　"아니오, 사돈이 잘 돌봐 주시면 아내도 마음을 놓을 것입니다. 부디 데리고 가셔서 큰 인물이 되도록 잘 교육을 시켜 주십시오."

　"좋습니다. 마침 저도 자식이 없습니다. 데리고 가서 둘째 아드님을 양자로 삼겠습니다. 제가 자바에 직접 가서 아이들을 데리고 가겠습니다. 공부도 시키겠습니다."

한교준은 이후 아버지의 비원에 따라 형과 함께 인도네시아에 이어 미국 땅에도 발을 디디게 됐다. 이때부터 성을 송으로 바꾸고 이름도 바꿔 송가수가 되었다.

송가수는 미국에 정착하기 무섭게 양부의 가게에서 일을 하는 틈틈이 짬을 내 열심히 공부했다. 얼마 후에는 아버지의 가르침에 따라 상급 학교에 진학해 공부하고자 했다. 현대식 교육을 받은 다음 스스로 운명을 개척하고 싶었던 것이다. 그러나 양부가 당초 약속과는 달리 그의 공부를 극력 반대했다. 장사꾼이 굳이 공부는 해서 뭐하느냐는 논리였다. 그는 반발했고 집을 나와 버렸다. 그의 나이 16세 때인 1880년이었다.

아무 대책 없이 무작정 뛰쳐나오기는 했으나 하늘은 송가수를 버리지 않았다. 당시 미국에는 몸 하나만 건장하면 중국인에게 먹고 살 일거리는 지천으로 널려 있었다. 오죽했으면 육체노동을 하는 중국인을 의미하는 쿨리Coolie라는 단어까지 생겼을까. 가출한 후 그가 처음 흘러 들어간 곳은 보스턴 항구에 정박해 있던 어느 배 안이었다. 당연히 선원들에게 적발됐다. 그러나 선장은 그의 배짱과 무슨 일이든 독자적으로 해 보겠다는 정신을 높이 평가했다. 그를 벌하지 않았을 뿐 아니라 잡부 일자리까지 주면서 뭐든지 도와주려고 했다. 송가수는 이때의 인연으로 선장을 따라 활동 무대를 남부의 노스캐롤라이나로 옮겼다. 이곳에서도 그는 하늘이 주는 인연에 감사해야 했다. 어느 교회의 목사를 만나 숙식을 해결하는 혜택을 볼 수 있었다. 송가수는 이때부터 기독교에 깊이 빠졌다. 1880년에 세례를 받은 다음에는 트리니티칼리지(지금의 듀크대학교)에 입학해 공부하는 기회도 잡을 수 있었다. 전공은 신학이었다. 그는 1년 후 학교를 다시 밴더필트

대학교로 옮겼고, 1885년에 무사히 졸업해 전도사가 됐다. 이 정도면 중국인으로서는 비교적 성공한 인생이라고 할 수 있었다.

그러나 송가수는 이 정도에 만족할 사람이 아니었다. 그의 이상은 훨씬 더 높은 곳에 있었다. 스스로 변화하지 못해 열강의 침략에 허덕이는 조국을 구하고자 했다. 그러려면 청나라를 뒤집어엎는 혁명의 역사를 새로 써야 했다. 송가수는 귀국하는 편이 더 낫지 않을까 하는 생각으로 밤잠을 이루지 못했다. 마침 이때 대학 시절 은사들이 그에게 상해로 가서 전도하는 것이 어떻겠느냐고 제의했다. 그는 더 이상 망설이지 않았다. 바로 배를 타고 상해로 향했다. 대학을 졸업한 1년 후인 1886년이었다. 고향을 떠난 지는 14년 만이었다.

송가수는 상해에서 열심히 전도를 하면서도 당시의 유일한 희망인 청년들에게 청나라를 타도하는 역사적 사명을 역설하는 것을 잊지 않았다. 이후의 결정적인 순간에 활동할 혁명가로 자랄 수 있도록 교육도 시켰다. 이 와중에 1887년 여름에는 다섯 살 연하인 방년 18세의 예계진倪桂珍(니구이전)과 결혼도 했다.

송가수의 상해 생활은 쉽지 않았다. 무엇보다 전도 활동이 무척 어려웠다. 심지어는 배척을 당하기도 했다. 그래도 그는 포기하지 않았다. 1889년에는 정식 목사가 되어 더욱 전도에 힘을 기울였다. 나중에는 미국 성경협회의 대리인으로 성경까지 인쇄해 배포하는 사업을 벌였다. 사람 일은 모른다고 이 사업이 그에게 엄청난 부를 안겨 줬다. 그는 이때 벌어들인 돈으로 당시 아시아에서 가장 규모가 큰 출판사로 유명했던 미화인서관美華印書館의 경영권을 사들였다. 출판사 경영은 그의 사업에 확실한 날개를 달아 줬다. 일찌감치 외국으로부터 기계를 수입해 파는 이른바 매판 자본가가 된 것도 이로 인해 가능했다. 그의 재산은 갈수록 눈덩이처럼 불어났다. 역사를 창조할 기본 조건을 갖췄다고 할 수 있었다.

1890년에 청나라를 타도하기 위해 결성된 비밀 단체인 삼합회三合會에 비밀리에 가입한 그는 곧 자신의 생각을 행동으로 옮겼다. 4년 후인 1894년에는 혁명가 육호동陸皓東의 소개로 훗날 국부國父로 불리는 손문과 운명적인 만남을 가졌다. 송가수는 자신과 거의 같은 생각을 하고 있는 손문에게 완전히 반해 버렸고, 이후 공화 민주 정부를 수립하는 혁명에 자신의 모든 것을 바쳤다. 이때까지 모아 둔 엄청난 재산은 모두 혁명 사업에 투입됐다. 이뿐 아니었다. 그는 두 딸 송애령과 송경령을 혁명 동지의 영어 비서로 일하게 했다. 큰아들 이름이 송자문宋子文(쑹쯔원)인 것은 이로 보면 이상한 일이 아니었다.

송가수의 노력은 1911년 신해혁명의 성공으로 화려하게 빛을 발했다. 진실로 역사를 창조했다고 할 수 있었다. 하지만 그는 손문의 장인이 될 마음의 준비는 전혀 되어 있지 않았던 것 같다. 1915년 10월 25일 둘째 딸 송경령이 자신의 만류에도 일본 고베에서 손문과 결혼을 감행하자 즉각 달려가 평생 혁명 동지와 인연을 끊은 것이다. 이후 그는 3년을 더 살다 손문과의 관계를 끝내 회복하지 못한 채 1918년에 54세의 아까운 나이로 생을 마감했다. 물론 역사를 창조한 사실을 감안하면 크게 후회 없는 인생이기는 했다.

돈 과 권 력 을 추 구 한 큰 딸 송 애 령

.

송가수의 대에서 확실하게 보여 준 가문의 정신은 3남3녀의 여섯 자녀에게도 고스란히 이어졌다. 장녀 송애령은 부유한 부모를 둔 덕택에 1904년 5월 고작 15세의 어린 나이에 미국 조지아 주 메이컨에 소재한 웨슬리언여자대학교로 유학을 떠날 수 있었다. 그러나 2개월여의 긴 항해 끝에 도착한 미국 생활은 황당하게 시작됐다. 샌프란시스코 부두에서 진행된 입국 심사에서 아무 이유 없이 걸려 억류 조치를 당한 것이다. 그것도 무려 4주였다. 다행히 그녀는 아버지의 친구인 어느 미국인 전도사의 도움으로 천신만고 끝에 미국 땅에 상륙해 당초 계획대로 공부를 할 수 있게 됐다. 어린 나이였으나 송애령은 이 치욕을 잊지 않았다.

치욕을 씻을 기회는 1년 6개월여 후인 1906년 1월에 빨리도 찾아왔다. 기회는 약 한 달 전에 청나라의 교육 대표단을 인솔하고 미국을 방문한 그녀의 이모부인 청나라 관리 온병충溫秉忠이 제공했다. 그녀는 당연히 이때 이모부를 만나기 위해 워싱턴으로 급히 달려갔다. 온병충 역시 어린 송애령이 너무나도 대견해 시어도어 루스벨트 대통령이 백악관에서 주최하는 연회에 데려갔다. 이 연회에서 그녀는 1년 6개월여 전의 일을 상기하고 공론화하기로 단단히 작정했다. 마침 루스벨트 대통령이 어린 그녀가 눈에 확 들어왔는지 갑작스레 질문을 던졌다.

"학생은 미국에 대해 어떻게 생각하는가? 불편한 점은 없는가? 있으면 말해 보도록 하게."

송씨 가문의 세 자매

미리 준비하고 있던 차였으므로 송애령의 말은 거침이 없었다.

"미국은 대단히 아름다운 국가입니다. 저는 미국에서 잘 지내고 있습니다. 그러나 저는 왜 미국을 자유 국가라고 부르는지 모르겠습니다. 저는 미국에 들어올 때 아무 이유 없이 부당한 대우를 받았습니다. 4주 동안이나 억류를 당했습니다. 우리는 중국에 들어오는 외국인에게 절대 이렇게 하지 않습니다."

루스벨트 대통령은 전혀 예상하지 못한 송애령의 말에 당황했으나 이 일에 대해 유감 입장을 표명했다. 다음 날 워싱턴의 각 신문은 이 뉴스를 상세하게 전했고 송애령은 졸지에 뉴스메이커가 됐다.

송애령은 대학에서 뛰어난 성적을 올렸다. 졸업 축하 연회에서 오페라 《나비부인》의 대사를 낭송할 만큼 예술적 재능 또한 마음껏 발휘했다. 그녀가 귀국할 때에 메이컨 시의 모든 신문이 그녀를 칭찬하면서 "미스 송은 장래 중국 최고지도자의 부인이 될 것이다"라고 예언하기까지 했다. 역사적인 인물이 될 것이라는 평가였다.

이 예상대로 송애령은 귀국과 동시에 역사를 쓰기 시작했다. 아버지의 추천으로 1912년 4월부터 손문의 영어 비서가 돼 23세의 어린 나이에 국내외의 스포트라이트를 받게 된 것이다. 손문도 미모에 재능까지 겸비한 친구 딸의 등장에 흥분하기는 마찬가지였다. 불혹을 훨씬 지나 지천명을 바라보고 있었음에도 그야말로 정신없이 흔들렸다. 그녀 역시 나이는 들었으나 신해혁명의 성공으로 국부로까지 추앙받게 된 그가 싫지 않았다. 손문에게 첩인 진수분陳粹粉(천추이펀)과의 관계를 정리하라고 강력하게 압박한 것이 그 증거이다. 결혼은 충분히 예상 가능한 다음 수순이라고 해야 했다. 하지만 그녀는 손문과는 인연이 아니었던 것 같다. 둘의 결합을 불가능하게 만든 요인은 적지 않았다. 우선 부모를 비롯한 가족의 엄청난 반대가 있었다. 게다가 어릴 때부터 화려하고 세련된 생활을 즐긴 그녀는 선천적으로 돈을 무척이나 좋아했다.

이 무렵 돈에 관한 한 남부럽지 않았던 산서성의 부호 출신이자 공자의 75대손인 홀아비 공상희孔祥熙(쿵샹시)가 그녀의 눈앞에 나타났다. 이제는 그녀가 마구 흔들렸다. 고민도 상당히 깊었다. 그러나 그녀의 고민은 길지 않았다. 시그레이브의 『송씨 왕조』에 의하면 손문과는 완전히 부부와 다름없었으나 냉정하고 결연하게 돌아서서 공상희에게 마음을 준 것이다. 둘은 실연의 아픔을 주체하지 못한 손문의 불타는 질투에도 아랑곳하지 않고 1914년 봄에 결혼했다. 송애령은 이후 남편을 손문에 못지않은 인물로 만들기 위해 온갖 노력을 다 기울였다. 아니 남편을 뒤에서 딱 움켜쥔 채 좌지우지 조종했다고 해야 옳다.

남편을 전면에 내세워 역사를 창조하고자 한 그녀의 노력은 곧 화려하게 열매를 맺기 시작했다. 우선 남편의 사업이 그녀의 미국 인맥을 통해 불처럼 일어났다. 실제로 공상희는 1차 세계대전 기간에 부인이 없었으면 가지지 못했을 인맥을 등에 업고 미국에 산서성의 무궁무진한 지하자원인 사철砂鐵을 수출해 엄청난 돈을 벌었다. 이 돈은 고스란히 상해에 은행을 설립하는 자금으로 쓰였다. 나중에는 부동산 투기 등에도 대거 투입됐다. 공상희는 금세 조상이 물려준 유산과는 비교하기 어려운 부를 쌓았다. 송애령은 남편을 통해 상상을 초월하는 재산을 모으자 바로 다음 단계로 옮겨 갔다. 남편을 관료로 출세시키고자 한 것이다. 사실 정치적 혼란기에 돈은 권력에 비한다면 아무것도 아니다. 자칫 잘못하면 총알처럼 사라질 휴지와 같은 것일 수 있다. 그러나 권력은 다르다. 돈줄을 무한정 뿜어내는 샘이 되었다. 그녀는 이 사실을 너무나 잘 알았다.

1918년 송애령은 그동안 모아 둔 막대한 자금을 바탕으로 본격적인 로비에 나섰다. 곧 공상희에게 북양군벌北洋軍閥(청나라 말기에 원세개가 육성한 신식 육군을 바탕으로 중화민국 이후에 북경 정권을 장악한 군벌의 총칭) 정부에서 내리는 관직이 계속 주어졌다. 그는 얼마 후에는 산동성 청도靑島의 전신국 국장이라는 그럴듯한 자리까지 올랐다. 그러나 송애령은 그 정도 자리에 성이 찰 사람이 아니었다. 지방 도시의 전신국 국장의 부인으로 있으면서 역사를 창조한다는 것은 거의 불가능했다. 더구나 자신은 미국에서 퍼스트레이디가 될 사람이라는 찬사를 들은 사람이 아니던가.

송애령은 남편을 더욱 다그쳤다. 조금 더 분발하라는 격려도 잊지 않았다. 일이 되려고 그랬는지 이 무렵 송씨 3자매의 막내인 송미령이 국민당의 실력자로 떠오른 장개석으로부터 끈질긴 청혼을 받고 있었다. 만약 결혼이 성사되면 자신은 국부 손문의 부인이 된 바로 밑의 동생 송경령, 송미령과 권력의 트로이카를 형성할 수 있을 터였다. 그러려면 결혼은 필수적이었다. 그녀는 곧 가족의 반대를 무릅쓰고 장개석을 별로 대단하게 생각하지 않는 동생을 설득하기 시작했다. 그녀의 노력은 헛되지 않았다. 송미령이 작은언니의 인간적인 반대보다는 권력을 쥐고 흔들라는 큰언니의 권유에 더 혹해 1927년 12월에 장개석과의 결혼에 동의한 것이다. 이제 그녀에게는 거칠 것이 없었다. 비록 자의 반 타의 반에 의해 손문의 부인이 되지는 못했으나 동생 송경령과 송미령이 각각 국모와 최고 권력자의 부인이 됐으니 야심에 날개를 달게 됐다고 해도 좋았다.

송애령의 예상은 과연 맞아떨어졌다. 장개석은 송미령과 결혼한 이후 공상희를 깍듯하게 대했다. 나이 많은 손윗동서 정도가 아니었다. 완전히 장인에 버금가게 모셨다. 송미령 역시 대단한 성격의 소유자이기는 했으나 큰언니에게는 꼼짝을 못했다. 이제 중국 대륙은 사실상 그녀의 손에 완전히 장악됐다고 할 수 있었다.

공상희의 관운 역시 수직상승했다. 그는 우선 1928년 2월에 장개석이 이끄는 국민당 남경 정부의 공상부장工商部長이 됐다. 이어 2년 10개월 후인 1930년 12월에는 공상부와 농광업부를 합친 막강한 부처인 실업부實業部 부장 자리에 올랐다. 가만히 있어도 엄청난 이권이 생기는 자리였다. 1933년 4월에는 아예 돈을 다루는 중앙은행 총재가 됐다. 손아래 동서 장개석이 부럽지 않았다고 해도 과언이 아니었다. 1933년 10월에는 행정원 부원장, 11월에는 재정부장을 겸임했다. 이로써 그는 국민당 재정을 한 손에 틀어쥐는 최고 실력자로 군림하게 됐다. 나중에 차지하게 되는 행정원장 자리를 굳이 애타게 기다릴 필요조차 없었다.

송애령은 남편의 승승장구에 그저 희희낙락하지만 않았다. 권력을 이용해 쉴 새 없이 빛의 속도로 부를 늘려 갔다. 어느 정도였는지 당시 "장씨(장개석)의 천하에는 진씨陳氏(장개석 휘하의 막강한 비밀첩보 기관인 CC단의 책임자 진과부, 진입부 형제를 의미)의 당黨이 있고 송씨의 자매에게는 공씨의 재산이 있다"라는 말이 유행하기도 했다. 국민당이 공산당에 패해 대만으로 패주하기 전인 1940년대 후반 전후에 미국 맨해튼은행의 비밀 계좌에 예금한 송씨와 공씨 양 가문의 돈이 20억 달러에 이르렀다는 사실 역시 같은 맥락이다. 지금 돈으로 환산하면 거의 수백억 달러에 이르니 그녀가 얼마나 축재의 달인이었는지 알 수 있다.

그렇지만 송애령은 거의 30여 년 가까운 세월 동안 대륙의 역사를 창조한 데에 비하면 끝이 썩 좋지 않았다. 꼬리가 길면 밟힌다고 그녀와 남편의 폭주 기관차 같은 축재가 항일 전쟁이 끝난 1945년 이후부터 계속 국민들의 성토 대상이 된 것이다. 이 상황에서는 아무리 장개석이라도 보호해 주기가 쉽지 않았다. 급기야 그녀는 남편 공상희가 실각의 아픔에 직면하는 상황을 지켜봐야 했다. 이어 1947년 남편을 따라 미국의 샌프란시스코로 도피하기에 이른다. 이후 대륙을 호령한 여걸답지 않게 조용히 여생을 보내다 1973년 10월 향년 84세를 일기로 세상과 작별을 고했다.

조 국 을 선 택 한 둘 째 딸 송 경 령

송가수의 둘째 딸 송경령의 인생도 가문의 정신을 실천하기 위해 애쓴 흔적이 역력하다. 아니 어쩌면 그녀는 언니나 동생보다 훨씬 더 진지하게 아버지의 가르침에 충실했을지 모른다.

송경령의 어린 시절은 언니와 거의 판박이였다. 1907년 7월에 언니와 마찬가지로 웨슬리언여자대학교에 진학했다. 또 손문의 영어 비서도 지냈다. 똑같이 아버지 연배의 손문과 사랑에 빠지기도 했다. 그러나 다른 점도 많았다. 우선 송경령은 언니와는 달리 미국에서 대학에 다닐 때 아버지가 보내 준 혁명 관련 자료들을 허투루 보지 않았다. 늘 혁명을 통해 새로운 역사를 창조해야 한다는 생각도 잊지 않았다. 그녀가 1912년 4월 자신이 편집을 담당했던 대학 교지인 『웨슬리언』에 「20세기의 가장 위대한 사건」이라는 글을 싣고 신해혁명을 극찬한 것은 이런 성향을 잘 말해 준다. 이외에도 그녀는 손문과의 러브스토리를 가족들의 반대에도 불구하고 해피엔딩으로 끝냈다. 결코 언니처럼 양손에 떡을 쥔 채 어느 떡이 더 큰지 좌고우면하지 않았다.

송경령이 손문을 처음 만났을 때는 1913년 8월 30일이었다. 장소는 손문이 원세개에 의해 임시 대총통에서 밀려난 다음 어쩔 수 없이 흘러 들어간 망명지인 일본의 고베였다. 이때 그녀의 가족도 원세개의 보복을 피해 급거 고베에 피신해 있었다. 때문에 그녀 역시 대학을 졸업한 다음 자연스럽게 상해가 아닌 고베에 머물게 됐다. 이어 손문보다 돈은 더 많고 나이는 더 적은 공상희와 결혼한 언니 대신 손문의 영어 비서로 일하게 됐다. 당시 손문은 아버지, 언니와 함께 나다난 그녀를 보고 깜짝 놀랐다.

"아니, 네가 그 어리고 어리던 경령이라는 말이냐? 어떻게 이렇게 컸는가? 완전히 처녀가 다 됐구나! 나는 19년 전에 너를 안아 준 적이 있어. 못 믿겠으면 너의 아버지에게 물어보려무나."

송경령은 손문의 이 말이 귀에 그대로 박히는 것을 느꼈다. 언니의 연인이었음에도 마음이 끌리는 것을 어찌지 못했다. 이성 문제에서만큼은 지금도 별로 도덕적이지 않았다는 평가를 받는 손문 역시 비슷했다. 결국 언니 송애령도 이 사실을 알게 됐다. 그녀는 자신의 과거 행적은 생각하지도 않고 즉각 부모에게 모든 것을 알렸다. 큰딸에 이어 둘째 딸까지 엉뚱한 남자에게 마음을 줬으니 송가수로서는 기가 막힐 일이었다. 그는 급히 소집한 가족회의에서 한참을 고민하다 결연하게 한마디를 뱉었다.

"안 되겠어. 상해로 돌아가야겠다. 경령, 너도 짐을 싸라."

1915년 6월 상해로 돌아온 송경령은 바로 자유를 잃었다. 가족들에 의해 연금된 것이다. 이뿐 아니라 언니 송애령은 그녀에게 상해 일원에서 이름만 대면 다 아는 명문가의 자제를 소개시켜 준 다음 곧 결혼을 할 것이라고 대외적으로 선포해 버렸다. 그러나 송경령은 결연했다. 오로지 손문과의 결혼만을 위해 끝까지 버텼다. 그러다 그녀는 탈출을 감행했다. 4개월여 동안 치밀하게 준비한 끝에 결행한 탈출은 성공했다. 송경령은 일본으로 돌아간 다음 날인 10월 25일에 전격적으로 손문과 결혼식을 올렸다. 뒤늦게 달려온 아버지 송가수가 일본 정부에 딸이 미성년자로 결혼이 불법이라는 신고를 하는 등 온갖 난리를 다 쳤으나 상황을 되돌리지는 못했다.

손문과 결혼했을 때의
송경령

　송경령은 이때 혁명가의 신부답게 결혼 예물로 반지 등이 아닌
권총을 받았다고 한다. 그것도 총알이 20발이나 장전된 권총이었다.
위급한 상황에 처할 경우 19발을 사용하고 나머지 한 발은 자결용으
로 사용하라는 의미였다고 한다.

　이후 그녀의 삶은 중국 본토와 대만에서 공히 국부로 추앙받는
손문의 그것과 크게 다름이 없었다. 오로지 혁명을 통한 역사 창조에
목적이 있을 뿐이었다. 금력으로 권력을 얻고 또 그 권력으로 금력을
확장하는 역사를 쓰고자 한 언니와는 근본적으로 달랐다.

　송경령은 자신의 의지를 행동으로도 옮겼다. 1922년 8월에 손문
을 따라 공산당 초창기의 지도자 이대소李大釗(리다자오)와 국공합작國共
合作(국민당과 공산당의 합작)에 대해 협상한 것이 대표적이다. 이때의 협상

은 2년여 후 역사적인 제1차 국공합작으로 이어졌다.

송경령의 삶은 정확하게 10년을 함께 산 남편 손문이 1925년 3월 12일에 세상을 떠난 후에도 별로 달라지지 않았다. 아니 오히려 명실상부하게 국모의 위치로 격상돼 남편을 대신해 국가와 국민에게 헌신해야 했다. 이때 국민당의 정권을 사실상 장악한 장개석 역시 입으로는 비슷한 역할을 그녀에게 원했다. 송경령은 자신에게 주어진 역사적 사명을 마다하지 않았다. 필요할 때에는 평소 좋게 생각하지 않았던 장개석과의 충돌도 불사했다. 그가 1927년 제1차 국공합작을 깨는 이른바 4·12정변(장개석이 상해와 남경을 점령한 후 노동자들과 공산당원들을 학살한 사건)이라는 백색 테러를 자행했을 때는 감정이 크게 폭발하기까지 했다. 남편의 후계자를 자처하면서 행동은 전혀 반대인 그를 도저히 용납할 수가 없었다. 그녀는 마침내 3개월 후인 7월 14일 그에게 결정타를 먹이는 성명을 발표했다. 이때 호남성 무한武漢으로 옮긴 국민당 정부와 정식으로 결별한다는 내용이었다. 그녀는 이어 무한에서 상해로 떠나 버렸다.

그녀는 상해의 막리애로莫利哀路 29호의 거처에서 두문불출한 채 칩거에 들어갔다. 어떤 손님도 받지 않겠다는 자세였다. 그러나 국민당 우파는 이미 막강한 영향력을 가지게 된 그녀를 가만히 두지 않았다. 장개석 역시 그녀의 마음을 돌리려 애썼다. 결과적으로는 아무 소용이 없었다. 오히려 그녀의 입에서는 "국민당 정부가 공산당과 혁명사업을 함께한다는 중산주의中山主義('중산'은 손문의 호) 궤도를 걷지 않으면 나는 어떤 임무도 맡지 않겠다"는 더욱 결연한 말이 튀어나왔다. 장개석도 이때에는 자제력을 잃고 말았다. 자신이 짝사랑하는 송미령의 언니이자 스승이나 다를 바 없는 손문의 부인이라는 사실도 망각한 채 그녀를 암살하고자 노골적으로 음모를 꾸미기 시작했다. 그의 이 시도는 주위에서 너도 나도 나서서 뜯어말리고서야 겨우 유야무야되었다. 그러나 장개석은 그녀에게 출국 금지 조치를 내리는 것만큼은 양보하지 않았다.

장개석의 이런 조치는 송경령의 더 큰 반발을 불렀고, 송경령은 보란 듯 해외로 나가려 했다. 더구나 그녀는 이때 모스크바를 방문하려는 계획이 있었다. 군벌들을 소탕하는 혁명이 난관에 봉착할 경우 소련과 국민당 좌파 혁명 동지들의 도움을 받으라는 남편의 유언이 있었던 것이다. 그녀는 내친김에 8월 22일에 성명을 발표해 모스크바행을 기정사실화했다. 이어 동생 송자문의 도움으로 장개석 몰래 모스크바로 떠났다. 손문과 결혼하기 위해 몰래 집을 탈출한 것과 똑같은 수법이었다.

송경령은 소련에서 이오시프 스탈린과 레온 트로츠키를 만나는 등 국공합작의 재추진을 위해 열심히 뛰어다녔다. 독일도 방문해 반反장개석 활동을 전개하기도 했다. 아쉽게도 성과는 없었다. 도리어 소련에 가 있는 동안 큰언니 송애령의 적극적 권고를 받아들인 동생 송미령이 장개석과 결혼하는 통에 인척으로 엮이는 황당함을 감수해야 했다.

1929년 5월의 손문을 추모하는 행사에 참가하기 위해 어쩔 수 없이 귀국한 그녀는 이후 계속 남편의 유훈인 러시아와의 연대, 공산당과의 합작, 농민과 노동자에 대한 지원이라는 3대 정책을 부르짖었다. 장개석과의 사이는 더욱 나빠졌다. 그가 큰처형 송애령에 대해서는 항상 공자孔姊(공씨 집안으로 시집을 간 큰언니, 큰누나라는 의미)나 대자大姊(큰언니, 큰누나라는 의미)라고 부르면서 그녀에게는 이자二姊(둘째 언니, 둘째 누나)

대신 손 부인(손문의 부인이라는 의미)이라는 호칭을 고집한 데는 이런 까닭이 있었던 것이다.

하지만 인생관에서부터 이념에 이르기까지 모든 면에서 팽팽하게 대립한 두 사람 중 진짜 놀라운 역사를 창조한 주인공은 단연 송경령이었다. 장개석은 1949년 공산당에 패해 끝내 대만으로 패주했고 그녀는 국민당 좌파로서 반대쪽에 서 있었으므로 이렇게 단언할 수 있다. 이후 그녀는 국민당 좌파 당원의 신분으로 대륙에 남아 전국인민대표대회 상무위원회 부위원장, 국가부주석 등의 자리에 올라 활약했다. 말년에는 전 재산을 내놓아 만든 송경령기금을 통해 여성과 아동의 인권과 복지 향상을 위해 노력했다. 이 기금은 그녀의 사망 1주기인 1982년 5월 29일에 송경령기금회로 확대 개편돼 지금까지 공익사업을 활발하게 전개하고 있다.

송경령은 세상을 떠나면서 역사에 남을 유언을 남기기도 했다. 자신을 당원으로 인정해 달라고 중국 공산당 중앙에 간절한 청원을 한 것이다. 중국 공산당은 이에 그녀를 당원으로 인정하는 것에서 더 나아가 명예국가주석으로 추대하는 파격적인 조치를 취했다. 그녀는 비록 자식은 없었으나 향년 88세로 여한 없이 눈을 감을 수 있었다.

화려한 삶을 원한 막내딸 송미령

송씨 3자매의 막내 송미령은 언니들의 영향을 받지 않는 것이 사실 거의 불가능했다. 가문의 정신을 실천하려는 노력을 하지 않아도 그런 행동이 몸에 밸 수밖에 없었다. 그러나 그녀의 행보를 냉정하게 따져 보면 작은언니보다는 큰언니의 영향을 받지 않았느냐는 느낌을 강하게 받게 된다. 역사를 창조하지 않은 것은 아니지만 보는 이의 시각에 따라서는 긍정과 부정이 교차하는 인생을 살았다는 얘기다.

기자 출신 작가 에밀리 한Emily Hahn이 쓴 『송씨 3자매』The Soong Sisters에 따르면 그녀는 막내로서 특별대우를 받아 그랬는지 언니들과는 달리 상당히 이른 나이인 10세 때 미국으로 유학을 떠났다. 공부한 곳도 언니들이 다닌 학교가 아니었다. 매사추세츠 주의 명문 웨슬리여자대학이었다. 졸업과 동시에 상해로 돌아온 것은 그녀 나이 21세 때인 1917년이었다. 당시 천하의 재원으로 소문이 자자한 그녀가 돌아왔다는 소문이 퍼지자 상해 일대가 떠들썩해졌다. 상해 일대의 내로라하는 젊은 총각들의 시선이 일제히 그녀에게 집중됐다. 하지만 그녀의 눈에 웬만한 사람은 아예 보이지도 않았다. 『송씨 3자매』에 따르면 그녀의 이상형은 다름 아닌 젊은 영웅이었다. 굳이 비유하자면 지위는 형부인 손문의 수준, 나이는 훨씬 어린 진정한 백마 탄 왕자여야 했다. 역사를 창조하려는 것이 아니라 아예 만들어진 역사 위에서 살고자 했던 것이다. 그러나 당시의 상해에 그 정도의 인물은 거의 없었다. 물론 비슷한 사람이 한 명 없는 것은 아니었다. 그가 바로 손문이 후계자로 생각하고 있던 30대 초반의 장개석이었다.

손문을 매개로 한 두 사람의 조우는 얼마든지 기회가 있었다. 실제로 둘은 1922년 12월 기독교 스타일의 파티가 열리던 손문의 집에서 운명적으로 만났다. 이때 세상이 알아주는 호색한이었던 장개석은 엄청난 충격을 받았다. 국제 도시 상해에서도 평생 한 번 보지 못한 세련된 재원이 눈앞에 떡하니 모습을 보였으니 설사 호색한이 아니더라도 그럴 수밖에 없었다. 그는 이후 자신의 처지를 전혀 고려하지 않고 그녀에게 정신없이 매달렸다. 하루는 자신의 애타는 심정을 손문에게 솔직히 토로하기도 했다.

"선생님! 저는 지금 홀몸입니다. 어떻게 처제 되는 분에게 저에게 시집을 가라고 말씀을 좀 해 주십시오."

손문은 장개석의 말을 처제에게 감히 전할 용기가 나지 않았다. 대신 송경령에게는 부담 없이 털어놨다. 송경령이 기가 막힌다는 듯 웃으면서 대답했다.

"차라리 미령이 그냥 죽는 것을 보는 게 낫겠어요. 저는 절대로 첩을 여러 명 두고 있는 남자에게 동생이 시집가는 것을 못 보겠어요. 그 사람 지금 홀몸이라고 하지만 주위에 여자들이 많아요."

손문은 여러 정황상 어렵지 않겠나 싶어 장개석에게는 그저 "기다려 보게"라고 말할 수밖에 없었다. 사실상의 만류였으나 장개석은 막무가내였다. 그의 말을 들을 생각조차 하지 않았다. 심지어 그는 "만약 처제 분과의 결혼을 반대하면 저는 혁명이고 뭐고 하지 않겠습니다. 알아서 하십시오. 저는 꼭 그 여자와 결혼을 해야겠습니다"라면서 협박까지 했다. 이랬으니 장개석이 송씨 가문에서 오로지 그에게 유일하게 우호적이었던 송애령에게 온갖 아부를 다하면서 자신의 편이 돼 달라고 신신당부를 한 것도 이상한 일이 아니었다.

문제는 떡을 줄 사람인 송미령도 싸늘하게 대하면서 가타부타 입장을 표명하지 않은 채 그의 속을 태운다는 사실이었다. 이 상태는 무려 4년 이상이나 이어졌다. 장개석에게는 다행히도 결정적인 전기가 찾아왔다. 황포黃埔군관학교(국민당이 설립한 사관학교) 교장이던 그가 국

송씨 세 자매의 막내
송미령과 그녀의 남편
장개석

민당 주석이 된 다음 미국의 시사 주간지 『타임』에 '세계에서 가장 젊은 혁명 지도자'로 꼽히면서 표지 모델로 등장하는 기염을 토한 것이다. 이 상황에서는 권력 지향적인 성향의 송미령도 크게 흔들리지 않을 수 없었다. 그녀는 결국 송경령의 반대에도 불구하고 장개석과 부부의 연을 맺기에 이르렀다.

송미령은 이후 남편을 도와 맹활약했다. 우선 항일 전쟁 시기에는 퍼스트레이디로서 직접 전면에 나서 호소하는 방법으로 전 중국인들의 단결을 이끌어 냈다. 또 여성들을 규합해 항일 운동의 최일선에 서도록 적극 유도하기도 했다. 그리고 미국통이라는 사실을 십분 활용해 미국인에게 중국을 위한 모금을 호소했다. 이때 프랭클린 루스벨트 대통령의 요청으로 미국 국회에서 했던 연설이 엄청난 호응을 얻으면서 화제를 뿌렸다. 국제 외교 무대의 요정, 신데렐라가 따로 없었다. 장개석이 "부인의 능력은 국민당 군대 20개 사단이 와도 미치지 못할 것이오"라고 그녀를 높이 평가한 것은 결코 과장이 아니었다.

그러나 그녀는 큰언니처럼 마지막에 웃지는 못했다. 대만으로 쫓겨 가는 남편을 따라 원치 않은 보따리를 싸야 했던 것이다. 대만에서의 생활 역시 행복하지만은 않았다. 남편의 말년에는 의붓아들인 장경국과의 심각한 불화로 어려움을 겪었다. 한때 사이가 나쁘지 않았던 소련 출신 며느리 장방량蔣方良(장팡량)도 그녀의 편은 아니었다. 송미령은 결국 남편이 1975년에 세상을 떠나자 얼마 후 미련 없이 대만을 떠나 미국으로 이주해 정착했다. 더 이상 역사를 움직이기에는 너무나도 많은 나이였으나 그녀는 놀랍게도 이후 28년이나 더 살았다. 향년 106세였다. 무려 3세기에 걸쳐 살았으니 수명만 따져 봐도 역사적인 족적을 남긴 여걸인 것만은 분명했다.

남 자 형 제 들 의 조 용 한 활 약

여자 형제들에 너무 치여 그렇지 송씨 3자매 가문의 남자들도 사실 간단치는 않았다. 가문의 조상들에게 그다지 부끄러워하지 않아도 될 정도는 활약했다고 할 수 있다. 장남인 송자문은 가문의 여자 형제들과는 달리 상해에서 대학을 졸업한 다음 20대의 늦은 나이에 미국 유학을 떠났다. 그리고 하버드와 컬럼비아대학교에서 경제학 석박사학위를 받았다. 귀국한 후에는 역시 자연스럽게 누나들처럼 매형인 손문의 영어 비서로 일했다. 이때 손문의 눈에 들어 1925년 고작 31세의 젊은 나이에 국민당 정부의 재정부장으로 발탁되는 행운을 누렸다. 이어 1942년에 외교부장, 1945년에 유엔 수석대표를 거쳤다. 같은 해 6월에는 모스크바에서 스탈린을 만나 중소우호조약을 체결하기도 했다. 그러나 그 역시 역사의 수레바퀴를 더 돌릴 수 있었음에도 매제인 장개석 밑에서 일한 것이 화근이 되고 말았다. 1949년 홍콩을 거쳐 미국 뉴욕으로 망명을 떠난 것은 자연스러운 수순이었다. 1971년 샌프란시스코에서 사망했을 때는 누나나 매형처럼 엄청난 재산이 있을 것으로 예상됐으나 100만 달러 정도밖에 없었다고 한다. 상대적으로 청렴했다고 할 수 있다.

송자문의 바로 밑의 동생 송자량宋子良(쑹쯔량), 송자안宋子安(쑹쯔안)은 금융계에서 나름대로 한몫을 단단히 했다. 여러 은행의 이사, 주석 등을 지내면서 공산당 정권의 수립으로 어쩔 수 없이 미국으로 떠나기 전까지 맹활약을 했다. 중국 금융사를 보면 이들의 이름이 반드시 나온다.

송씨 3자매 가문은 20세기 전반기 중국 대륙의 역사를 확실히 주도적으로 써 내려갔다고 단언할 수 있다. 이들의 이름을 피해 가면서 중국 근대사를 읽을 수는 없다는 사실을 잊어서는 안 된다. 그러나 완전히 일방적으로 독점한 것은 아니었다. 대충 살펴봐도 다른 가문들과 이리 얽히고 저리 설켜 가면서 대륙의 역사를 이끌어 왔다는 것을 쉽게 알 수 있다. 4대 가문을 거론하면 이 사실은 더욱 확실해진다. 바로 송씨 3자매 가문 외에 장개석의 장씨, 공상희의 공씨, 진과부陳果夫와 진입부陳立夫 형제의 진씨가 주인공이다. 장씨는 권력, 공씨는 돈, 진씨는 권력과 돈을 뒷받침하는 수단인 최고의 정보를 주물렀고 송경령을 제외한 송씨 3자매 가문은 이들을 막후에서 조종했다. 진씨를 제외하면 혼맥으로도 얽혔으므로 이렇게 하는 것은 크게 어렵지 않았다. 따라서 이들 가문의 역사가 바로 20세기 전반기의 중국 대륙의 역사라고 해도 큰 과장은 아니다.

20세기 상반기의 30여 년 동안 중국의 역사를 주도한 것에 비하면 지금 송씨 3자매 가문의 후손들은 너무나 조용하다. 그럴 수밖에 없는 것이 이들의 자손들이 많지 않은 탓이다. 3자매의 경우는 큰언니 송애령만 2남2녀의 자녀들을 뒀다. 그러나 이들은 모두 부모가 일찌감치 미국으로 떠난 통에 대륙에서 크게 활약을 할 기회를 잡지 못했다. 미국에서는 부모가 물려준 돈으로 모두 평범하게 살다 세상을 떠났다.

송자문과 송자량의 경우는 각각 딸 셋과 하나를 뒀으나 모두 약속이나 한 듯 은둔 생활을 한 바람에 사실상 대가 끊겼다고 볼 수 있다. 그마나 아들 둘을 둔 송자안도 자식들이 조용히 지내는 것을 원했기 때문에 가문의 문을 조용히 닫지 않으면 안 됐다.

송씨 3자매는 자신들의 가문을 원 없이 빛냈다. 하나같이 역사도 창조했다. 그러나 이들에 대한 평가는 극명하게 엇갈린다. 송애령은 다소 부정적, 송경령은 위인이라는 소리를 들을 정도로 긍정적, 송미령은 긍정과 부정이 각각 반이라는 평가를 받는다. 장개석의 종손자이자 부관이던 장효진蔣孝鎭(장샤오전)은 "위원장(장개석)의 병은 부인(송미령)이 고칠 수 있다. 또 부인의 병은 공(송애령)이 고칠 수 있다. 그러나 공의 병은 누구도 고치지 못한다"라는 말을 남기기도 했다. "큰언니는 돈, 작은언니는 조국, 막내는 권력을 사랑했다"는 말 역시 같은 맥락이다. 하지만 이 가문은 전체적으로 보면 역시 과보다는 공이 훨씬 많다. 손문의 혁명 자금 총책임자 역할을 자임한 아버지 송가수의 압도적인 활약까지 감안하면 더욱 그렇다. 지금도 많은 중국인이 송씨 3자매 가문을 20세기 중국 최고의 가문으로 여기고 역사 창조의 정신을 열심히 따라 배우려 애쓰고 있다.

5

이시진
가문

앎과 삶은 하나다

하 구 류 의 비 애

　많이 아는 것과 이에 근거해 행동하거나 실천하는 것은 완전히 다르다. 많이 아는 것도 쉽지는 않지만 행동이나 실천으로 옮기는 것은 더 어렵다. 그래서 아는 것을 행동이나 실천으로 옮기는 자세는 아무리 칭찬을 들어도 과하지 않은 생활 태도다. 지행합일이 사람이라면 지켜야 할 보편적 덕목으로 인정받는 것은 이 때문이다. 실천이 진리를 검증하는 유일한 기준이라는 말을 중국 지식인들이 입에 달고 다니는 이유이기도 하다. 또 모택동이 「실천론」實踐論이라는 글에서 아는 것에 그치지 않고 행동과 실천을 해야 한다고 강조한 것도 같은 맥락이다.

　지행합일은 과학에 종사하는 사람에게는 더욱 절실하게 필요한 덕목이다. 단순하게 아는 것이나 그저 그럴 것이라는 막연한 추측을 실험이라는 행동과 실천을 통해 증명해야 한다. 그렇지 않으면 경우에 따라서는 인류가 대재앙에 직면할 수도 있다. 전 세계적으로 이따금 일어나는 논문 조작 사건 등은 이에 비하면 새 발의 피나 다름없다.

아무리 중요성을 강조해도 지나치지 않을 이 지행합일의 덕목은 명나라 때의 왕수인王守仁이 주장했다. 그러나 고생을 두려워하지 않고 이런 자세의 모범을 보인 가문은 명나라 때의 이시진李時珍 집안이 아닐까 한다.

지금도 불후의 약학서이자 의서로 불리는 『본초강목』本草綱目의 저자인 의성醫聖 이시진의 가문은 대대로 의업에 종사했다. 할아버지 이효산李曉山이 고향인 호광湖廣(호북湖北과 호남湖南) 기주蘄州(지금의 호북성湖北省 황강시黃岡市 기춘현蘄春縣 기주진蘄州鎮)에서 민간의 시골 의사인 영의鈴醫로 활동했다. 그는 상당한 실력가였다. 인품도 좋았다. 늘 필요한 곳에 인술을 베푸는 삶을 살았고 돈에 연연하지도 않았다. 그저 아는 것에 근거해 행동하거나 실천하는 것을 미덕으로 생각했다. 그러나 당시의 의사는 요즘과는 많이 달랐다. 의사로 활동하기보다는 공부를 해서 관리가 되는 편이 훨씬 더 나았다. 그는 하구류下九流(아홉 가지 직업의 하층민)로 불리면서 주위의 푸대접에 시달렸다. 공부를 더 열심히 해서 과거를 보지 않은 것을 후회하는 날이 갈수록 많아졌다. 급기야 그는 세상을 떠날 때 아들 이언문李言聞에게 회한의 유언을 남겼다.

"나는 의술을 업으로 백성들을 구제했으나 평생을 멸시와 가난 속에서 살았다. 그게 억울해 지하에서도 눈을 감지 못하겠다. 내 너에게 당부를 하나 하겠다. 둘째 손자 시진은 영특하기가 이를 데 없다.

반드시 크게 될 것이다. 그러니 그 아이에게는 의술을 가르치지 말고 글을 읽게 해라. 반드시 과거에 합격해 명성을 날리도록 해야 한다.”

이언문은 아버지의 유언이 그야말로 절절히 가슴에 와 닿았다. 그 역시 의사로 일하면서 주위의 관료들로부터 당한 서러움이 이루 말할 수 없었던 것이다. 더구나 그에게는 수재와 거인이 됐음에도 마지막 과거에 합격하지 못한 한이 있었다. 그 한을 아들이 풀어 줬으면 하는 바람이 없지 않았다. 그는 바로 아버지의 유언에 대답을 했다.

“그렇게 하겠습니다. 시진에게 글을 읽혀 과거에 합격하도록 만들겠습니다. 제가 이루지 못한 한도 풀겠습니다.”

지 행 합 일 의   신   의

이언문은 이후 아들 이시진에게 유교 경전을 주로 읽도록 교육을 시켰다. 이시진은 아버지의 기대에 잘 부응했다. 그는 병약하기는 했으나 선천적으로 글 읽기를 좋아했다. 처음의 결과는 아버지처럼 좋게 나왔다. 14세의 나이에 수재가 된 것이다. 하지만 그는 본 시험에서는 계속 낙방했다. 무려 세 번이나 그랬다. 1540년 나이 21세에 세 번째 낙방했을 때 그는 자신이 과거와는 인연이 없다는 결론을 내리지 않을 수 없었다. 가업을 이어 의학을 공부하는 것이 자신이 가야 할 길이라는 생각이 들었다. 어릴 때 읽던 당나라 때의 명의 손사막孫思邈의 『천금요방』千金要方이라는 의서의 내용이 뇌리에 떠올랐다.

그는 자신의 뜻을 아버지에게 전달했다.

"아버지, 저는 이미 인생 목표를 정했습니다. 절대로 흔들리지 않을 거예요. 그러니 아버지께서는 제가 뜻을 이루도록 해 주세요. 앞으로 어떤 고난이 와도 두려워하지 않고 헤쳐 나가겠습니다."

이언문은 공부를 그만두겠다는 아들의 말을 듣자 가슴이 아팠다. 아버지의 유언을 받들지 못했다는 슬픔이 머리를 혼란스럽게 했다. 자신의 전철을 밟는 것은 아닌가 싶기도 했다. 그래서 처음에는 완강히 아들의 요청을 거부했으나 현실을 받아들여야 했다. 그는 곧 아들에게 조건을 내걸면서 허락을 했다.

"좋다! 의학을 배우도록 해라. 그러나 의학은 그냥 지식만 가지고 하는 것이 아니다. 반드시 아는 것을 바탕으로 고생을 마다하지 않고 늘 행동이나 실천에 나서야 한다. 지행합일의 정신을 가지라는 얘기지. 이는 네 할아버지가 아버지에게 가르쳐 준 교훈이기도 하다. 나는 이 교훈을 잊지 않고 내 아는 모든 것을 쏟아부어 불쌍한 백성들을 구제했어. 너도 반드시 그렇게 하도록 해라."

이후 이언문은 정성을 다해 아들 이시진을 지도했다. 그러자 이시진은 몇 년 후 별로 어렵지 않게 요즘의 의과대학을 졸업한 수준의 의사가 될 수 있었다. 더구나 그에게는 과거를 준비하면서 축적해 둔 뛰어난 학문이 있었다. 시너지 효과가 대단했다. 이시진은 자신의 지식을 그저 머릿속에만 매몰시키지 않고 적극적으로 행동과 실천으로 연결시켰다. 하루는 고향 인근의 호구湖口(지금의 강서성江西省 구강시九江市 호구현湖口縣)를 방문했을 때였다. 그의 눈에 한 무리의 장례 행렬이 들어왔다. 직업 정신이 발동한 그는 행렬을 자세하게 살폈다. 이상하게 관 밖으로 피가 흘러나오고 있었다. 그는 다시 자세히 피를 살폈다. 살아 있는 사람에게서 나오는 선혈이었다. 그는 고민하지 않았다. 바로 행렬을 막아섰다.

"빨리 관을 내려놓으세요. 관 안의 사람은 살아 있어요."

사람들은 이시진의 말을 믿지 않았다. 서로 쳐다보면서 웃긴다는 표정도 지어 보였다. 곧 그중의 한 사람이 말했다.

"이미 세상을 떠난 사람입니다. 어찌 다시 소란을 피워 고인을 놀라게 하겠습니까? 그렇게 하는 것은 순리가 아닙니다. 만약에 살아 있지 않으면 책임을 지겠습니까?"

이시진은 책임이라는 말에 잠시 주춤했다. 그러나 그의 머리에는 무슨 일이 있더라도 사람을 살리는 것이 의사의 본분이라는 손사막의 말이 떠올랐다. 그는 서슴지 않고 대답했다.

"내가 여러분의 생각을 모르는 바는 아닙니다. 그러나 살아 있는 사람이 묻힌다는 사실을 알고도 못 본 척하고 그냥 갈 수는 없습니다. 만약 문제가 생기면 제가 모든 책임을 지겠습니다. 관을 여십시오."

사람들은 그제야 이시진이 믿을 만한 사람이라는 것을 깨닫고 즉각 관을 열었다. 관 안에는 웬 젊은 부인이 누워 있었다. 그는 우선 부인에게 안마를 했다. 그런 다음 가슴께에 은침을 한 대 놓았다. 얼마 후 부인은 가벼운 기지개를 켜면서 마치 잠에서 깨어난 것처럼 살아났다. 사람들은 모두 환호성을 내질렀다. 당시 임신 중이었던 부인은 이렇게 살아난 다음 며칠 지나지 않아 아들을 순산했다. 그는 아는 것을 행동으로 옮김으로써 두 사람의 생명을 살린 것이다.

이시진이 은침 하나로 두 사람을 살린 미담은 곧 주변으로 퍼져 나갔다. 그는 졸지에 스타 의사가 됐다. 신의神醫라는 별칭까지 얻었다. 하지만 그가 행동과 실천을 통해 보여 준 노력은 이 정도에서 그

치지 않고 자신의 몸을 생체 실험에 바치는 담대함으로 이어졌다.

어느 날 그는 어떤 노인으로부터 대륙 북쪽에 고성능 마취제로 쓰이는 만다라화曼陀羅花라는 약초가 자생하고 있다는 얘기를 들었다. 사실을 안 이상 그냥 있을 그가 아니었다. 곧 행장을 꾸려 북방으로 향했다. 그는 얼마 후 잎 모양이 가지 잎처럼 생긴 만다라화를 발견했다. 그러나 약초의 효과를 실험할 방법이 마땅치 않았다. 그렇다고 효능이 검증되지 않은 약초를 다른 사람에게 쓸 수도 없는 노릇이었다. 그는 별로 고민하지 않았다. 만다라화를 복용함으로써 자신의 몸을 생체 실험에 기꺼이 바친 것이다. 과연 엄청난 마취 효과가 있었다. 그러나 마취제가 대체로 그렇듯 만다라화는 나쁜 성분이 적지 않은 독초이기도 했다. 그는 이 독을 해독하는 생체 실험에도 나섰다. 의학서에 대두大豆가 해독제라고 적혀 있는 사실을 기억하고는 수차례나 복용한 것이다. 그는 이 실험을 통해 대두만 복용해서는 해독을 할 수 없다는 새로운 사실을 하나 더 밝혀냈다. 그렇다고 그가 본 의하서가 완전히 틀린 것은 아니었다. 그는 여러 실험을 통해 감초를 첨가하면 대두의 효과가 극대화된다는 점도 알아낼 수 있었다.

온갖 고생도 두려워하지 않고 행동하고 실천하는 이시진의 DNA는 황제도 제어하지 못했다. 어느 날 그는 균주均州(지금의 호북성 균현均縣)의 태화산太和山에 낭매榔梅라는 희귀한 열매가 있다는 말을 들었다. 먹으면 오래도록 장수한다는 열매였다. 그는 즉각 산에 직접 올라가 현장을 살펴보기로 결심했다. 바로 고향 인근에 산이 있었으므로 도착하는 데는 반나절밖에 걸리지 않았다. 그가 산허리에 도달해 어느 사당에서 휴식을 취하려고 했을 때였다. 마침 사당을 지키는 노인이 그를 발견하고는 말했다.

"어디를 가시는 길입니까?"

이시진은 당연하다는 듯 대답했다.

"산 정상에 낭매라는 열매가 있다고 하더군요. 그걸 채집하려고 갑니다."

노인은 깜짝 놀라며 걱정스럽다는 듯 말했다.

"갈 수 없습니다. 황제께서 그 열매는 황실에서만 딸 수 있도록 한다는 명령을 내렸습니다. 만약 백성이 따면 죄를 단단히 물을 겁니다. 가지 않는 것이 좋겠습니다."

"낭매라는 것은 하늘이 내린 선물입니다. 더구나 황제께서 직접 심은 것도 아닙니다. 왜 딸 수 없습니까? 나는 몇 알 따서 돌아가야겠습니다. 얼마나 효과가 있는지 살펴봐야 합니다."

이시진은 자신의 생각을 이날 저녁에 행동으로 옮겼다. 달빛을 이용해 좁은 길로 정상에 올라가 낭매 몇 알을 딴 것이다. 그는 집으로 돌아와 치밀하게 연구했다. 그 결과 낭매가 장수에 아무런 도움이 되지 않는다는 결론을 내렸다.

비슷한 경우는 또 있다. 그는 의학서를 읽다가 백화사白花蛇(독사의 일종으로 물리면 백 보를 옮기기 전에 즉사한다고 함)의 약효가 다른 뱀들과는 다르다는 사실을 알게 됐다. 뱀의 몸에 진짜 24개의 마름모꼴 무늬가 있는지도 궁금했다. 그는 즉각 스승이자 아버지인 이언문에게 물었다. 아버지의 대답은 평소와 똑같았다.

"백화사는 우리가 사는 기주에 많이 서식하는 탓에 기사蘄蛇라고도 불린다. 봉황산 일대에 많이 살고 있지. 네 말대로 다른 뱀과는 그 모습과 생태가 다르다. 너도 직접 봉황산에 올라 한 마리 잡아 시험해 보면 좋을 것이다. 그러면 백화사의 특징을 자세히 알 수 있겠지."

이시진은 아버지의 말이 아니더라도 그럴 참이었다. 곧 봉황산에 올라 온갖 위험을 무릅쓰고 백화사를 잡았다. 그의 의문은 곧 해결됐다.

자 료 를   위 해   궁 으 로

온갖 고생도 마다하지 않고 아는 것에 근거해 행동과 실천에 나서는 그의 이런 진지한 자세는 대대적인 주위의 이목을 끌었다. 명나라 황실의 일족인 무창武昌(지금의 호북성 무한 일대)의 초왕楚王도 이 중 한 사람이었다. 그의 의술이 비범하다는 사실을 알고는 1556년에 사람을 보내 자신의 휘하에 초빙하려고 한다는 말을 전해 왔다. 당초 이시진은 황실과 내왕하기를 원치 않았다. 황제를 비롯한 거의 대부분 황족들이 행동이나 실천을 통해 정사를 돌보지는 않고 불로장생을 보장한다는 단약 등에만 빠져 있는 것이 영 못마땅했기 때문이다. 하지만 초왕을 도와주면 자신이 필생의 사업으로 생각하는 본초本草(생명체를 치료하고 예방하는 천연 약물. 흔히 한약으로 부름)에 대한 책을 쓸 때 도움을 받을 수 있을 것 같았다.

이시진은 고대부터 당시까지 전해 내려오던 약물들이 기본적으로 본초로 이뤄져 있다는 사실을 잘 알고 있었다. 또 환자를 진찰할 때의 약학서들이 수천 년 동안 고증이나 수정 없이 그대로 전해졌다는 사실도 모르지 않았다. 그러나 의사들은 약학서의 오류를 모른 채 그대로 처방하고는 했다. 본의 아니게 귀중한 환자의 생명을 잃게 하는 경우도 없지 않았다. 이 사실을 알게 된 그는 의약서의 수정 작업에 열정을 불태우고 있었다. 그래서 이시진은 혹시나 하는 마음으로 짐을 싸서 초왕의 왕부王府에 들어갔다. 그는 초왕의 왕부에서 시쳇말로 깃발을 날렸다. 그에게 처음 진면목을 돋보이도록 만든 사람은 다름 아닌 초왕의 어린 아들이었다. 이시진이 왕부에 들어간 지 얼마 안 돼 아이가 갑자기 시름시름 앓기 시작한 것이다. 초왕은 즉각 이시진을 불렀다.

"아니 이 녀석이 그토록 애지중지했건만 덜컥 병이 나고 말았소. 어떻게 치료할 방법이 없겠소?"

이시진은 곧 진료에 들어갔다. 질병의 원인은 너무 잘 먹은 탓이었다. 아이가 산해진미만 먹고 운동을 하지 않다 보니 위와 장의 소화 능력이 약해져 있었다. 이런 경우에는 조금이라도 불결한 음식을 먹으면 바로 이질에 걸린다. 아니나 다를까 아이는 급성 이질에 걸려 있었다. 그가 초왕에게 건의했다.

"이질입니다. 이 병에는 100년 된 진년차陳年茶(완만하게 발효된 오래된 차)가 반드시 치료약에 들어가야 합니다. 그러나 무창에서는 구할 방법이 없습니다. 마침 제 고향인 기주에는 이 차가 있습니다."

초왕이 걱정스러운 어조로 물었다.

"그렇다면 선생이 그 차를 구해 올 수 있겠소?"

"여부가 있겠습니까? 제 업이 사람을 살리는 겁니다. 생명에는 귀천이 없습니다만 어린아이의 목숨은 더 소중한 것이 아니겠습니까?"

이시진은 대답을 하기 무섭게 고향으로 달려가 진년차 100년산을 구해 왔다. 아이는 진년차를 넣은 약을 먹자 씻은 듯이 나았다. 초왕은 너무나 고마워 그를 어의로 임명했다. 이어 1559년에는 북경 중앙 조정의 태의원太醫院에 그를 추천하는 배려까지 했다. 이때에도 그는 망설였다. 평소 마음속으로 경멸했던 황제를 가까이에서 만난다는 것이 영 껄끄러웠다. 하지만 초왕의 왕부에 갔을 때처럼 외부에서는 존재조차 모르는 태의원의 많은 의서와 약물 표본이 그의 생각을 흔들었다. 오래지 않아 그는 이 보 전진을 위한 일 보 후퇴의 길을 선택했다.

이시진의 판단은 틀리지 않았다. 태의원에 소장된 방대한 의서에 그의 눈은 번쩍 뜨였다. 게다가 국내와 외국에서 수입돼 온 대량의 약물들은 그를 태의원에서 한 걸음도 떠나지 못하게 유혹했다. 그는 밤을 낮 삼아 공부를 거듭했다. 자세한 기록도 잊지 않았다. 그러나 열심히 행동하거나 실천하는 것과는 거리가 먼 황제 세종世宗(가정제嘉靖帝)의 여전한 자세에 그는 크게 실망했다. 세종은 자신의 선대 황제들과 마찬가지로 선도仙道에 푹 빠져 헤어 나오지를 못하고 있었던 것이다. 세종도 불로장생을 꿈꿨다. 눈치 빠른 방사方士들은 이 점을 놓치지 않았다. 온갖 감언이설로 세종이 계속 단약에 빠지도록 만들었다.

이시진은 울화가 치밀었다. 급기야 황제를 권력을 등에 업은 만만치 않은 실력자들인 방사들을 호되게 질책했다.

"단약이 장수하게 만든다는 것은 말도 안 되는 소리요. 그건 절대 있을 수 없는 일이오. 수은과 납, 단사丹砂, 유황, 주석을 섞어 만든 약은 독약이오. 그걸 복용하고 수많은 사람들이 중독으로 세상을 떠났소."

엄청난 이권 사업인 단약 제조에 눈이 먼 방사들 역시 지지 않았다. 대놓고 그의 말을 반박했다. 젊은 방사 중 한 명은 인격적으로 그를 비난하기까지 했다.

"고대의 의약 서적에는 수은에 독이 없다고 기재돼 있소. 먹은 다음에는 신선이 된다고 했소. 단약은 틀림없이 장수를 보장하는 약이오. 도대체 의약 서적을 읽기는 읽은 것이오?"

이시진은 그래도 물러서지 않았다.

"옛날 선조들이 물려준 지식은 그저 참고만 할 수 있을 뿐이오. 그대로 믿으면 안 되오. 또 반드시 지식에 근거한 실천적인 분석도 해 봐야 하오. 그러면 책에 쓰인 말을 다 믿어서는 안 된다는 사실을 알게 될 거요. 고서에는 황금을 먹으면 분명히 신선이 된다는 말이 쓰여 있소. 그러나 신선이 된 사람을 본 누가 보기나 했소? 진 시황, 한 무제 등도 모두 단약을 먹고 장수를 바랐소. 그러나 결과는 어떻소? 죽지 않았소? 이른바 단약의 성분은 대부분 극독 물질이오. 장수는커녕 중독이 돼 세상을 빨리 뜨게 되오. 원한다면 내가 분석도 해드리겠소."

　이시진은 방사들과의 논쟁을 통해 더 이상 조정에 남아 있으면 안 되겠다는 결심을 굳혔다. 그가 필생의 사업으로 생각하고 태의원에 수차례나 건의한 본초 의약서의 편찬은 시작할 기미도 보이지 않았다. 나중에는 분위기가 그의 생각을 비웃거나 중상 모략하는 방향으로 흘러갔다. 나이가 많은 원로 의사들은 어디에서 굴러먹던 촌뜨기가 왔느냐면서 아예 대놓고 그를 무시하기도 했다. 이시진은 드디어 자신의 결심을 실천에 옮기고자 병을 핑계 삼아 고향으로 돌아갔다. 태의원에서 얻을 수 있는 것은 다 얻었으므로 여한도 없었다.

『 본 초 강 목 』 의 　 편 찬

　고향에서 그는 자신이 1552년부터 북경으로 가기 전인 1559년까지 정리한 본초에 대한 자료를 대폭 손질하는 작업에 착수했다. 본격적인 『본초강목』의 편찬 작업에 돌입한 것이다. 이때에도 그는 그저 아는 것으로만 만족하지 않았다. 약물의 검증에 더 적극적으로 나서고자 했다. 그러려면 당연히 산과 들을 누비면서 약물을 직접 관찰하고 효능을 테스트해야 했다. 이를 위해 그는 자신의 고향인 호광뿐 아니라 강서江西, 강소江蘇 등지를 십수 년 동안 거의 매년 이 잡듯 뒤지고 다녔다. 늘 짚신을 신고 손에는 호미, 등에는 약 광주리용 배낭을 멘 채였다. 이때 제자 방헌龐憲과 둘째 아들 이건원李建元이 늘 그와 함께했다.

이시진이 『본초강목』을 완성하기 위해 어느 정도로 모든 내용의 검증에 필요한 현장답사와 효능 테스트 등의 행동과 실천에 나섰는지는 여러 기록이 잘 말해 준다. 우선 시간을 꼽을 수 있다. 이 작업은 1552년에 시작해 1578년에 끝났으므로 27년을 투자했다는 계산이 나온다. 민간의 비방과 약물에 대한 자문을 구하기 위해 만난 사람도 부지기수다. 심지어 그는 명의나 학식이 높은 유학자뿐 아니라 나무꾼, 농부, 사냥꾼, 광산업 종사자 등 약물에 대한 정보를 제공하는 사람 거의 모두를 자신의 친구나 스승으로 여겼다. 실제로 그는 물고기가 진짜 수초를 이용해 번식하는지에 대한 오래된 의문도 현장답사 길에 어느 늙은 어부로부터 해결할 수 있었다. 1만 권의 책만큼이나 중요하다고 판단한 답사길은 2만 리(8,000킬로미터)에 이른다. 한반도를 남북으로 7번 종단했다고 보면 된다. 지금처럼 길이 좋지 않은 시대였다는 사실을 감안하면 그야말로 초인적인 노력이다.

읽고 참고한 의서의 수는 무려 800여 권에 이르러 우리를 아연실색하게 만든다. 고대부터 전해져 내려오는 의서를 거의 다 읽었다고 해도 과언이 아니다. 더구나 태의원에서 그가 밤낮으로 읽은 진귀한 의서들은 내용 면에서 단연 압도적인 수준이었다.

이러니 『본초강목』의 내용이 방대한 것이 당연하다. 전체 책이 16부部, 52권에 이른다. 글자로는 190만 자를 헤아린다. 요즘의 기준으로 해도 웬만한 두께의 책 10권 이상에 해당한다. 책에 수록된 약물의 수 역시 방대해 1,982종이나 된다. 분류 순서는 광물, 식물, 동물

이시진이 27년간 심혈을
기울여 완성한 『본초강목』

의 순으로 그리고 간단한 것에서 복잡한 것, 무기물에서 유기물, 저급에서 고급의 순으로 기술돼 자연계의 발전 과정이 고스란히 반영되어 있다. 그에 의해 새로 발굴된 약물의 수도 무려 374종이나 된다. 1,109장의 그림, 11,096가지의 처방전이 책에 부록처럼 달려 있다. 약물을 단순하게 아는 것에서 그치지 않고 현장답사를 통해 실체 확인과 효능 검증에도 적지 않은 시간을 쏟아부은 탓에 상대적으로 글 쓸 시간이 부족했다는 사실을 감안하면 초인적인 노력의 산물이 아닐 수 없다.

안타까운 것은 이시진이 원고를 탈고하고도 십수 년 동안 출간을 하지 못했다는 사실이다. 정부의 허가도 문제였지만 막대한 비용이 들어갈 책을 선뜻 출판해 주는 곳이 없었다. 그가 76세의 나이로 세상을 떠났을 때도 책은 나올 기미를 보이지 않았다. 다행히 호승룡胡承龍이라는 남경의 한 출판 상인이 발행하려고 했으나 정부의 허가를 얻지 못한 탓이었다. 그러자 아버지와 함께 반평생을 현장답사에 바치고 연구한 조수이자 둘째 아들인 이건원이 나섰다. 더 이상 머뭇거렸다가는 아버지와 자신의 필생의 노력이 물거품이 된다는 생각에 신종神宗(만력제萬曆帝)에게 보내는 아버지의 유표遺表(신하가 세상을 떠날 때 황제에게 올리는 글)를 갖고 고향에서 북경으로 상경하는 용단을 내린 것이다.

겨울에 출발한 이건원의 북경행은 그야말로 온갖 고생으로 점철되었다. 살을 에는 날씨는 기본이고 때로는 폭설에 갇혀 목숨을 잃을 뻔한 적도 있었다. 북경에 도착해서는 자금성으로 접근하는 데 어려움이 있었으나 무사히 신종에게 아버지의 유표를 보이고 북경행의 목적을 알릴 수 있었다. 신종은 『본초강목』을 발행을 허가해 달라며 간절히 청하는 이시진의 유표와 원고 일부를 보고 깜짝 놀라 즉각 책의 발행을 허가했다. 이렇게 단순한 지식이 아닌 행동과 실천을 동반한 피땀의 결과물인 『본초강목』은 마침내 이시진 사후 3년 만에 세상의 빛을 보게 됐다.

계속 이어지는 신의의 명성

이건원의 사례에서 보듯 이시진 가문의 정신은 그의 사후에도 그대로 후손들의 피 속에서도 살아 움직였다. 먼저 이시진의 네 명의 아들 중에서는 이건원과 이건방李建方이 거의 비슷한 행보를 보였다. 의서를 통해 얻은 지식을 아무리 어렵더라도 늘 실험이나 검증, 현장 답사 등을 통한 행동이나 실천으로 확인하지 않으면 못 견뎠다. 아버지에 이어 태의원에서 활약한 이건방의 경우에서 보듯 둘 모두 의술이 출중했으나 효능에 대한 확신이 서지 않으면 어떤 약물도 함부로 처방을 하지 않았다고 한다.

　이시진의 후손들은 가업과 가문의 전통을 잇는다는 정신이 강해 대를 이어 의학을 전공한 경우가 많았다. 하지만 선조들의 필생의 비원인 과거 급제를 통해 관리가 되더라도 가문의 정신은 잊지 않았다. 청나라 초창기에 활약한 증손 이운경李雲慶이 복건성福建省 장락현長樂縣의 지현으로 있을 때 직접 시범을 보이면서 백성들에게 농잠農蠶을 권유한 일화는 지금도 이시진 가문의 유명한 일화로 남아 있다. 그가 봇짐 하나만 달랑 든 채 장락현을 떠날 때 백성들이 진심으로 눈물로 전송한 까닭이기도 하다. 의사나 관리가 아니라 학자가 되어도 크게 다르지 않았다. 그들은 주로 검증의 실천을 필요로 하는 고증학을 했다.

　그러나 지금 이시진 가문의 흔적은 이상하게도 별로 남아 있지 않다. 후손들이 적지 않을 것으로 추정됨에도 마치 흉노가 중국 역사에서 사라진 것처럼 고향인 호북성 기춘현에서 거의 자취를 감춘 탓이다. 말할 것도 없이 직계 후손으로 자처하는 사람들은 많다. 심지어 한국과 일본에도 있다. 싱가포르에서는 이광요李光耀(리콴유) 전 싱가포르 총리가 이시진 가문의 후손이라고 주장하고 있다. 그러나 사료나 족보 등으로 완벽하게 검증은 되지 않고 있다.

　최근에는 주로 의사들로 구성된 이시진학술사상연구회가 철저한 현장답사와 검증을 통해 일부 연구 성과를 올리고 있다. 이에 따르면 현재 이시진의 후손들이라고 확신할 만한 이들은 의외로 사천성四川省 융창현隆昌縣 이시진李市鎭에 집단으로 살고 있다. 이곳에서 수년 전 발견된 이시진 가문의 족보를 보면 역사적으로도 증명이 된다. 원래 이시진의 셋째 아들인 이건방은 명나라가 망할 즈음 가족들을 거느리고 광동의 소주韶州로 피난을 갔다. 이어 후손인 이문요李文耀의 손자 이점춘李占春이 지금의 장소로 다시 이주해 지금에 이르고 있다. 놀랍게도 이시진의 중국어 발음도 이시진의 그것과 거의 같다. 아마도 연관 관계가 있지 않나 짐작된다. 현재 100여 명이 거주하는 것으로 알려져 있다.

이곳에서는 이시진의 DNA를 그대로 물려받은 전국적인 명의도 배출했다. 17대 적손으로 확실하게 공인을 받고 있는 이국용李國勇(리궈융)이 주인공이다. 그는 의사이던 아버지에게 다섯 살 때부터 의학을 배웠다. 태어날 때부터 가업을 이을 운명이었을지도 모른다. 이어 장성해서는 세계적인 뇌 전문가인 장대천張大千(장다첸), 손이 닿기만 해도 병이 낫는다는 명성으로 유명한 신의神醫 위천파魏天波(웨이톈보)에게 배워 의술을 한 단계 더 업그레이드했다. 그가 대단한 것은 이런 스펙 덕이 아니다. 아버지로부터 귀에 못이 박이도록 들은 집안의 전통인 행동과 실천의 덕목을 생활화한 때문이다.

이국용은 『본초강목』을 후세에 널리 보급해 천하의 창생을 구제하라는 17대조 이시진이 남긴 비원을 실현하기 위해 최선을 다했다. 아버지 이택안李澤安(리쩌안)의 도움을 받아 2006년 『본초강목』의 보급판인 『본의강목』本醫綱目을 집필해 출판한 것은 이런 그의 자세를 잘 말해 준다. 이뿐 아니라 그는 기회가 있을 때마다 유럽이나 미국 방송의 한의학 관련 텔레비전 다큐멘터리에도 적극적으로 출연했다. 2007년에는 영국, 독일, 오스트리아의 3개 방송사가 합작으로 제작한 『중국 중의』中國中醫라는 대하 사극에 직접 진 시황의 어의로 출연했다.

2003년 그가 출연한 독일 방송국의 다큐멘터리『중국 중의의 혼』은 베를린영화제에서 다큐멘터리 상을 받기도 했다.

그저 아는 것에서만 그치지 않고 적극적으로 행동하고 실천하는 이런 자세로 인해 주위로부터 오해도 많이 받았다. 아는 것도 별로 없으면서 나댄다는 비난도 많이 들었다. 돌팔이 아니냐는 황당한 공격은 더 말할 것도 없다. 하지만 그가 2001년 고작 32세의 젊은 나이에 21세기자연의학대회 조직위원회로부터 자연의학 분야의 걸출한 인재라는 칭호를 받은 사실을 감안하면 이런 비난이나 공격은 근거가 약하다고 할 수 있다. 여기에 30세를 갓 넘은 나이에 가문의 비방 처방전을 이용해 이씨화석산李氏化石散, 이씨백보산李氏百補散, 이씨양생단李氏養生丹, 이씨성신단李氏醒神丹 등 4가지 신약을 개발하기도 했다. 이 약들로 그는 해외에서 높은 평가를 받아 유엔의 세계평화재단에서 수여하는 21세기자연의학우수성과상을 받았다. 이 모든 것이 지금도 그와 가문의 트레이드마크인, 아는 것에 그치지 않고 행동과 실천하는 생활 태도를 견지한 덕분이 아닐까.

의 술 로 쌓 은 가 문 의 교 류

이시진 가문은 하구류로 분류되는 의사 가문이라는 사실에서 보듯 비천한 신분에 속했다. 그럼에도 정신적으로 교류한 가문은 적지 않았다. 우선 같은 고향 가문인 고씨顧氏 집안이 있다. 이시진의 경우 나중에 그의 전기인 『이시진전』李時珍傳을 쓴 청나라 때의 문학가인 고경성顧景星의 할아버지 고대훈顧大訓과 막역하게 교류했다. 고대훈은 그의 의술과 늘 행동하고 실천하는 이씨 가문의 정신을 높이 샀다. 고경성이 거의 유일한 이시진의 전기인 『이시진전』을 집필한 것은 이런 맥락에서 보면 당연하다고 할 수 있다.

제자 방헌과의 인연 역시 주목을 끈다. 이시진은 태의원에 있을 때 학생으로 공부를 하고 있던 방헌을 처음 만났다. 방헌은 요즘 말로 하면 인턴쯤 되었지만 교수에 해당하는 이시진을 존경하지 않았다. 시골에서 올라온 촌뜨기라고 대놓고 괄시를 한 것이다. 심지어 신분의 차이가 많이 났는데도 늘 도발적인 태도를 보이고는 했다. 그러나 그는 이후에 이시진의 높은 의술에 감탄하게 되었고 행동과 실천을 우선하는 정신에도 찬탄을 금치 못했다. 즉각 이전의 잘못을 사과하고 스승으로 모셨다. 그는 이시진이 분연히 고향으로 돌아갈 때에도 자신의 모든 기득권을 과감하게 포기하고 스승을 따랐다. 이후 이시진은 아들 이건원과 그를 데리고 천하를 주유하면서 자신이 아는 지식을 검증하는 데 평생을 바쳤다. 방헌 역시 스승을 도와 『본초강목』의 탄생에 기여했다. 때문에 둘은 단순한 스승과 제자 관계를 넘어 동업자로서의 아름다운 인연을 공유한 사이라고 해도 좋을 듯하다.

이외에도 이시진은 문인이자 사학자, 정치인인 왕세정王世貞과도 운명적인 인연이 있다. 기본적으로 두 사람은 가는 길이 달랐다. 한쪽은 하구류의 일원, 다른 한쪽은 상구류上九流 중에서도 최고의 기득권 계층이었다. 그럼에도 둘은 면식이 있었고 본격적인 교류는 이시진이 『본초강목』을 탈고한 2년 후인 1580년부터 시작됐다. 당시 그는 책의 출판이 여의치 못해 애간장을 태우고 있었는데 마침 이때 한 친구가 그에게 귀가 솔깃한 말을 했다.

"자네의 지금 지위로 볼 때 책을 출판하는 것은 하늘로 올라가는 것만큼이나 어렵네. 그러나 만약 지금 문단의 대가에게 강력하게 추천을 해 달라고 하면 혹시 관청이나 출판가 상인의 눈길을 끌 가능성이 있지. 어떤가, 내 의견이 그럴듯하지 않은가?"

이시진은 친구의 말을 틀리지 않다고 여겼다. 바로 면식이 있는 왕세정이 뇌리에 떠올랐다. 생각이 거기에까지 미치자 그는 지체 없이 왕세정을 만나기 위해 길을 나섰다. 당대의 대문호인 그에게 추천의 글을 받으면 출판이 가능할지 모른다고 판단한 것이다. 더구나 그와 왕세정은 통하는 점이 많았다. 두 살 터울의 나이, 깊은 학문 등을 공유한 두 사람은 잘 통할 수 있었다.

때는 1580년 초가을이었다. 이시진은 기주에서 열흘 하고도 며칠을 걸어서 왕세정의 집이 있는 강소 태창太倉에 도착했다. 이시진은 서로 아는 사이에다 두 살이 많기는 했어도 일단 왕세정에게 최대한 공손한 태도를 보였다.

"대인께서는 아마 제가 정말 대단한 책을 썼다는 사실을 모르실 겁니다. 저는 진실로 불후의 책을 썼습니다. 그러나 출판을 해 주는 곳이 없습니다. 그래서 염치불구하고 대인을 찾아왔습니다. 제 책에 서문을 써 주시면 안 되겠습니까?"

왕세정은 평소 안면이 있는 이시진의 방문이 싫지 않았다. 어떻게든 부탁을 들어주고 싶었다. 하지만 갑자기 이시진이 선도에 극단적인 적의를 드러냈던 사실이 떠오르자 마음이 달라졌다. 그는 그때까지 도교에 푹 빠져 있었던 것이다. 그의 최종 대답은 '노'였다. 이시진은 더 이상 비굴해지기 싫어 그대로 집으로 돌아왔다.

이후 10년이 지났다. 이시진은 거의 자포자기 상태가 되었다. 남경에서 혜안을 가진 출판 상인으로 유명한 호승룡이 그의 책을 주목하기는 했으나 여전히 정부의 허가와 유명 인사의 추천 문제는 해결될 기미를 보이지 않았다.

이때 남경에서 왕세정의 연락이 왔다. 치료 부탁이었다. 이시진은 옛날 일이 걸리기는 했으나 개의치 않기로 했다. 치료 부탁을 거절하는 것은 의사로서의 자격이 없다고 믿은 까닭이었다. 그는 이때 남경으로 수도를 옮긴 명나라 조정에서 형부상서 자리를 맡고 있던 왕세정의 집으로 달려갔다.

이시진과 왕세정 두 사람은 1590년 2월 상순 10년 만에 다시 마주 앉았다. 신분의 차이는 있었어도 이번에는 왕세정이 이시진을 초청했으므로 평등한 관계나 다름없었다. 왕세정이 먼저 입을 열었다.

"제가 식견이 짧았습니다. 선생의 말대로 선도의 가르침은 완전히 엉터리입니다. 방사들의 말대로 했다가 제 몸은 완전히 망가졌습니다. 그래서 선생을 청한 것입니다. 10년 전에 제가 너무 선생을 무례하게 대했습니다. 용서하기 바랍니다. 최근에 저는 항간에 떠도는 선생의 책 필사본을 구해 읽어 봤습니다. 놀랍더군요. 서문을 쓰도록 하겠습니다."

왕세정은 성실하게 자신의 약속을 지켰다. "광범위하게 다루면서도 번잡하지 않다. 상세하면서도 요점을 잘 살폈다. 제왕帝王의 비록秘錄이자 신민臣民의 귀중한 보물이다"라면서 극찬을 아끼지 않았다. 이후 호승룡이 출판하겠다는 의사를 피력한 것은 너무나 당연했다. 물론 책은 그 후로도 6년이 지난 후에야 겨우 출판될 수 있었지만 말이다.

『 본 초 강 목 』이 끼 친 영 향

온갖 어려움을 마다하지 않은 행동과 실천의 결정체인『본초강목』은 후세에 영향을 많이 미쳤다. 외국 학자에게도 영향을 미쳤다. 진화론의 창시자 찰스 다윈이 영향을 받은 대표적인 학자이다. 200여 년이 지난 다음『본초강목』의 번역본을 보고는 벌어진 입을 다물지 못했다고 한다. 그는 심지어 이 책을 중국의 백과전서로까지 칭했다. 다윈이 당시 누구도 가려고 하지 않은 척박한 섬 갈라파고스로 들어가 불후의 저서『종의 기원』의 뼈대가 되는 연구를 한 것도 어떻게 보면『본초강목』의 영향이 꽤 컸다고 할 것이다.

『본초강목』은 조선 선조, 광해군 때의 명의 허준에게도 영향을 미쳤다고 알려져 있다. 이시진 사후 13년이 지난 1606년경에 조선과 일본에서 책이 출간됐으니 허준이 봤을 가능성이 농후하다. 그의 불후의 역저인『동의보감』에『본초강목』을 참고한 흔적이 크게 보이는 것은 아니나 전혀 참고하지 않았다고도 하기 어렵다. 특히 이시진의 적극적인 행동과 실천 정신에는 상당한 자극을 받았을 것이다.

세상에 말이 앞서는 사람은 많다. 그러나 행동과 실천을 앞세우는 사람은 많지 않다. 동서고금을 막론하고 모두 그렇다. 아마 이 때문에 공언무시空言無施(빈 말만 하고 실천이 따르지 않음)라는 말도 생긴 듯하다. 그래서 오늘날에도 꼭 해야 할 때 행하는 행동이나 실천이 여전히 소중한 덕목이 되고 있다. 이 점에서 보면 이시진이 지금 중국뿐 아니라 외국에서도 높은 존경과 평가를 받는 것은 반드시 그가 뛰어난 의학적인 업적을 남겨서만은 아니라고 해야 한다. 그렇다면 그보다 더 뛰어난 의술을 가졌을 것으로 짐작되는 편작扁鵲(전국 시대의 명의), 화타華陀(후한 시대의 명의)나 손사막 등이 더 높은 평가를 받아야 할 것이다. 확실히 사람 보는 눈썰미는 동서고금을 막론하고 별로 차이가 없나 보다.

6

소식
가문

실패와 좌절은 발분의 밑거름

삼 소   가 문 을   빛 낸   발 분 의   정 신

　발분發憤이라는 말이 있다. 좌절하거나 어려운 일을 당할 때 분함
을 못 이겨 기운을 내서 일을 한다는 정신 자세 정도로 해석할 수 있
다. 말처럼 쉬운 일은 아니지만 역사에 이름을 남긴 사람들은 실제로
그렇게 했다. 공자가 그랬다. 늘 끼니마저 잊고 힘쓰는, 발분망식發憤
忘食하는 사람으로 일컬어지기를 원했다. 『논어』 「술이」述而에 이 말이
나온다. 사마천司馬遷도 빼놓을 수 없다. 한때 궁형宮刑(남성의 생식기를 거세
하는 형벌)의 치욕을 당한 사실에 극도로 좌절했으나 곧 발분해 『사기』
를 써 냈고, 이를 통해 발분저서發憤著書라는 말까지 남겼다. 청나라의
사상가이자 혁명가인 강유위 역시 발분의 미덕을 실천한 사람으로
손꼽힌다. 구미 열강의 침략에 맞서기 위한 변법자강 운동을 전개해

발분도강發憤圖強이라는 말을 탄생시켰다.

발분은 개인과 사회, 더 나아가 국가 발전의 원동력이 된다. 그래서 이런 정신을 집안의 전통으로 삼는 가문도 있다. 송나라 때 대단한 활약을 한 소씨蘇氏 가문이 그 대표이다. 특히 소식蘇軾을 중심으로 하는 소순蘇洵, 소철蘇轍 등 이른바 삼소三蘇는 이런 전통과 철학을 분명하게 확립해 후손들에게 전한 것으로 유명하다.

사서에 따르면 소씨의 뿌리는 전설상의 전욱顓頊(중국 전설에 나오는 삼황오제三皇五帝의 한 사람)이다. 또 소씨 족보에서는 오회吳回(중국 전설상의 불의 신. 전욱의 증손자)의 손자이자 육종陸終의 큰아들인 곤오昆吾(도자기의 신. 곤오국을 세움)를 시조로 삼고 있다. 그러나 사서에 등장하는 최초의 소씨 성의 인물은 기분생己忿生이다. 『상서』尙書의 기록을 보면 그는 성이 기己인 곤오의 후예로 주나라의 개국공신 중 한 명이었다. 때문에 무왕武王은 그를 지금의 하남성河南省 일대인 소蘇 땅에 봉했고 그는 이후 소분생으로 불렸다.

나중에 수도를 온溫(지금의 하남성 온현溫縣)으로 옮겨 정착했으나 봉국은 춘추 시대 초기인 기원전 650년에 소수민족 적狄에게 멸망했다. 남은 후손들은 조상과 나라 이름을 그대로 소씨로 썼고, 대륙 각지로 흩어져 생활하게 됐다. 이로써 여러 지파로 나뉘었으나 소씨는 원래 한 뿌리라고 해야 한다. 물론 선비족鮮卑族을 비롯한 소수민족이 한족과 동화돼 소씨로 성을 바꾼 경우는 당연히 이들과 다르다. 가장 유명한 소씨는 사천의 미주眉州(지금의 이름은 미산眉山. 때문에 미주 미산이라고도 함) 소씨로 소식 가문이다.

역사를 살펴보면 소씨 가문의 전매특허인 발분의 정신은 면면한 전통이라는 사실을 알 수 있다. 조상 가운데 한 명인 전국 시대 소진蘇秦의 발분이 있다. 주지하다시피 천하의 웅변가인 그는 젊은 시절 뜻을 펼치기 위해 공자처럼 천하를 주유했다. 그러나 가는 곳마다 찬밥 신세가 돼 실패했고 고향으로 돌아오자 부인을 비롯한 가족조차 그를 알아주지 않았다. 완전히 소 닭 보듯 했다. 이에 분기탱천한 그는 머리카락을 대들보에 묶은 다음 바늘로 허벅지를 찌르는 노력을 기울인 끝에 성공을 일궈 냈다. 현량자고懸梁刺股는 그의 이런 노력을 말해 주는 고사성어로 발분의 대명사로 유명하다. 중국의 교과서에도 실려 있다.

한나라 무제 때의 소무蘇武는 발분에 관한 한 둘째가라면 서럽다. 중랑장中郞將으로 있던 그는 나이 40세 때인 기원전 100년에 수행원 100여 명을 거느리고 흉노에 사신으로 가게 됐다. 늘 변방을 침략하던 흉노를 위무하기 위한 친선 사절이었다. 처음 분위기는 좋았다. 그러나 그가 귀국할 무렵에 엉뚱한 일이 발생했다. 흉노 지배층 내부에서 쿠데타가 일어나 그가 연루되는 누명을 쓰게 된 것이다. 흉노의 왕 선우單于는 그를 일단 억류한 다음 한나라를 배반하고 자신의 노복이 되라고 강요했다. 소무는 선우의 요구를 일언지하에 거절했다. 대가는 가혹했다. 혹형이 가해졌고 혹독한 환경에서의 생활이 강요됐다. 그래도 소무는 굴복하지 않았다. 화가 난 선우는 그를 시베리아의 바이칼 호 일대로 보내 양을 기르도록 했다. 이후 그는 무려 19년 동안 바이칼 호에서 양을 길렀다. 다행히 19년 후 그를 바이칼 호로 보낸 흉노의 선우가 세상을 떠났다. 무제 역시 세상을 하직하고 아들 소제昭帝가 뒤를 이었다. 흉노의 신임 선우와 소제는 서로에 대한 화친정책을 추진했다. 이에 소무는 억류된 지 무려 19년 만에 귀국할 수 있었다. 60세를 바라보는 나이였다.

그는 지금도 흉노와 싸우다 전세가 기울자 바로 항복한 이릉李
陵과 종종 비교되고는 한다. 그래서 아마도 후세인의 위작이 확실한
「이릉답소무서」李陵答蘇武書라는 문장도 탄생하지 않았나 보인다. 실제
로 둘은 완전히 반대되는 길을 걸었다. 이릉은 무기력하게 항복한 다
음 선우의 사위가 됐을 뿐 아니라 흉노의 군사 고문으로 활약했다.
상황이 어쨌거나 조국을 철저하게 배신한 것이다. 반면 소무는 만부
득이한 상황에서도 온갖 협박을 이겨 냈다. 이어 혹독한 환경에서 무
려 19년을 버텼다. 만약에 그가 선우의 협박과 혹독한 대우에 발분하
지 않았다면 불가능한 일이었을 것이다. 더구나 그는 이 발분을 통해
자신을 믿어 준 무제와 조국 한나라도 배신하지 않을 수 있었다. 더
욱 놀라운 것은 그가 한나라로 귀환한 이후 무려 20여 년을 더 살았
다는 사실이다. 19년 동안의 발분을 통해 더욱 굳게 다진 생존 본능
이 준 선물이라고 해도 좋을 듯하다.

미주 소씨 족보에 따르면 소식 가문은 이 소무의 직계 자손이다.
중시조中始祖는 당나라 때의 정치가이자 문학가였던 소미도蘇味道로 그
의 둘째 아들인 소빈蘇份이 사천 미주로 이주해 소식 가문을 일으켰
다. 소식 가문은 이후 특별하게 두각을 나타내지 못하다 소빈의 7대
손인 소고蘇杲 때에 각종 사서의 기록에 본격적으로 등장한다. 그는
당나라 이후 등장한 오대십국 시대의 혼란기에 관직에 나가지 않고
사업에 투신해 번 돈으로 자선 사업을 벌여 크게 명성을 쌓았다. 더
구나 가족들조차 모르게 진정한 자선을 베풀어 주위로부터 크게 존
경을 받기도 했다. 대신 그는 자식들에게는 엄격해 늘 긴장을 풀지
않고 발분의 자세를 가지도록 교육했다.

소고는 슬하에 자녀 아홉을 뒀으나 불행히도 무려 여덟 명이 요

절했다. 유일한 생존자가 소식의 할아버지인 소서蘇序였다. 소고는 이 외동아들이 21세 때 중병에 걸려 세상을 떠나게 됐다. 그러자 부인이 아들의 손을 잡고 와서는 말했다.

"당신은 당신의 사촌 형제가 옥에 갇혔을 때 만약 잘못되면 그 사람의 자식들을 돌봐 주겠다고 했습니다. 그런데 왜 당신은 세상을 떠나려고 하는 지금 우리 유일한 아들을 당신의 사촌 형제에게 돌봐 달라고 부탁하지 않습니까?"

부인의 말에 소고가 웃으면서 대답했다.

"아이에게 만약 싹수가 있다면 내 사촌 형제들이 아니더라도 이 아이를 멀리하지 않고 잘 돌봐 줄 것이오. 그러나 만약 싹수가 없다면 내 친형제라고 해도 이 아이를 가까이하지는 않을 것이오."

소고가 아들에게 유언으로 남긴 말의 의미는 분명했다. 늘 발분해서 주변의 인정을 받으라는 권고였다. 소서는 아버지의 유언을 잊지 않았다. 유지를 받들어 자선 사업에 최선을 다했다. 이를 위해 개인적으로는 재산을 낭비하지 않는다는 원칙을 정했다. 또 흉년이 들 때에는 아낌없이 집안의 식량 창고를 활짝 열었다. 때문에 그의 마을 인근에서는 흉년을 제대로 넘기지 못하는 불행을 당하는 사람이 없었다.

그는 아버지의 삼년상을 치르는 중이던 22세 때 발분의 행동에 나서기도 했다. 당시 미주의 인근인 청성靑城에는 흉년이 들어 도적이 들끓었다. 이 중 일부는 왕소파王小波라는 농민 출신의 지도자 밑에 뭉쳐 큰 세력을 형성했는데 나중에는 의군義軍으로 자처했다. 병력은 삽시간에 수만 명으로 불어났다. 이들은 왕소파가 병으로 세상을 떠나고 처남인 이순李順이 이끌 때인 995년에는 미주도 공격했다. 소서는 가만히 있을 수 없었다. 분연히 매일 무기를 들고 이들과 맞섰다. 그럼에도 포위 공격은 더욱 맹렬해져 도저히 방어가 불가능하게 됐다. 마을 사람들은 서로 바라보면서 울부짖었다. 그러나 소서는 달랐다. 보통 때와 마찬가지로 무기를 들고 싸우면서도 예를 다해 아버지 상을 계속 치렀다. 그러자 그의 어머니가 걱정이 돼 너무 태평한 것 아니냐면서 물었다. 그는 대수롭지 않다는 듯 대답했다.

"걱정하지 마십시오. 조정에서는 우리를 포기하지 않을 것입니다. 우리가 배반하지 않는다면 말입니다. 또 우리가 발분해서 대항하면 저들도 우리를 이기지 못합니다. 저들은 곧 망할 겁니다."

이후 상황은 그의 말대로 전개됐다. 그뿐 아니라 마을 사람들 모두 생명을 부지할 수 있었다. 그가 마을 사람들을 다독여 발분하도록 유도한 것이 주효했다.

소서는 아버지처럼 관직에 나아가지 않았다. 그렇다고 공부를 크게 게을리한 것은 아니었다. 오히려 나이가 들어서는 더 발분해 시 짓기에 전력을 기울여 많은 시를 짓기도 했다. 수천 수나 지었다는 기록이 있으나 아쉽게도 지금 전해지는 시는 없다.

한 량 소 순 의 깨 달 음 과 발 분

소서는 부인 사씨史氏와 슬하에 소담蘇澹, 소환蘇渙, 소순을 두었다. 자식들에게는 할아버지, 아버지와는 달리 발분의 노력을 기울여 관리가 되라는 교육을 시켰다. 소담과 소환은 그의 훈도를 잘 따랐다. 과 서에도 합격해 미주 일대에 요즘 말로 하면 고시 열풍을 일으켰다. 하지만 막내인 소순은 달랐다. 어릴 때부터 발분은커녕 노는 데 열중 하느라 시간이 모자랄 정도였다. 이런 생활 태도는 결혼을 하고 자녀 를 낳고서도 변하지 않았다. 어디 여행을 떠나거나 하면 반년은 집을 비웠다. 자연스럽게 어린 소식과 소철의 교육은 부인 정씨程氏의 몫이 됐다.

얼마 후 그의 어머니가 세상을 떠났다. 그의 두 형은 황급히 삼 년상을 치르기 위해 고향으로 돌아왔다. 형제들은 오랜만에 만나 회 포를 풀었다. 각자의 근황에 대한 질문도 오고 갔다. 소환이 소순에게 물었다.

"동생, 자네는 명산대천을 자주 다니지 않았나? 나한테 그 산천 의 기기묘묘함과 아름다움을 글로 써 주면 어떻겠나?"

소순은 형의 말에 난감함을 느꼈다. 머릿속에서는 자신이 돌아다 닌 산천의 아름다움이 그림처럼 펼쳐졌으나 막상 글로 쓰려니 쉽지 않았다. 그는 조급함에 머리에서 땀이 나는 것을 느꼈다. 그러자 소환 이 웃으면서 화제를 바꿨다.

"너무 급하게 생각하지는 말게. 대신 내 소원 하나를 자네가 풀어 줘야겠어."

"무슨 소원인데요?"

"우리 소씨 집안의 선조들은 대단한 분들이야. 당나라 때 미주자 사眉州刺史를 지낸 소미도 어른이 우리 직계 선조지. 바로 위의 할아버 지는 소고, 증조할아버지는 소호蘇祜라는 분이야. 나는 이런 분들을 족보에 싣는 편찬 작업을 자네가 해 줬으면 하네."

소순은 형의 말이 상당히 의미가 있다고 보았다. 곧 그러겠다고 대답했다. 이후 그는 즉각 외가인 사씨 가문과 처가인 정씨 집안으로 달려가 각종 족보와 선조들이 주고받은 편지를 싹싹 긁어 왔다. 이어 미주부眉州府에 남아 있는 문서들도 열람했다. 그는 금세 가문의 근원을 거슬러 올라가 많은 선조들을 찾아낼 수 있었다. 소미도 외에도 한나라 때의 소건蘇建(소무의 아버지)과 소가蘇嘉, 소무, 소현蘇賢 3형제를 찾아냈다. 또 소진 역시 선조라는 사실을 확인했다. 그는 제대로 재미가 붙는 것을 느꼈다. 좀 더 확실한 공부를 위해『사기』를 비롯해『한서』漢書,『좌전』左傳,『국어』國語,『전국책』戰國策 등의 책을 침대 옆에까지 두고 통독했다. 그는 공부를 하는 과정에서 자연스럽게 수치심을 느꼈다. 가정까지 이룬 어른이 됐으면서도 조상들과는 달리 아무것도 해 놓은 것이 없을 뿐 아니라 간단한 문장조차 시원스럽게 쓰지 못하는 것이 못내 한심했던 것이다. 게다가 자식 교육도 부인에게 미루고 있었으니 가장이라고 하기에도 부끄러운 입장이었다.

소순은 가만히 과거를 돌이켜 봤다. 한심하다는 생각이 머리를 떠나지 않았다. 그러나 그는 곧 마음을 고쳐먹었다. 공부하기 좋은 시기는 오래전에 놓친 27세의 나이였으나 이제부터라도 공부를 시작해야겠다고 결심한 것이다. 이후 그는 발분했다. 시간을 아껴 쓰면서 공부에만 매진했다. 1년의 시간이 지났고 그의 실력은 빠른 속도로 늘었다. 그는 내친김에 형들처럼 과거에 도전했다. 하지만 두 번이나 떨어지는 수모를 당했다. 그럼에도 좌절하지 않았다. 다시 발분해 머리를 싸매고 공부에 매달렸다. 그러나 발전이 더디다는 초조함이 당최 뇌리에서 떠나지를 않았다. 그는 어느 날 가만히 서재에서 자신이 이전에 쓴 글을 정리하면서 뭐가 부족한지 고민했다.

가 소   밑 발 좌 실
문 식   거 분 절 패   6
          름 의 은 와

1
4
9

"자세히 보니 이 글들은 나 자신도 만족하지 못하는 글이 아닌가. 그런데 어떻게 이런 글을 세상에 남긴다는 말인가?"

소순은 자신이 쓴 문장을 들고 집 밖으로 나가 불을 붙여 버렸다. 그는 이후 다시 머리를 싸매고 공부를 했다. 그야말로 두문불출의 노력이었다. 간혹 집 밖으로 나갈 때도 시간을 낭비하지 않았다. 사방을 돌아다니면서 스승과 글 친구를 방문해 실력을 높였다. 수년이 다시 지나자 그의 공부는 장족의 발전을 했다. 오경五經과 제자백가諸子百家에 통달한 것은 말할 것도 없고 붓을 잡으면 단숨에 수천 자를 써 내려갔다. 그는 자신의 공부가 일정한 경지에 이르렀다는 것을 느끼자 곧 부인과 함께 아들 소식과 소철의 교육에도 전력을 기울였다.

그는 이후 20여 년 동안 과거에 응시했다. 불행히도 결과는 좋지 않았다. 과거 급제의 희망을 아들들에게 거는 것이 더 현명한 선택일 수 있었고, 신기하게도 그렇게 됐다. 1056년은 그의 나이가 50세를 바라보는 해였다. 그는 이해에 과거에 응시할 두 아들 소식과 소철을 데리고 수도인 개봉開封으로 향했다. 이 시험에서 아들 둘은 각각 2등과 3등의 우수한 성적으로 합격했다. 또 그는 「기책」機策, 「권서」權書 등 자신의 글을 당대의 대문호로 유명했던 한림원학사翰林院學士 구양수歐陽脩에게 보내 극찬을 받았다. 구양수는 너무나 놀란 나머지 그의 글을 재상 한기韓琦에게 보였다. 한기 역시 찬탄을 금치 못했고, 구양수의 추천을 받아들여 그에게 관직을 내렸다. 이후 그와 아들 둘의 이름은 당대를 떠들썩하게 만들었다. '삼소'라는 말도 생겨났다. 「육국론」六國論을 비롯한 그의 글 역시 많은 사랑을 받았다. 수많은 문인들이 경쟁적으로 그의 문장을 베꼈고, "소순의 글을 잘 익히면 양고기를 먹고 소순의 글을 모르면 채소만 먹어야 한다"는 민요가 당시에

중국 사천성 미산에 자리한
삼소사三蘇祠의 전경

유행할 정도였다. 『삼자경』三字經(인간의 도리나 역사, 학문 등 일상생활에서 알아야

할 내용을 읽기 쉽게 한 구절을 3자로 해서 풀이한 아동용 교과서)에는 "소순은 27세에

발분을 시작해 공부를 했다"는 글귀가 있기도 하다.

호방하고 낙천적인 소식의 발분

소순의 큰아들 소식 역시 발분과 인연이 있었다. 그는 어릴 때부
터 발분해서 책상머리를 떠나지 않던 아버지의 공부하는 자세를 보
고 배웠다. 자연스럽게 공부를 좋아하게 됐다. 게다가 그는 천성이 총
명한 데다 기억력이 비상했다. 아무리 긴 문장이라도 쓱 한 번 보면
한 자도 빠뜨리지 않고 좔좔 외울 정도였다. 이런 사람이 죽어라 공

부만 했으니 발전의 속도가 빠르지 않다면 그게 이상할 일이었다.

어느 날이었다. 소식이 술에 취해 대련對聯(집 입구 양쪽 대문에 거는 대구 對句)을 휘갈겨 쓰고는 하인에게 그 글을 집 대문에 붙이도록 했다. '천하의 모든 책을 다 보니, 인간 세상에 모르는 글이 없구나'讀遍天下書, 識盡人間字라는 내용이었다.

그러고 나서 소식은 아무 생각 없이 집에서 계속 책을 보고 있었다. 이때 갑자기 하인이 대문 밖에서 웬 사람이 보자고 한다는 말을 전했다. 그는 이상한 생각이 들어 서재에서 나왔다. 머리가 하얀 노파가 그의 눈에 들어왔다. 소식이 물었다.

"어르신께서는 무슨 일이 있으신지요?"

노파는 아무 대답이 없었다. 그저 대문 위의 대련을 손으로 가리킬 뿐이었다. 이어 천천히 입을 열었다.

"선생은 진짜 천하의 모든 책을 다 봤습니까? 정말 인간 세상에 모르는 글이 없나요?"

노파의 말에 기분이 상한 소식이 오만하게 말했다.

"설마 제가 사람을 속이려 한다고 생각하지는 않으시겠죠?"

노파는 아무 말 없이 가슴에서 책 한 권을 꺼내 소식에게 건네면서 말했다.

"나한테 이 책이 한 권 있네요. 선생이 나한테 가르쳐 주세요. 그 위에 도대체 뭐라고 쓰여 있습니까?"

소식은 '뭐가 어려울 것 있겠나!' 하는 단순한 생각으로 책을 받았다. 당연히 눈길 한 번 힐끗 주지 않았다. 이어 그가 말했다.

"들어 보세요. 제가 읽어 드릴게요!"

소식은 책을 읽기 위해 자세하게 위에서 아래로 글자들을 살펴봤다. 이럴 수가! 무슨 소리인지 알 수가 없었다. 그는 다시 밑에서 위로 훑었다. 이번에는 아는 글자가 하나도 없다는 사실을 곧 깨달았다. 머리에서 땀이 비 오듯 쏟아지는 것 같았다. 그는 노파에게 자존심을 굽히고 묻지 않으면 안 됐다.

"이 책은 도대체 어디에서 가지고 온 것입니까?"

노파가 웃으면서 대답했다.

"선생, 어디에서 온 것인지 묻지 마세요. 선생은 천하의 책들을 다 읽었다고 하지 않았나요?"

소식은 얼굴이 빨개진 채 대답을 해야 했다.

"저는 이 책을 읽어 본 적이 없습니다."

"이 책을 읽지 않았다면 대문에 써 붙인 이 대련은 무슨 의미입니까? 거짓말을 한 것 아닌가요?"

소식은 부끄러워 고개를 들지 못했다. 빨리 대문으로 달려가 대련을 찢어 버리고 싶었다. 실제로 뛰어가려고 하자 노파가 그를 제지하면서 말했다.

"그러지 마세요! 내가 이 대련을 한번 고쳐 보지요."

노파는 말을 하면서 한편으로는 대련을 고쳤다. '발분해서 천하의 모든 책을 다 읽고, 뜻을 세우니 인간 세상에 모르는 글이 없구나' 發憤讀遍天下書, 立志識盡人間字라는 내용이었다.

노파는 이어 소식에게 타이르듯 말했다.

"젊은이, 학문에는 끝이 없답니다."

소식은 서재에 돌아오자마자 즉각 노파가 말해 준 '학문에는 끝이 없다'는 말을 써서 벽에 붙였다. 이후 겸손하게 더욱 학문에 매진했다. 발분이라는 말조차 부족했다고 해도 좋았다.

소식의 늘 발분하는 자세는 아버지뿐만 아니라 어머니 정씨가 실시한 어릴 때 교육과도 무관하지 않았다. 소식의 부모는 늘 발분하는 태도로 타의 모범이 되라고 가르쳤다. 특히 나무를 심는 등의 교육을 통해 노동의 신성함을 가르쳐 준 것이나 소박하게 먹는 식생활을 강조한 것은 단연 탁월한 교육이었다. 소식은 이 원칙에 따라 동생 소철과 함께 서당에 다닌 10대 초반에 늘 밥과 무, 소금 외에 다른 음식은 먹지 않았다고 한다. 나중에 주위가 다 알아주는 미식가가 된 것이 이상할 정도였다.

소식은 관리 생활을 할 때에도 부모로부터 받은 교육과 초심을 잃지 않았다. 때는 그가 아버지의 삼년상을 치르고 사관史館에서 본격적으로 일하기 시작한 1071년이었다. 당시 그는 개혁의 기수 왕안석王安石이 이끄는 신법당新法黨에 대항하는 구법당舊法黨으로 분류되고 있었다. 그럼에도 개혁적인 성향이 없지 않았던 탓에 왕안석에 대한 시각이 크게 나쁘지는 않았다. 그러나 바로 이해에 왕안석은 엉뚱한 주장을 내걸어 그의 심기를 정면으로 거슬렀다. 과거에서 시문詩文을 폐지하고 경전의 이해 수준만 평가해 관리를 선발하자는 주장을 펼친 것이다. 시문의 중요성을 누구보다도 잘 알고 아끼는 그로서는 가만히 있을 수 없는 상황이었다. 게다가 백성들을 돕기 위해 만들었다는 신법은 완전히 엉뚱한 길로 향하고 있었다. 개혁이 아니라 오히려 백성을 괴롭히는 악법이 되고 있었다. 여기에 개혁을 명분으로 하는 왕안석의 독선은 언론까지 통제하는 지경에 이르렀다.

원래 호방하고 낙천적 성격인 그는 더 이상 참지 못했다. 분연히 붓을 들어 황제인 신종神宗에게 상상을 초월하는 상소를 올렸다. "옛날 말에 백 사람의 의견이 전부 다 잘못됐다고 하기는 어렵다는 말이 있습니다. 그런데 지금 신법을 반대하는 이들은 백 사람이 아닙니다. 천하 만민이 다 반대합니다. 그럼에도 어째서 폐하는 온 천하를 상대로 신법을 추진하는 고집을 부리십니까?" 잘못했다가는 목이 날아갈지도 모를 강경한 어조였다. 다행히 그가 조정에서 쫓겨나는 것으로 사태는 겨우 무마되었다. 신법당에서는 부패의 누명을 뒤집어씌워 그를 완전히 제거하려고 했으나 신종이 그의 재주를 아낀 탓에 그 정도로 그쳤던 것이다.

이후 소식은 약 8년 동안 항주통판杭州通判, 밀주密州와 서주徐州의 태수太守로 일하면서 개봉開封에서보다는 비교적 한가한 세월을 보냈다. 그리고 이 시기에 그의 시와 글, 그림은 이전보다 훨씬 높은 경지에 이르렀다. 그렇다고 그가 음풍농월만 한 것은 아니었다. 발분의 노력으로 지방관으로서의 역할 역시 훌륭히 수행했다. 항주에서는 식수난에 시달리는 주민들을 위해 우물을 파는 수고를 아끼지 않았다. 서주태수 시절에는 황하가 범람해 도시가 침수될 위기에 처하자 백성들과 함께 잠도 자지 않는 발분의 노력으로 제방을 보수했다. 이때에는 어릴 때 어머니로부터 받은 노동 교육이 큰 힘이 되었다. 서주 백성들은 "태수께서 열심히 일해 주시지 않았다면 우리 자식들은 모두 물고기 밥이 됐을 것입니다"라고 울면서 그의 노력을 칭송하기도 했다. 이 밖에 소식은 서주에서 일한 2년이라는 짧은 기간에 초인적인 노력을 발휘해 석탄 채굴, 철 제련, 병기 제조, 수리 사업 등의 분야에서도 큰 업적을 남겼다. 항주에 태수로 부임한 1089년부터 2년 동안 그는 한발과 홍수 등으로 인한 백성들의 피해를 적극적으로 구제하는 외에 서호西湖를 준설해 지금도 남아 있는 소제蘇堤(소식의 제방이라는 의미)를 완성하여 농업용수 확보와 백성들의 교통 편리를 도모했다.

소식은 지방에서 일하는 8년 동안 백성들의 생활을 지켜보며 신법의 폐해를 직접 목격하기도 했다. 예컨대 청묘법靑苗法(농민에 대한 저금리의 금융 정책)의 실시에 따른 폐단이 있었다. 어려운 백성들에게 국가에서 돈을 빌려주면 엉뚱한 현상이 벌어졌다. 빌린 돈이 생산적인 곳에 투입되는 것이 아니라 도박장 등으로 흘러 들어가고는 했던 것이다. 때문에 도박으로 돈을 날린 백성들은 담보물인 집과 땅을 날리고 유랑 걸식하는 경우가 적지 않았다. 게다가 다른 법들 역시 현실에 맞지 않거나 제대로 시행되지 않고 있었다. 한마디로 신법은 허울 좋은, 법을 위한 법일 뿐이었다. 그는 다시 발분하지 않을 수 없었다. 틈틈이 조정에 상소문을 올리고 시를 통해 풍자했다. 할 수 있는 모든 방법을 다 동원해 자신의 생각을 아낌없이 피력했다. 반응이 없을 리가 없었다.

1079년 7월의 어느 날 호주태수湖州太守로 있던 소식은 한밤중에 중앙 조정에서 나온 일단의 병력에 의해 체포되었다. 이때 왕안석은 이미 실각한 상태였지만 여전히 신법당 인사들이 권력을 잡고 있었다. 그들은 소식의 시가 황제에 대한 불경한 내용이 많다면서 끈질기게 물고 늘어졌다. 그와 가까운 인사들도 40여 명이나 체포해 심문과 고문을 가했다. 그러나 신종은 이번에도 적극적으로 그를 두둔했다. 마침 태후가 세상을 떠난 탓에 죄인들에게 중형을 내리기가 어려운 상황이었다. 소식은 겨우 목숨을 구했으나 황주黃州로 유배되는 신세는 면치 못했다. 이것이 유명한 오대시안烏臺詩案 사건이었다. 요즘 말로 하면 필화 사건이라 할 수 있다.

소식은 유배지에서도 전혀 기죽지 않았다. 도리어 더욱 발분해 문학과 서화를 비롯한 자신의 예술 세계를 더욱 발전시켰다. 불교와

도교도 깊이 연구했다. 어린 시절의 추억을 되살려 동파東坡에 밭을 일구기도 했다. 동파거사東坡居士라고 스스로 일컬으면서 희대의 걸작 「적벽부」赤壁賦를 쓴 것도 이 무렵이었다. 비슷한 시기에 미식가답게 한국인에게도 인기가 있는 삼겹살 요리인 동파육東坡肉를 고안하기도 했다.

소식의 유배와 야인 생활은 예상보다 그렇게 길지 않았다. 1085년에 등주태수登州太守가 되면서 복권이 된 것이다. 이어 이해에 신종이 세상을 떠나고 철종哲宗의 즉위와 동시에 고 태후高太后가 섭정을 하자 완전히 복권돼 중앙 조정으로 복귀할 수 있었다. 고 태후가 구법당의 영수 사마광司馬光 등을 기용하면서 신법을 완전히 폐기한 덕분이었다. 그러나 1093년에 고 태후의 사망과 함께 철종이 친정을 하면서 신법당을 다시 등용하자 다시 유배 길에 나서지 않으면 안 됐다. 이번에는 혜주惠州와 당시 대륙에서 가장 오지에 속한 해남도였다. 특히 1097년에 시작한 해남도 섬 유배 생활은 짧지 않아 장장 4년 동안이나 이어졌다. 연로한 몸으로 버티기 쉽지 않은 세월이었다. 다행히 철종이 사망한 다음 해인 1101년 유배는 곧 풀렸다. 하지만 그는 이해 7월 조정 귀환의 기쁨도 만끽하지 못한 채 상주常州에서 이질로 추정되는 병에 걸려 세상을 하직했다. 더욱 발분의 노력을 기울이는 것은 후손들의 몫으로 남겨 둔 채였다.

서로 다른 형제의 훌륭한 가정교육과 교류

소순의 둘째 아들이자 소식의 동생인 소철은 호방하고 인생을 달관한 듯한 형과는 성격이 조금 달랐다. 늘 침착했을 뿐 아니라 깐깐하다고 말할 만큼 주관도 뚜렷했다. 그래서 어떻게 보면 형보다 더 발분하는 DNA를 가지고 있었다고 할 만했다. 소철은 중요한 사안이 있을 때마다 형 소식 이상으로 많은 상소를 조정에 올렸다. 이로 인해 수차례 조정에서 쫓겨나는 고난을 감수해야 했다. 또 여러 번이나 직급이 강등되는 수모도 겪었다. 그럼에도 그는 발분해야 할 때는 물러서지 않았다. 문하시랑門下侍郞으로 있다 신법당에 의해 뇌주雷州로 유배돼 혹독한 대가를 치른 것도 그의 이런 성격 탓이었다. 말년에 조정 생활에 환멸을 느끼고 은퇴해 저작에만 몰두한 것도 마찬가지다.

소철은 성격답게 이재에 밝지 못했다. 꽤 오래 관직 생활을 했으니 마음먹기에 따라 상당한 규모의 축재도 할 수 있었겠으나 인생관이 허락하지 않았다. 그럼에도 소씨 가문 사람답게 주위에 어려운 사람이 있으면 눈 뜨고 보지를 못했다. 늘 분연히 자리를 박차고 일어나서 도움을 베풀었다. 형이 세상을 떠난 다음 큰집 가족들을 자신의 집으로 데려와 먹여 살린 것은 이런 성향을 잘 보여 준다고 할 수 있다. 한참 많을 때는 100명이나 되는 군식구들을 자신의 집에서 먹여 살렸다고 한다. 증조할아버지 소고, 할아버지 소서의 판박이라고 해도 과언이 아니었다.

이런 사람들이 자식 교육을 잘 못했다면 이상한 일일 것이다. 실제로 소식의 아들 4형제, 소철의 아들 3형제는 모두들 잘 교육을 받았다. 소식의 큰아들 소매蘇邁를 비롯한 7명이 모두 관직에 나아가 조국에 봉사했으나 늘 나서야 할 때 나서는 발분의 삶을 산 탓에 유배 생활을 그야말로 밥 먹듯 했다. 또 이들의 자녀들도 가문에 누를 끼치지 않았다. 발분과는 반대되는 아부나 비굴한 행동을 한 후손은 없었다고 다양한 판본의 소씨 족보는 주장한다.

소식 가문은 발분으로 대표되는 집안의 정신을 늘 가슴에 품은 채 당대의 다양한 집안 및 인사와 교류했다. 역시 소순과 소식, 소철의 외가인 사씨, 정씨 집안과의 교류가 가장 많았다. 부자 셋 모두 어릴 때에 외가에서 살다시피 했으므로 영향도 많이 받았다. 당대 명사들과의 왕래는 더 말할 것이 없다. 이 과정에서 영향을 많이 주기도 했으나 받기도 했다.

소식 가문에 영향을 준 대표적인 인물은 구양수였다. 아버지 소순의 재주를 인정해 뜻을 펼 기회를 줬을 뿐 아니라 소식과 소철을 문하에 거둬 주면서 든든한 배경이 되기도 했다. 구양수는 특히 소식의 재주를 아꼈다. 소식이 쓴 과거 답안지를 읽고 "이제 이 늙은이의 시대는 갔구나. 30년이 지나면 아무도 나 구양수라는 이름을 말하지 않게 될 것이다"라고 극찬한 것은 유명한 일화다. 소식 역시 이런 스승을 열과 성을 다해 따랐다. 왕안석의 개혁 정책에 어느 정도 마음이 끌렸으면서도 끝까지 구법당의 영수인 스승을 배반하지 않은 것은 이런 사실을 잘 말해 준다. 그렇다고 그가 왕안석과 불화하기만 한 것은 아니었다. 황주에 유배돼 있을 때는 실각해 의기소침해 있던 정적을 찾아가 과거의 원망을 정리하고 회포를 풀기도 했다. 비록 가는 방향은 달랐으나 조정을 위한 단심은 크게 다르지 않다고 본 것이다. 그는 대사형大師兄에 해당하는 증공曾鞏에게서도 발분에 필요한 자극을 많이 받았다. 증공은 비록 구양수의 문하에 있기는 했으나 후세에 당당히 당송팔대가唐宋八大家의 한 사람으로 추앙받은 사람이니 당연한 일이었다. 두 사람은 상당한 나이 차이에도 불구하고 아름나운 우정을 나누었고, 소식의 부탁을 받은 증공이 소식의 할아버지 소서의 묘지명을 써 주기도 했다. 서로의 인생관과 사상이 집약될 수밖에 없는 편지도 많이 교환했다. 이 중 소식이 증공에게 보낸 편지 한 통이 최근 출판된 『소동파문집』蘇東坡文集에 수록돼 있다.

소식은 대가들하고만 교류하지 않았다. 항주에서 처음 관리 생활을 할 때에는 황정견黃庭堅과 진관秦觀, 조보지晁補之, 장뢰張耒 등 당대의 인재들을 발굴하여 문하에 거두기도 했다. 특히 황정견과는 사제지간이었지만 서로의 재주에 자극을 주고받으면서 항상 발분의 동기를 찾고는 했다. 이들은 소식의 영향을 많이 받은 탓에 후세에 소문사학사蘇門四學士로 불린다.

가문의 발분 정신을 빛낸 여러 자손들

소식 가문은 셋째 아들 소과蘇過가 아들을 무려 일곱이나 두어 꽤 번창했다. 이 후손 중에는 가문의 정신을 빛낸 인물들이 적지 않다. 최근의 인물들만 봐도 우선 28대손인 서예 대가 소국선蘇局仙(쑤쥐셴)을 꼽을 수 있다. 그는 어린 시절부터 소식의 후예답게 서예를 익혔다. 소질이 있었던지 바로 두각을 나타냈다. 그러나 그가 높은 평가를 받은 것은 조기 교육에 의해 빠른 발전을 보였기 때문이 아니다. 오히려 나이를 먹을수록 발분해 더욱 높은 경지에 이른 것과 관계가 있다. 무엇보다 전공 서체를 바꾼 것을 보면 알 수 있다. 원래 그는 안진경顔眞卿의 서체를 집중적으로 공부했다. 그러다 거의 대가의 반열에 이르렀을 즈음 왕희지王羲之의 서체로 전공을 바꿨다. 이 정도면 배드민턴을 치다 테니스로 방향을 전환하는 것과 거의 비슷하다. 그러나 그는 발분의 노력으로 이를 극복했다. 이어 80년 이상이나 이 분야에 매진해 비슷한 시대의 서예 명인 손묵불孫墨佛(쑨모포)과 함께 '북손남소'北孫南蘇로 불리는 영광을 얻었다. 더하여 그는 1979년에 전 대륙의 글씨깨나 쓴다는 서예가들이 총출동한 전국군중서법경연대회에서 무려 97세의 나이로 대상을 차지하는 저력을 발휘했다. 이어 1982년에는 상해시정부의 주선으로 100세 기념 서화 전람회를 열기도 했다.

소국선의 발분은 서화 외에 시작詩作 분야에서도 두드러졌다. 장년 시절의 20여 년 동안 매일 한 편 이상 쓴 것이 1만여 수를 헤아린다고 한다. 기네스북에 올라도 괜찮을 기록이다. 그가 1985년에 전국 건강노인, 상해 최고의 노인으로 선정된 것은 이런 발분이 높이 평가되었기 때문이라고 해도 좋을 듯하다.

소국선은 심지어 1991년 무려 110세를 일기로 세상을 떠나면서도 세상을 깜짝 놀라게 만들었다. 자신의 장수 유전인자 비밀이 기초 연구조차 되지 않은 채 사라질 것을 우려해 시신을 해부용으로 기증한 것이다.

소식 가문의 정신을 빛낸 후손은 연예계에도 있다. 예명인 주선周璇(저우쉬안)으로 훨씬 더 유명한 전설적인 국민 가수 겸 배우 소박蘇

璞(푸)이 그렇다. 원래 그녀는 소식의 30대손인 대학교수 소조부蘇調夫(쑤다오푸)의 둘째 딸로 태어났다. 고향은 소식이 사망한 곳이자 그의 셋째 아들인 소과의 후손들이 이주해 정착한 강소성의 상주常州였다. 그러나 그녀는 일곱 살 즈음에 마약 중독자인 외삼촌 고사과顧仕佳(구스자)에게 납치돼 강제로 고향을 떠나는 비운을 겪었다. 그녀가 외삼촌에 의해 넘겨진 곳은 왕씨王氏 부부 집안이었고, 이때 이름이 왕소홍王小紅으로 바뀌었다. 이후 양부모의 이혼으로 상해의 주씨周氏 집안의 양녀로 다시 보내져 주소홍으로 바뀌었다.

어릴 때부터 가무에 천재적 소질을 보인 바 있던 그녀는 10세 무렵부터 재주를 활짝 꽃피웠다. 당시 아시아에서 가장 대중 예술이 흥성했던 상해의 연예계에 진출하게 된 것이다. 이때 이름도 주선으로 바꿨다. 별명인 선자璇子도 이 무렵에 얻었다. 이후 그녀는 거침이 없었다. 금 목소리라는 뜻의 금상자金嗓子로 불렸을 뿐 아니라 가수왕으로도 군림했다. 15세 때는 영화에도 본격적으로 출연하기 시작해 수많은 남성 팬들을 사로잡았다. 그녀가 가후歌后에 이어 영후影后로 불린 것은 당연한 일이었다.

이 정도 되면 보통 사람들은 자만에 빠진다. 더 이상 목표가 없는 것 같은 생각에 나태해지기도 한다. 하지만 소박은 천성이 그렇지를 못했다. 계속 발분의 노력을 기울여 정신쇠약으로 37세의 아까운 나이에 세상을 떠나던 1957년까지 전성기를 이어 갔다. 그녀가 세상을 떠나면서 남긴 작품들을 보면 그녀의 노력이 어느 정도였는지는 어렵지 않게 알 수 있다. 노래가 200여 곡, 영화가 40여 편이었다. 영화 주제곡과 삽입곡도 100여 곡 이상에 이르렀다.

소박은 나이가 들어서는 가족을 찾고 싶어 했다. 신문에 광고를

소식 가문의 후손이자
연예계 대스타였던
주선(소박)

내는 노력도 기울였다. 이 과정에서 고향인 상주를 상숙常熟으로 광고
에 잘못 싣는 실수도 저질렀지만 너무나 유명한 연예인이라는 사실
이 그녀의 가족 상봉을 가로막았다. 가족들은 유괴된 딸이 주선이라
는 사실을 알게 되었지만 그녀의 유명세 탓에 접근이 불가능했던 것
이다. 마지막에는 어머니와 여동생이 딸과 언니를 먼발치에서 보고
상봉을 시도했으나 그녀의 갑작스러운 죽음으로 끝내 그녀를 비롯한
가족들의 비원은 이뤄지지 못했다.

　　소박이 자신이 소식의 31대손이라는 사실을 알았을 가능성은 여
러 정황으로 보면 높지 않다. 고향 상주를 상숙으로 알고 있었으니
원래 성이 소라는 사실을 알고 있었다는 것만도 대단하다고 해야 한
다. 가족을 찾고자 했던 노력은 비원으로 끝났지만 평가를 해 줘야
하지 않을까. 다행히 그녀의 비원은 아들인 주위周偉(저우웨이)에 의해
풀린다. 그는 어머니가 이름만 대면 모르는 사람이 없는 당대의 여배

우의 아들이었으나 환경은 불우했다. 어머니가 일찍 사망한 데다 아버지 당체唐棣(탕디) 역시 각종 죄목으로 투옥 생활을 되풀이한 탓에 고아 아닌 고아로 지내야 했다. 따라서 주위가 30세 때까지 먹고살기 바빠 자신의 정체성에 대해 전혀 생각하지 않고 있었던 것은 크게 이상한 일이 아니었다. 그러나 그는 30세가 넘어갈 무렵에 외가 특유의 기질을 발휘했다. 이렇게 살아서는 안 되겠다는 생각에 공부를 시작한 후 뿌리 찾기에 나선 것이다. 결국 그는 1987년 어머니의 고향인 상주의 외가를 천신만고 끝에 방문해 모든 비밀을 밝혀냈다. 소박의 전기라고 해도 좋을 『나의 어머니 주선』도 출판해 베스트셀러로 만들었다. 이후 약간의 유명세를 탄 그는 현재 어머니를 추모하는 사업에 전력을 다하고 있다.

이들 외에도 발분의 노력을 기울여 역사에 이름을 남긴 소씨 가문의 근현대 후손들은 많다. 이를테면 혁명가 소조징蘇兆徵(쑤자오정), 정치인 화국봉華國鋒(화궈펑, 본명은 소주蘇鑄), 수학자 소보청蘇步青(쑤부칭), 홍콩의 유명 가수 소영강蘇永康(쑤융캉) 등을 대표적으로 꼽을 수 있다.

현재 소식의 직계 후손들은 원래 고향인 사천성 미산을 비롯해 강소성 상주에 주로 거주하고 있다. 또 청나라 때 일부 후손들이 옮겨 간 상주 인근의 강음江陰과 광동성 광주廣州에도 상당수가 살고 있다. 미산 5천여 명, 상주 2천 4백여 명, 강음 1천 2백여 명, 광주 4천여 명 정도 된다는 것이 이른바 소학蘇學 전문가들의 추산이다.

미산에는 소식 가문을 기리는 기념물도 있다. 생가 터에 있는 삼소사박물관三蘇祠博物館이다. 원래는 사당인 삼소사로 원나라 때 만들어졌으나 1984년 대대적으로 개조돼 박물관으로 바뀌었다. 매년 소식 가문을 기리는 행사인 수소회壽蘇會가 열리는 곳이기도 하다.

발분은 대체로 발전의 원동력으로 작용하지만 때로는 손해로 연결될 때도 있다. 발분하는 강도에 따른 파문이나 반작용이 없지 않은 것이다. 특히 반작용이 크면 횡액을 입을 수도 있다. 소식 가문의 사람들이 유배에 관한 한 일가견이 있는 것은 이런 사실을 그대로 웅변해 준다. 그러나 그렇다고 위축돼 가만히 있으려고 하는 것도 양식 있는 사람이 취할 태도는 아니다. 결과가 어떻게 나올지 뻔히 알더라도 행동해야 할 때는 행동해야 한다. 소식 가문의 사람들은 하나같이 이렇게 했다. 후세대가 길이 기억해야 할 빛나는 정신을 가진 가문이 아니겠는가.

가 소   거 분 절 패
문 식 · 름 의 은 와   6

밑 발 좌 실

1
6
5

7

안진경
가문

충과 효는 꺾이지 않는다

공 자 의   애 제 자   안 회 의   가 문

매뉴얼이라는 것이 있다. 그대로 하면 모든 것이 완벽해진다. 그러나 그렇게 하기가 쉽지 않다. 매뉴얼을 보거나 읽지 않아서가 아니다. 실천이 말과는 달리 엄청나게 어렵기 때문이다. 역사적으로 볼 때 엄청난 금액이 투입된 세계적인 대형 공사들이 나중에 날림공사였다는 사실이 확인되는 것은 이런 불후의 진리를 상기하면 크게 이상할 일도 아니다. 가훈도 마찬가지다. 매뉴얼처럼 제대로 정리된 완벽한 가훈이 있든 없든 어느 집안이고 사람을 해치거나 속여서 세상에 나쁜 사람이 되라고 가르치는 법은 거의 없다. 그럼에도 천하의 흉악범이나 그보다 더 무서운 천하의 사기꾼, 이를테면 사회나 나라를 상대로 사기를 치는 인간은 나오기 마련이다. 이 역시 집안의 가르침을 제대로 받지 않았기 때문이 아니다. 실천을 하지 않기 때문이다.

이처럼 실천은 어렵다. 만약 동서고금의 사람들이 집안의 가르침을 10분의 1이라도 실천하려고 노력했다면 지금까지의 인류사에는 평화가 바다만큼이나 넘쳐나고 진리가 강물처럼 흐르고 있을지 모른다. 불행히도 완전히 반대가 됐지만 말이다. 그렇더라도 동서고금의 일부 사람이나마 제대로 된 집안의 훈도를 통해 사회와 국가, 나아가 세계의 평화에 기여한 덕에 세상이 아직까지 굴러가고 있는 것 또한 사실이다.

중국에도 집안의 가훈이나 정신을 제대로 실천한 가문이 꽤 있다. 그러나 아예 두툼한 책으로 가훈을 정해 놓고 실천한 집안은 극히 드물다. 일반적으로 널리 알려진 집안으로는 『안씨가훈』顔氏家訓으로 유명한 안씨 가문, 당나라 때의 하동 유씨柳氏 가문, 송나라 때의 사마광司馬光 가문과 『주자가훈』朱子家訓으로 유명한 주희朱熹 가문 등이 있다. 이 중 안씨 가문은 특히 탁월한데, 우선 공자의 걸출한 제자 안회顔回까지 거슬러 올라가는 가문의 내력과 선조들의 행적을 살펴보자.

웬만한 사람은 다 알다시피 안회는 몹시 가난했다. 시쳇말로 피죽도 제대로 못 먹을 정도였다. 안회는 이 가난에 굴복하지 않았다. 오히려 남들보다 더 학업에 매진해 공자의 애제자가 됐다. 후세에는 복성復聖(공자에 버금가는 성인이라는 의미)으로까지 불렸다. 뛰어난 인재였으나 교만하지도 않았다. 조국인 노나라에 충성을 다했고 아버지와 같은 공자를 극진히 섬겼다.

안회의 이런 정신은 대대로 독자로 이어진 가문의 22대손인 삼국 시대 위나라의 안성顔盛에 이르러 더욱 빛을 발했다. 현존하는 사서에 보이는 안성에 관한 기록은 그다지 길지 않지만 그가 어떤 고난에도 굴하지 않고 국가에 충성하고 부모에게 효도를 다하는 선조의 정신을 잘 살린 후손이었다는 사실을 증명하기에 부족함이 없다.

기록에 따르면 그는 위나라에서 청주青州와 서주徐州의 자사刺史를 역임했다. 말년에는 지금의 산동성 일대인 낭야瑯琊로 이주해 집안을 번창시켰다. 지금 이곳에 정착했던 안회의 후손들을 낭야 안씨로 부르는 것은 이런 사실을 근거로 한다. 중요한 점은 옮겨 간 낭야에서 그가 굴하지 않은 정신을 통해 국가에 충성을 다하고 부모에게 효도하는 전통을 가문의 덕목으로 남겼다는 사실이다. 그 자신 역시 행동으로 옮긴 것은 더 말할 나위 없다. 이로 인해 그가 살던 곳은 자연스럽게 효자 마을이라는 의미의 효제리孝悌里로 불리기 시작했다. 송나라 때인 1093년에는 황제가 그의 정신을 기리기 위해 이 일대에서 나무를 하거나 약초를 채취하지 못하도록 명령을 내리기도 했다.

안성이 선조 안회로부터 물려받아 확립한 낭야 안씨의 정신은 약 80년이 지나 4세기를 전후해 태어난 증손자인 안함顔含 때에 이르러 활짝 꽃피게 된다. 『진서』晉書 권88에 따르면 동진 때 여양태수汝陽太守를 지낸 안묵顔默의 3형제 중 막내아들인 그는 어린 시절에 형 안기顔幾를 잃는 불행을 당했다. 당연히 집안은 난리가 났다. 그는 슬픔을 억누르고 가족과 함께 마을의 의원에서 형의 시신이 든 관을 집으로 운구하기 위해 나섰다. 의원을 나선 지 얼마 후였다. 갑자기 만장輓章(망자를 추모하기 위한 글을 써 놓은 깃발)이 세워지지 않았다. 그러더니 앞장서서 운구 행렬을 이끌던 사람이 갑자기 쓰러지면서 안기와 똑같은 목소리로 부르짖었다.

"나는 아직 죽을 운명이 아닙니다. 그저 약을 많이 먹어서 오장이

상했을 뿐입니다. 나는 다시 살아날 수 있어요. 나를 묻지 마세요!"

안함의 집안사람들은 이상한 생각에 관을 열어 보려고 했다. 하지만 아버지인 안묵이 강력하게 반대했다. 이때 아직 어렸음에도 남달리 총명했던 안함이 아버지에게 말했다.

"아버님, 이건 정말 보통 일이 아닙니다. 옛날부터 기적은 있었습니다. 관을 여나 열지 않으나 고통스럽기는 마찬가지입니다. 아버님은 왜 관을 열어 보지 않으십니까?"

안묵은 아들의 말에 일리가 있다고 생각하고 관을 열라고 했다. 과연 안기는 아직 숨이 붙어 있었다. 그러나 다시 살아난 그는 후유증으로 말을 전혀 하지 못했다. 안함은 부모를 대신해 이런 형에게서 한시도 떨어지지 않은 채 직접 형을 돌봤다. 또 아들의 일로 삶의 의욕이 많이 꺾인 부모를 지극정성으로 모셨다. 무려 13년간 형과 부모를 위해 문밖출입조차 하지 않았다.

안함은 안기가 세상을 떠난 후 형수인 번씨樊氏가 실명의 위험에 직면했을 때도 가만히 있지 않았다. 마을 의원이 신비의 영약이라고 일러 준 큰 물뱀의 쓸개를 구하기 위해 동분서주했다. 큰 물뱀을 잡는 것은 쉬운 일이 아니었다. 초조해진 그가 걱정스러운 표정으로 집에 있던 어느 날이었다. 푸른 옷을 입은 동자가 나타나 파란 주머니하나를 그에게 건넸다. 안함은 서둘러 주머니를 풀었다. 그렇게 찾고자 했던 물뱀의 쓸개였다 그의 형수는 그 물뱀의 쓸개를 먹고 다시 눈을 뜰 수 있었다.

부모를 비롯한 가족에 대한 그의 이런 지극정성은 인근에 소문이 자자하게 났다. 조정에서는 당연히 효렴孝廉으로 추천된 그에게 관직을 주려고 했으나 그는 일언지하에 거절했다. 부모와 형을 모셔야 한다는 것이 이유였다. 이런 그였으니 부모와 형이 세상을 떠난 이후 관직에 나아가 국가에 충성을 다한 것은 당연한 일이었다. 심지어 자리를 보존하기 위해 아부하지 않는 평소의 강직한 태도 등은 왕희지의 당숙인 당대의 실력자 왕도王導의 찬탄을 자아냈다. 광록대부光祿大夫까지 올랐던 그가 세상을 떠난 지 400여 년이 지난 후 전혀 안면도 없는 당나라 때 사람인 이천李闡은 그를 위해 대력大歷 7년(772)에 안함비顏含碑를 세웠다. 이 비문은 그의 14대손인 안진경顏眞卿에 의해 안함대종비顏含大宗碑로 다시 세워진다.

『안씨가훈』과 훈고학자 안사고

안씨 가문의 가훈과 정신은 안함의 9대손인 남북조 시대 북제北齊의 안지추顏之推에 이르러 일대 전기를 맞는다. 그는 후대에 대한 선조의 가르침과 자신의 경험 및 학문 등을 총정리해 『안씨가훈』을 엮어 냈다. 이 책은 총 7권 20편으로 후손들에게 할 수 있는 거의 모든 가르침을 담고 있다. 그러나 역시 두드러지게 강조한 것은 자녀들에 대한 무한한 애정보다는 위엄을 강조한 훈육 자세, 조기 교육의 중요성, 충성과 효도 등이다. 특히 충효에서는 절대로 굴하지 않고 목숨을 거는 가문 특유의 정신을 발휘할 것을 당부했다. 책의 서문에 쓴 내용을 일부 살펴보면 왜 그가 보통 힘든 일이 아닌 이런 가훈 정리에 선뜻 나섰는지 어느 정도 알 수 있다.

"자고로 많은 성현이 효를 다하고 언동을 조심하면서 이름을 떨치라고 말해 왔다. 따라서 이와 비슷한 교훈을 내가 너희들에게 강조한다는 것은 아무 짝에도 쓸모없는 군소리에 지나지 않는다. 그럼에도 내가 이런 책을 만든 것은 결코 세상에 모범을 보이기 위해서가 아니다. 그저 우리 집안을 훌륭하게 만들려면 후손을 올바르게 가르쳐야 하기 때문이다."

말이 아닌 책을 통한 효과는 그의 큰아들인 안사로顏思魯를 거쳐 손자 대에 이르러 본격적으로 나타났다. 이들 중 가장 뛰어난 인물은 단연 안사고顏師古라고 해야 할 것 같다. 그는 할아버지와 아버지의 기대대로 조기 교육을 받고 잘 자랐다. 이를 토대로 하여 글을 잘 쓰게 됐을 뿐 아니라 훈고학訓詁學(언어 연구를 통해 글을 바르게 해석하고 고전 본래의 사상을 이해하고자 하는 학문)에도 정통할 수 있었다. 때문에 수나라 인수仁壽 연간(601~604)에 상서좌승尙書左丞 이강李綱의 추천을 통해 고작 20여 세의 나이로 안양安養(지금의 호북성 양번襄樊)의 현위縣尉가 된 것은 하나 이상할 것이 없었다. 다만 그가 치안을 담당한 안양현은 무척이나 혼란한 지역이었다. 주변 사람들은 새파란 나이의 서생인 그가 당황해 어쩔 줄 모를 것이라 짐작하고 현의 치안이 엉망이 될 것이라고 전망했다. 상서좌복야尙書左僕射 양소楊素 같은 사람이 대표적이었다. 그는 안사고가 부임하기 직전에 기어이 자신의 의문을 입으로 토해 내고야 말았다.

"안양은 굉장히 골치 아픈 곳이오. 그대는 어떻게 그곳을 다스리 겠소? 그대의 능력이야 추천한 분이 어련히 잘 알겠소만 조정에서 상당히 걱정을 하고 있는 것도 사실이오. 어디 고견을 한번 들어 봅시다."

양소의 질문은 관리로 처음 임용되는 20대 초반의 젊은이가 대답하기에는 만만치 않을 만큼 날카로웠다. 웬만한 사람이라면 기가 질릴 수도 있었지만 안사고는 얼굴색 하나 변하지 않은 채 대답했다.

"닭 잡는 데 어찌 소 잡는 칼을 쓰겠습니까? 걱정하지 않으셔도 됩니다."

안사고의 말은 허풍이 아니었다. 그는 임지에 부임하자마자 여지없이 주위의 선입관을 깼다. 불굴의 투지로 안양현의 치안을 완벽하게 만든 것이다. 백성들은 입에 침이 마르도록 그의 의지와 능력을 칭찬했다. 그러나 당시는 수나라가 멸망하기 직전의 어수선한 상황이었다. 능력은 있었으나 계속 자리를 보전하기가 쉽지 않았다. 그는 미련 없이 관직을 버리고 고향으로 돌아갔다. 이후 그는 수나라가 완전히 멸망할 때까지 다시 관리로 임용되지 못한 채 15년의 세월을 보내야 했다. 직업이 없었으니 집안 경제는 자연스럽게 어려워졌다. 그래도 그는 환경에 굴하지 않았다. 다행히 그에게는 집안의 보물인 『안씨가훈』이 있었다. 그는 이 책의 내용을 주변 사람들에게 강의한 다음 사례를 받아 생활할 수 있었다. 요즘 말로 하면 강연을 통해 겨우 먹고산 셈이었다. 이 생활은 그의 나이가 40세 가까울 때까지 이어졌다. 그에게는 이제 더 이상 관리로 임용될 것이라는 희망이 보이지 않았다.

하지만 세상의 일은 누구도 모르는 법이다. 수나라의 멸망이 가까이 다가오면서 놀랍게도 아버지와 절친한 사이였던 이연李淵과 이세민李世民 부자가 새로운 왕조의 주인으로 떠올랐던 것이다. 그의 아버지는 평생 한 번도 찾아오기 쉽지 않을 그야말로 천재일우의 기회를 놓치지 않았다. 즉시 노구를 이끌고 그를 대동한 채 이연 부자를 알현했다. 이때가 617년이었다. 안사로를 잘 알고 있던 이연 부자는

뛰어난 훈고학자 안사고

천하를 경략하기 위해 나선 사람들답게 역시 통이 컸다. 아들이 최소한 아버지의 반은 따라갈 것이라는 생각으로 그에게 즉각 조산대부^朝_{散大夫}라는 자리를 내린 것이다. 부자의 불굴의 의지가 빛을 발하는 순간이었다.

이후 그는 자신의 훈고학자로서의 능력을 십분 발휘했다. 당나라 개국과 동시에 궁중의 기밀문서를 전문적으로 담당하는 중서사인^中_{書舍人}이 돼 황제의 조서나 칙령을 기초하는 일을 거의 완벽하게 처리했다. 그러자 당나라의 태종은 그를 더욱 중용해 중서시랑^{中書侍郎}, 비서감^{秘書監}, 홍문관학사^{弘文館學士} 등의 관직을 내린 다음 『수서』^{隋書}, 『한서』에 주를 단 『한서주』^{漢書注}, '오경'의 오류를 샅샅이 조사해 재편집한 『오경정의』^{五經正義} 등의 편찬까지 명령했다. 훈고학의 대가인 그로서는 충분히 가능할 일이었다. 그러나 당 태종은 보통 사람이 아니었다. 학문에 대한 조예가 대단히 깊었다. 천하의 명필 왕헌지^{王獻之}의 글도 마음에 들어 하지 않았을 정도였다. 하지만 안사고는 어차피 해야 할 일이라면 웃으면서 하는 것이 낫다는 마음을 먹었다. 이어 당 태종 부자를 만났을 때 30대 후반 나이였다는 사실에서 알 수 있듯 상당한 연령이었음에도 어떻게든 임무를 완수하겠다는 의지를 불태웠다. 그 결과는 그의 나이가 60대를 바라보던 637년을 비롯해 641년, 653년에 잇따라 나왔다. 『수서』와 『한서주』, 『오경정의』가 세상에 선을 보인 것이다. 특히 그가 세상을 떠난 8년 후에 나온 『오경정의』는 피를 토하는 노력의 산물이었다.

당 태종은 안사고의 생전에 『수서』와 『한서주』가 4년 간격으로 완성돼 나오자 찬탄을 금치 못했다. 그리고 645년 당나라의 패권에 도전하는 고구려를 공격하기 위해 요동 정벌에 나섰을 때 안사고에게 종군을 명령했다. 이때 안사고는 지금 나이로 따지면 100세 가까운 나이라고 해도 과언이 아닌 65세였다. 아무리 자신의 능력을 아끼는 황제의 명령이라도 고사할 수 있었다. 하지만 그것은 그의 가훈이 가르치는 바가 아니었다. 불가능하더라도 그에 굴하지 않고 따르는 것만이 그가 마지막으로 국가와 군주에 충성을 바치는 길이었다. 그는 현장에 도착하자마자 바로 병을 얻어 세상을 떠났다.

이뿐 아니었다. 그는 무려 15년이나 기다린 끝에 본격적으로 다시 시작한 관직 생활이 궤도에 오를 즈음인 40대 중반에 모친상을 당했을 때에도 전혀 머뭇거리지 않았다. 바로 사직을 하고 그저 삼년상을 치르기만 한 것이 아니라 가훈이 가르치는 이상으로 할 수 있는 모든 정성을 다했다. 상을 치르는 모습을 지켜보는 주위에서 3년 내내 비통해할 지경이었다.

안 진 경 의   불 굴 의   정 신

안씨 가문의 가훈이 가르치는 정신은 안사고의 동생인 안근례顔
勤禮와 그의 아들 안현보顔顯甫를 거쳐 손자 안유정顔惟貞에 이르러서도
빛을 발했다. 당나라가 배출한 대표적인 서예의 대가 안진경의 아버
지로 더 유명한 그는 어릴 때에 부친을 여의었다. 가문의 전통인 지
극정성의 효도를 다할 원천적인 기회조차 절반은 박탈당했던 것이다.
문제는 이로 인해 가정 형편이 너무 어려워졌다는 점이었다. 충효보
다 우선 불굴의 정신이 발현돼야 하는 상황이었다. 실제로도 그랬다.
안진경은 어릴 때부터 서예에 남다른 재주가 있었음에도 가난한 집
안 사정에 종이와 붓을 넉넉히 사기가 불가능하자 기상천외한 아이
디어를 동원해 글씨 연습을 하는 불굴의 끈기를 보였다. 형인 안원손
顔元孫과 함께 황토로 벽을 매끈하게 칠한 다음 그 위에 나무와 돌로
글씨를 쓴 것이다. 이런 열악한 조건에서도 그는 초서와 예서에 두루
능한 서예의 대가로 성장했다. 또 조정에 나가 간간이 역임한 국자쫴
주國子祭酒, 태자소보太子少保 등의 관직도 일찍 세상을 떠난 아버지와
비교하면 세속적으로 볼 때는 괜찮았다고 할 수 있다.

그는 서예계의 대선배인 왕희지처럼 슬하에 일곱 명의 아들을
뒀다. 왕희지의 아들들이 그랬던 것처럼 모두들 훌륭하게 교육을 받
고 잘 자랐으나 가문의 훈육에 가장 확실하게 부응한 인물은 바로 여
섯째 아들 안진경이었다.

안진경 역시 고작 세 살 때 아버지가 세상을 떠나는 바람에 효도
를 다할 수 없었다. 홀어머니 은殷 부인과 어린 시절 살았던 외갓집

어른들에게 아무리 잘해 봐야 한계가 있었던 것이다. 대신 그는 환경에 굴하지 않고 학문과 서예에 용맹 정진하는 것으로 가문의 가르침을 실천에 옮겼다. 이는 그가 학문은 몰라도 서예에서만큼은 왕희지 이후 당대 최고라는 평가를 받은 사실에서 확인된다. 또 안체顔體로 불리는 해서체 자체가 상당히 독창적이라는 점도 그가 대단한 노력가였다는 사실을 말해 준다.

하지만 안진경에게는 이런 놀라운 개인적 성과를 가능하게 만든 불굴의 정신만 있는 것이 아니었다. 국가에 충성하고자 하는 치열한 마음도 강했다. 그가 어머니와 형들의 훈도에 힘입어 국가에 봉사할 기회를 잡은 것은 현종玄宗 개원開元 22년인 734년이었다. 별로 빠르다고 하기 어려운 나이인 26세 때 진사 시험에 합격한 것이다. 이후 그의 관운은 그럭저럭 괜찮았다. 어사御史, 감찰어사監察御史 등을 거치면서 빠르지는 않아도 계속 승진가도를 달렸다. 그러나 아니면 단호하게 아니라고 말하는 그의 강직한 성품이 문제였다. 위태위태하다 결국 일이 일어나고 말았다. 천보天寶 12년(753), 안진경은 양 귀비의 오라비이자 당대의 권력자인 양국충楊國忠의 눈 밖에 나 졸지에 전중시어사殿中侍御史에서 평원태수平原太守로 강등돼 쫓겨났다. 그로서는 억울하기 이를 데 없는 일이었다. 평소의 성격대로 한다면 보란 듯 사표를 내던져도 시원찮을 상황이었다. 하지만 그는 조정의 명령을 따랐다. 비록 간신이 장악하고 있던 조정이지만 충성해야 한다는 대원칙 아래 좌천도 받아들인 것이다. 그를 안 평원顔平原이라고도 부르는 것은 이때의 좌천과 관계가 있다.

당시 평원은 안녹산이 관할하던 지역이었고, 그가 반란을 일으키기 위한 준비를 하던 차라 그야말로 살벌했다. 총명함에 관한 한 둘째가라면 서러울 그가 이런 분위기를 모른다는 것은 있을 수 없는 일이었다. 그렇지만 그는 서두르지 않았다. 대신 모반에 대비한 준비를 철저하게 했다. 그러면서도 아무것도 모르는 것처럼 허허실실 전법을 구사했다. 밤마다 주변 친지들을 불러 음주가무를 즐기는 트릭도 동원했다. 안녹산은 그래도 그에 대한 의심을 풀지 못하고 계속 밀정을 보내 그의 동태를 감시했다. 그러다 결국에는 완전히 그에 대한 의심을 풀었다. 그에게 속아 넘어간 것이다.

안녹산은 드디어 천보 14년(755) 군사를 일으켰다. 미리 모반을 준비했던 만큼 그의 기세는 놀라웠다. 하북의 24개 군郡 중에서 그의 손에 들어가지 않은 곳은 미리 대비한 안진경의 평원 외에는 없었다.

안진경은 수비가 최선의 공격이라는 사실을 믿지 않았다. 도리어 그 반대였다. 우선 안녹산을 전혀 두려워하지 않는다는 듯 관할 내의 병사 3천 명을 1만 명으로 신속하게 확충했다. 이어 상산常山(지금의 하북성 정정正定)의 태수로 있던 사촌형 안고경顔杲卿과 함께 공동전선을 펼쳐 안녹산에 대항하기로 했다. 안고경이 안녹산의 후방을 공격한다는 전략도 세웠다. 곧 안진경을 연합군 사령관으로 하는 20만 대군이 안녹산의 대군에 대한 총공세에 나섰다. 전투는 그의 대승으로 끝났다. 17개에 이르는 하북의 군들은 다시 고스란히 당나라 조정에 투항했다. 그는 천신만고 끝에 이렇게 막강한 전공을 세웠으면서도 숨조차 돌리지 않고 이듬해인 757년에 하동절도사河東節度使 이광필李光弼을 보좌해 안녹산 반란군의 잔당을 소탕했다.

그는 이때의 공로를 인정받아 이해에 숙종肅宗으로부터 하북초토사河北招討使의 자리를 받았다. 다시 안녹산의 난을 토벌하기 위해 나서야 했던 것이다. 난세에는 다 그렇듯, 전공이 탁월했던 그의 관직은 공부상서工部尙書 겸 어사대부御史大夫로 수직상승했다. 그러나 예의 강직한 성품이 문제가 되어 곧 장사長史로 강등되면서 지방으로 쫓겨났다. 두 번째 강등이었다. 그럼에도 그는 개의치 않고 조정의 명령을 기꺼이 받아들였다. 그러다 대종代宗 보응寶應 원년(762)에 호부시랑戶部侍郞이 되면서 장안의 조정으로 복귀할 수 있었다. 또 이듬해에는 이부시랑吏部侍郞에 오른 다음 상서우승尙書右丞이 됐다. 이어 광덕廣德 2년(764)에는 노군개국공魯郡開國公으로 봉해지기도 했다. 그를 부르는 또 다른 호칭인 안 노공顔魯公은 이 작위에서 비롯됐다.

하지만 영광도 잠깐이었다. 그는 또다시 조정 권신들의 모함에 빠져 장안을 떠나야 했다. 이때에도 그는 오뚝이처럼 재기해 이부상서吏部尙書로 복귀했다. 세 번 실각과 재기를 되풀이한 셈이었다. 웬만한 사람은 단 한 번이라도 정치적 실패를 겪게 되면 심하게 좌절한다. 세 번 정도라면 더 말할 것이 없다. 좌절을 넘어 왜 나한테만 이런 시련이 오는가 하면서 분노할 수도 있다. 그러나 그는 은인자중했다. 속으로는 어땠는지 모르지만 대외적으로는 좌절, 분노의 감정을 극도로 자제했다. 그보다 약간 후배인 명재상 배도裴度와 등소평鄧小平(덩샤오핑)이 그랬던 것처럼 말이다. 이런 자세가 가능했던 것은 그에게 집안의 전통인 굴하지 않는 정신과 국가와 조정에 충성해야 한다는 단심丹心이 있었기 때문일 것이다.

장렬하다고 말할 수밖에 없는 그의 치열한 인생 드라마는 여기에서 끝나지 않는다. 아니 어떻게 보면 앞의 것들은 모두 예고편에 불과했다고 해도 좋을지 모르겠다. 드라마의 클라이맥스는 그의 죽음으로 이어진다.

안 진 경 의 죽 음

덕종德宗이 대종의 뒤를 이은 지 4년째 되는 782년이었다. 덕종은 선대 황제들보다는 그래도 똑똑한 것 같았다. 안사의 난과 이후의 각종 크고 작은 반란의 씨앗이었던 번진藩鎭 체제(절도사를 최고 권력자로 하는 지방의 지배 체제)를 그대로 놔둬서는 안 된다고 생각한 것이다. 덕종은 조정의 우환덩어리인 이 번진 체제를 대대적으로 개혁해 황권을 강화하려고 나섰다. 하지만 그의 섣부른 조치는 군벌들의 반발을 부르는 구실이 되고 말았다. 군벌들 중에서도 가장 강력하게 반발한 실력자는 보유 군사력이 단연 막강했던 회서淮西(회하淮河 상류와 장강長江 북부 일대)의 절도사 이희열李希烈이었다. 그는 스스로 천하도원수天下都元帥라 칭하고 조정을 공격하기 위해 군사를 일으켰다. 조정은 발칵 뒤집혔다. 섣불리 군벌을 건드리려다 졸지에 궁지에 몰리게 된 덕종은 즉각 측근인 재상 노기盧杞를 불러 대책을 논의했다.

"이거 큰일이오. 완전히 혹 떼려다가 혹을 붙인 꼴이 됐소. 어떻게 하면 좋겠소? 고견을 내 보시오."

노기는 당황하지 않았다. 마치 덕종의 말을 기다렸다는 듯 아무 일도 아니라는 표정으로 대답했다.

"이 절도사는 아직 젊습니다. 게다가 오만방자하기까지 합니다. 부하 장군들도 그를 잘 설득하지 못할 정도입니다. 방법은 하나밖에 없습니다. 덕망이 높은 대신에게 폐하의 조서를 가지고 가게 해서 설득하는 겁니다. 만약 조정에 항복하면 그의 기득권을 보장해 준다고 말입니다."

"그렇다면 누가 가는 것이 좋겠소?"

"지금 태자태사太子太師로 있는 안진경이 적격입니다. 그는 충성스럽고 정직한 사람입니다. 무려 네 분의 폐하를 모셨고 의지가 굳은 데다 결단력이 있어 성망이 조정 내외에 자자합니다. 그를 따르는 사람들도 많습니다. 그 사람 아니면 이 일은 안 됩니다."

덕종은 머리를 끄덕였다. 노기의 말이 그럴듯했던 것이다. 사실 그의 말이 틀린 것은 아니었다. 하지만 그는 선의로 덕종에게 안진경을 추천한 것이 아니었다. 평소 안진경의 뛰어난 능력과 충성심이 언젠가는 자신에게 해가 될 것이라고 판단하고 미리 제거하기 위해 그런 것이었다. 이를테면 차도살인借刀殺人(남의 칼로 자신이 죽이고자 하는 사람을 제거하는 계책)의 흉계였다. 강직하고 충성심 강한 안진경이 이희열을 만나 설득할 경우 결과는 뻔했다. 그는 안진경을 제거할 기회를 준 이희열에게 속으로 고마워하지 않을 수 없었다.

안진경은 이희열에게 전해질 덕종의 조서를 전달받았다. 그를 죽음으로 몰아넣을 수도 있다는 점에서 볼 때 조서는 지옥의 초대장이었다. 그는 회서로 가는 임무가 자신을 평소 시기해 온 노기의 음모라는 사실을 모르지 않았다. 살아 돌아올 확률이 높지 않다는 것도 알았다. 그러나 그는 전혀 망설이지 않았다. 이미 70세를 훌쩍 넘은 나이인 탓에 황제의 명령을 거부할 핑계는 있었으나 기꺼이 회서로 떠났다. 주변의 만류는 반드시 살아서 돌아올 것이라는 자신감 넘치는 말로 뿌리쳤다.

이희열은 안진경이 자신을 설득하러 온다는 말을 듣자마자 무력시위로 굴복시키겠다는 전략을 짰다. 얼마 후 안진경이 그를 만나 위엄이 넘치는 권유의 말을 건넸다.

"장군, 병사들을 제자리로 돌리도록 하시오. 반란을 중지하기 바라오. 이렇게 하는 것은 조정이나 장군을 위해 바람직한 일이 못 되오. 장군의 야심은 절대로 이뤄지지 않을 것……."

안진경의 말이 채 끝나기도 전에 완전무장을 한 장군 몇 명과 병사 1천여 명이 우르르 나타났다. 이희열이 그에게 겁을 주기 위해 집합시킨 병력이 들이닥친 것이다. 그들은 모두 손에 날이 번득이는 칼을 들고 있었다. 일부는 안진경을 향해 입에 담기 어려운 욕을 퍼부었다. 그러나 안진경은 얼굴빛 하나 변하지 않았다. 그저 우습다는 듯 조용히 냉소만 날릴 뿐이었다.

이희열은 협박을 통해 안진경을 굴복시키려 한 자신의 방법이 잘못됐다는 사실을 깨닫고 주위의 부하들을 호통쳐 물러나게 했다. 그는 안진경을 극진하게 모시고 자신을 지지하는 군벌들이 보낸 특사들을 위로하는 연회 자리에 초대했다. 그들은 안진경이 나타나자 하나같이 이희열에게 축하의 인사를 보냈다.

"안 태사顏太師의 덕망이 대단히 높다는 것은 이미 들어 알고 있습니다. 원수께서는 조만간 즉위해 황제가 되실 예정입니다. 그런데 여기에 태사께서 와 계신 것을 보니 벌써 재상으로 뽑은 것은 아닌지요?"

안진경은 말도 안 되는 소리를 듣자 양미간을 찌푸리며 군벌들의 특사들을 향해 욕을 퍼부었다.

"재상은 무슨 재상? 내 나이가 이미 80이 다 되었다. 어떻게 죽는다 한들 두려울 것이 없다. 내가 너희의 위협에 굴복할 것 같은가?"

이희열은 더 이상 어쩌지를 못하고 안진경을 가두고 감시했다. 물론 그런 중에도 종종 생매장하겠다는 협박 같은 것은 잊지 않았다.

충신열사 안진경

　1년이 지나갔다. 이희열은 드디어 스스로 황제를 칭하고 대관식을 가졌다. 그리고 부하 장군을 보내 안진경에게 투항하도록 권유했다. 이번에는 숙소에 불을 지르면서까지 협박했다. 그래도 안진경은 눈 하나 까딱하지 않았다.

　785년 8월 23일, 이희열은 모든 수단을 강구해도 안진경이 굴복하지 않자 마침내 자객을 보내 그의 목을 졸라 살해했다. 그의 나이 77세였다.

　안진경은 마음먹기에 따라서는 비참한 최후를 맞이하지 않을 수 있었다. 나이와 병을 핑계로 삼아도 됐다. 이희열의 진영에 가서도 고개만 조금 숙였더라면 목숨을 보존했을 것이다. 그러나 그는 그렇게 하지 않았다. 무력에 굴복하거나 목숨을 구하기 위해 국가가 부여한 책임을 저버리는 것은 가문의 정신에 어긋났다. 그러느니 무릎을 편 채 죽음을 맞이하는 편을 그는 선택했을 것이다.

　안진경의 굽힐 줄 모르는 의기와 국가에 대한 충성은 6개월 후 이희열이 부하의 손에 피살되고 반란이 평정된 다음 충분한 보상을 받았다. 덕종은 무려 8일 동안이나 조회에 나가지 않았고 거국적으로 그를 애도하도록 선포했다. 또 직접 안진경의 충절을 기리는 조사를 써서 반포하기도 했다. 그의 충절에 대해서는 송나라 때의 대문호 구양수도 찬탄을 아끼지 않았다. 충신열사忠信烈士라는 단어로 시작되는 그의 찬탄은 한마디로 요약하면 최근의 중국인이 등소평에게 바친 '용수불후'永垂不朽(영원히 빛난다는 의미)라는 말과 필적할 것이다. 가문의 가르침에 따라 팔십 평생에 보여 준 그의 행동과 정신은 후세에도 길이 추앙받을 만하다.

대 를 이 어 계 승 된 불 굴 의 정 신

백절불굴의 정신 및 충절과 관련해서는 전형적인 무관인 그의 사촌형 안고경도 손색이 없다. 그는 안녹산이 반란을 일으켰을 때 상산의 태수로 있었다. 요지의 수비를 책임지고 있었던 셈이다. 안녹산이 거사에 성공하면 상당한 요직에 기용하겠다고 그를 회유한 것도 그 때문이었다. 그러나 그는 꿈쩍도 하지 않았다. 오히려 사촌동생 안진경과 연합군을 결성해 반란군을 격퇴하는 큰 공을 세웠다. 하지만 마지막에는 상산을 제대로 지키지 못하고 안녹산에게 포로가 되고 말았다. 안녹산은 그가 쓸모 있는 뛰어난 무장이라는 점을 높이 사 그를 회유했다. 안고경은 의연하고 준엄하게 반란군을 꾸짖었다. 반란군은 분노한 나머지 그의 혀를 잘라 냈다. 그럼에도 그는 계속 반란군에게 욕을 퍼부었다. 결국 안고경은 식솔 30여 명과 함께 사지가 해체되는 죽음을 맞이하였다.

　안진경과 안고경의 대에서 더욱 분명하게 빛난 안씨 가문의 정신은 후대에 이르러서도 크게 쇠퇴하지 않았다. 북송 때인 11세기 후반에 활약한 안복顏復은 안회의 48대손으로 원래 개혁적인 사고를 가진 화가이자 정치가로 유명했다. 젊을 때는 최고 학부에 해당하는 국자학國子學의 직강直講(교수에 해당)으로 이런 자신의 생각을 종종 피력하기도 했다. 다만 그는 개혁이 국가 전체를 완전히 뒤흔드는 것에 대해서는 분명하게 반대했다. 따라서 그는 신종 때 왕안석이 신법新法을 추진할 때 어느 정도는 동조했다. 그렇지만 신법이 국가 기반을 송두리째 파괴할 정도로 지나치게 급진적인 데다 왕안석이 권력 장악에 사심을 보이자 즉각 반대 입장으로 돌아섰다. 개혁도 좋으나 국가의 안정이 우선이라고 보았던 것이다.

　왕안석은 그에게 양자택일을 강요했다. 안복은 고민했다. 신념이 우선이냐 국가의 안정이 우선이냐의 갈림길에서 그는 국가를 우선하기로 결정했다. 당시 실권을 잡고 있던 왕안석은 믿었던 그가 배신하자 언제 동지로 생각했냐는 듯 보복을 가해 그를 조정에서 즉각 축출했다. 이후 그는 왕안석이 세상을 떠날 때까지 거의 10여 년 동안 야인으로 지내야 했다. 하지만 조급해하거나 조정에 복귀하려고 비굴하게 굴지 않았다. 어떤 어려움에도 굴하지 않고 국가에 충성하는 것을 최고의 덕목으로 삼았기에 이후 대문호 소식은 자신의 시에 그를 등장시키기도 했다.

　원나라 때의 대시인 안경도顏耕道와 안휘顏輝, 명나라 때의 안백위顏伯瑋, 안종顏宗, 청나라 때의 안광민顏光敏과 안희심顏希深, 안검顏檢, 안백도顔伯燾 조손 3대 등도 안복에 못지않게 가문의 가르침을 되새겨 적극적으로 실천에 옮긴 후손으로 손꼽힌다. 이중 특히 안진경의 직계 후손인 안백위의 삶은 선조만큼이나 눈물겹고 장렬했다. 그는 명나라 2대 황제인 혜제惠帝 때 폐현沛縣의 지현으로 재직하고 있었다. 당시 40대 후반이었으므로 크게 출세를 했다고 하기는 어려웠지만 그는 주어진 위치에서 최선을 다했다. 예컨대 평화로울 때 언제 슬그머니 다가올지 모를 동란에 대비해야 한다는 생각으로 현의 백성들과 병사들을 동원해 성벽 보수 공사를 하기도 했다. 놀랍게도 그의 생각은 적중했다. 어린 큰 조카가 황제의 자리에 오른 것을 못마땅하게 생각한 연왕燕王 주체朱棣가 반란을 일으킨 다음 패현으로 군대를 휘몰아 쳐들어온 것이다.

안백위는 일단 방어를 철저히 하면서 인근 서주徐州에 지원군을 요청했다. 그러나 지원군은 오지 않았다. 반란군의 기세는 무서웠다. 항복 아니면 결사항전 중에서 택일을 해야 하는 상황이었다. 전체적인 형세가 연왕 쪽으로 많이 기운 탓에 항복을 해도 누가 뭐라고 할 사람이 없었음에도 그는 가훈의 가르침에 따라 후자를 선택했다. 이어 자신의 사후에 대신 부모를 봉양할 가족을 남겨두기 위해 동생 안각顔珏과 아들 안유위顔有爲를 성 밖으로 비밀리에 탈출시켰다. 그는 모든 걸 미리 염두에 두고 있었다는 듯 다음 행보에 나섰다. 현청縣廳의 벽에 죽음을 각오하는 시를 쓴 후 병사들을 모아 결사항전을 다짐한 것이다. 하지만 역시 작은 현의 소수 병력으로 쿠데타를 위해 양성된 대군을 막아 낸다는 것은 무리였다. 더구나 군사 책임자인 왕현王顯은 의리 없이 싸워보지도 않은 채 반란군에 항복을 했다. 최후가 다가왔음을 직감한 그는 의관을 제대로 갖춰 입고 황제 혜제가 있는 금릉金陵(명나라의 초창기 수도. 지금의 강소성 남경南京)과 부모가 사는 여릉廬陵(지금의 강서성 길안吉安)을 향해 절을 올리고는 목을 매어 자결했다. 이때 그의 아들은 고향을 향해 한참을 달리다 갑자기 말머리를 돌렸다. 아버지의 당부대로 조부모를 모시는 것도 중요하지만 선조들이 그랬던 것처럼 조정에 충성하는 것이 더 옳다고 판단한 것이다. 또한 삼촌이 고향으로 가는 만큼 자신은 아버지에게 돌아가도 큰 부담은 없다고 보았다.

불행히도 그는 돌아오자마자 아버지의 시신을 목도했다. 반란군과 싸우겠다는 의욕이 더욱 불타오를 수밖에 없었다. 그러나 중과부적이었다. 그는 곧 칼을 자신의 목에 겨눈 다음 아버지가 간 길을 그대로 따랐다. 부자 모두 살길이 있었으나 목숨을 구걸하지 않고 나라를 위해 장렬하게 숨을 거둔 것이다. 최후의 순간까지 부모에 대한 효도를 잊지 않은 것 역시 부자 두 사람의 공통점이었다.

지난 세기에는 안씨 가문의 이런 정신이 군문軍門에서 많이 발휘됐다. 이 과정에서 국가를 위해 충성을 다한 인민해방군 장군도 많이 탄생했다. 역사에 이름을 남긴 이들만 봐도 안복顔伏(옌푸) 전 제남군구濟南軍區 포병 사령관, 한국전쟁에도 사단장으로 참전해 미국의 기병 1사단과 처절한 전투를 벌인 안문무顔文武(옌원우) 전 여대旅大(요령성遼寧省의 여순旅順과 대련大連)경비구 부사령관, 안동산顔東山(옌둥산) 전 북경군구北京軍區 포병 부정치위원, 안길련顔吉連(옌지롄) 전 총참모부 관리국장, 안청운顔青雲(옌칭윈) 총후근부總後勤部 군수부장, 안금생顔金生(옌진성) 전 중앙군사위원회 기율검사위원회 부서기, 안덕명顔德明(옌더밍) 전 광주군구廣州軍區 부사령관 등 이루 헤아리기 어려울 만큼 많다. 북양군벌 정부의 총리를 지낸 안혜경顔惠慶(옌후이칭)이 외교관, 정치인, 기업가 등으로 활약한 것이 이상하게 여겨질 정도이다. 하지만 그 역시 활동 분야가 달랐을 뿐이지 국가에 충성하겠다는 단심을 보여 줬다는 점에서는 장군들에게 결코 뒤지지 않았다. 그의 이런 정신은 그가 무려 70세를 훨씬 넘긴 1949년에 만개했다. 장개석이 결사항전을 부르짖으면서 모택동과 마지막 일전을 준비했던 이해 2월에 죽음을 각오하고 북경으로 달려가 국민당과 공산당 간의 내전 종식을 위한 평화협상을 중재한 것이다.

안씨 가문의 교류와 『안씨가훈』의 가치

　　안씨 집안 또한 다른 가문과의 교류를 가지면서 정신적 교감을 추구했다. 정신적으로 교류한 대표적 가문으로는 당나라를 개창한 이연, 이세민을 필두로 하는 이씨 가문과 안진경의 외갓집인 은씨殷氏 가문이 있다. 이 중 은씨 가문과는 누대에 걸쳐 인연을 이어 왔다. 우선 안사고와 은문례殷聞禮의 인연을 꼽아야 할 것 같다. 두 사람은 함께 역사를 편찬하면서 정신적 유대를 넓혀 가다 서로 사돈을 맺는 관계로 발전했다. 안사고가 딸 안기顏頎를 은문례의 손자 은중용殷仲容에게 시집보낸 것이다. 또 안사고는 동생 대신 자신이 적극적으로 나서서 조카이자 안진경의 할아버지인 안현보까지 은문례의 손녀와 결혼시켰다. 복잡한 겹사돈이 된 것이다. 이뿐 아니었다. 안진경의 아버지인 안유정 역시 나중에 외갓집을 처갓집으로 두게 돼 2대 3명이 은씨 가문과 인연을 맺었다. 더구나 안유정과 안진경은 모두 어린 나이에 아버지를 잃고 외갓집인 은씨 가문에서 자랐다. 안씨 가문의 전통적인 정신이 안진경 대에서 활짝 만개한 데에는 달리는 말에 채찍을 가하는 은씨 집안의 스파르타식 교육이 긍정적 역할을 했다고 볼 수 있지 않을까. 이 추측은 은씨 가문의 대표적 인물인 은중용이 강직한 성품 탓에 두 번이나 실각을 하고도 좌절하지 않고 오로지 국가에 대한 충성심에 의지해 재기한 사실에서 잘 드러난다.

안씨 가문을 대표한다고 해도 과언이 아닌 안진경은 글씨의 경지를 몇 단계 더 높이기 위해 당대의 명사를 스승으로 삼아 교류하기도 했다. 그가 모신 스승은 지금까지도 천하의 명필로 불리는 장욱張旭이다. 원래 그는 서예에 일가견이 있는 친가와 외가의 집안 어른들로부터 글씨를 배웠다. 또 당나라 초기의 명필인 저수량褚遂良을 사숙私淑(존경하는 사람에게 직접 가르침을 받지 않고 본보기로 삼아 배우는 것)했다. 그리하여 안진경은 어린 나이에 이미 서예에 일가를 이루었던 것이다.

그러나 안진경은 장욱의 문하에서 더 이상 발전을 하지 못했다. 스승이 웬일인지 제대로 가르쳐 주지 않는 것이다. 하루는 그가 얼굴을 붉힌 채 말했다.

"스승님, 서법의 비법을 가르쳐 주십시오."

장욱이 대답했다.

"글씨 쓰기에 비법은 따로 없네. 열심히 쓰는 것과 생활이나 자연에서 얻는 깨달음이 있을 뿐이야. 내가 이에 대해서는 자주 말하지 않았는가?"

"말씀하셨습니다. 그러나 절묘한 비결이 따로 있을 것으로 생각합니다. 가르쳐 주십시오."

"다시 말하지만 비결이라는 것은 열심히 최선을 다해 쓰는 것뿐일세. 온 정열을 기울여 노력하지 않으면 어떤 성취도 이룰 수 없어."

안진경은 스승이 정색을 하고 진지하게 말하자 비로소 크게 깨달았다. 이후 그는 열심히 글씨를 연마하고 깨달음을 얻으려고 노력했다. 총명했던 만큼 발전은 빨랐다. 더는 가르칠 것이 없을 정도였다. 그렇다고 오만방자해지지는 않았다. 늘 스승인 장욱이 당대 최고라면서 아버지처럼 지극히 섬겼다. 둘의 관계는 사제가 아니라 부자 같았다.

안진경을 축으로 하는 안씨 가문의 백절불굴과 충효의 정신은 쉽게 잊힐 성질의 것이 아니다. 앞으로도 계속 후세의 모범으로 삼을 만하다. 실제로 그렇게 되고 있음은 현존하는 각종 유물, 유적으로 증명된다. 왕희지의 고향이기도 한 낭야, 즉 현재의 산동성 임기시臨沂市 비현費縣의 안씨 가문의 발원지인 효제리(지금의 비현 방성진方城鎮 제만촌諸滿村)에 눈길을 돌리면 확연해진다. 그곳에는 마치 곡부曲阜의 공묘孔廟를 흉내라도 낸 것 같은 안진경의 사당 노공묘魯公廟와 낭야 안씨의 조상인 안성을 비롯해 안진경, 안고경 등의 묘가 있는 안림顔林이 있다. 또 노공묘에는 각각 사후에 조정으로부터 충정을 치하하는 문충공文忠公, 충절공忠節公의 시호를 받은 안진경, 안고경 형제의 동상이 세워져 있다. 여기에 마을 인근의 쌍충교雙忠橋(안진경과 안고경의 시호에 모두 '忠'(충) 자가 들어간 사실을 반영한 이름)까지 합치면 안씨 가문은 최소한 이 일대에서는 아직까지 살아 있는 전설이라고 해도 좋을 듯하다.

『안씨가훈』은 지난 1,500여 년 가까운 세월 동안 중국뿐 아니라 전 세계에서도 헤아릴 수 없이 많이 출판돼 수많은 이들에게 읽혔다. 지금은 거의 맞설 만한 책이 없을 정도로 가훈의 바이블로 통한

안진경 가문의 가훈을 모은
책인 『안씨가훈』

다. 한국에서도 자주 출판되고 있다. 또 안씨 가문의 대표라 할 수 있
는 안진경은 중국 역사상 왕희지에 필적하는 거의 유일한 서예 대가
로 평가받고 있다. 그가 정치인과 무인으로 활약했다는 사실이 크게
알려지지 않은 것도 이런 대단한 명성과 무관하지 않다. 두말할 필요
도 없이 『안씨가훈』은 대단한 책이다. 내용의 풍부함과 교육을 통해
자손들을 훌륭하게 키우고자 하는 진정성이 돋보인다. 물론 안씨 가
문 사람들의 백절불굴의 정신과 충효를 목숨보다 더 중요하게 여긴
지행합일의 자세 등이 이런 평가에 시너지 효과를 냈을 것이다. 그
정도로 안진경을 비롯한 안씨 가문 사람들의 삶은 감동 그 자체이다.
많은 중국인이 안씨 가문의 발원지인 효제리를 1,000년 이상이나 성
지처럼 여기고 관련 유물과 유적을 지금까지 잘 보존한 이유도 여기
에 있다.

8

하동 배씨
가문

몸과 마음을
끊임없이 갈고닦다

사학자가 손꼽는 중국 최고의 명문가

사람을 동물과 가르는 가장 분명한 특징은 무엇인가를 이루기 위해 열심히 노력하고 쉬지 않는 자세에 있다. 『역경』易經에 나오는 말로 하면 자강불식自强不息의 태도라고 할 수 있다. 사실 무엇인가를 간절히 원하면 이뤄지는 경우가 많다. 여기에 노력까지 하고 쉬지 않는다면 더 말할 나위가 없다. 일이 이뤄지지 않는 것이 오히려 이상하다고 해야 한다. 그러나 모든 사람이 자강불식하는 것은 아니다. 아니 조금 야박하게 말하면 이렇게 하는 사람보다는 하지 못하는 사람이 더 많다. 중국의 최고 명문인 청화대학교 같은 곳도 교훈에 자강불식 네 자를 넣은 것을 보면 열심히 배워야 할 학생조차 이런 자세를 일관되게 유지하는 것이 쉽지 않은 듯하다.

한 개인에게도 쉽지 않은 이 자세를 한 가문이 2,000여 년 동안 유지한다는 것은 어쩌면 불가능할지도 모른다. 그 기간 동안 대를 잇는 것도 쉽지 않다는 점을 감안하면 더욱 그렇다. 그러나 중국에 그런 가문이 있다. 지금 산서성 서남쪽의 문희현聞喜縣 예원진禮元鎭 배백촌裴柏村에는 명문거족이었던 배씨裴氏 가문이 자리 잡고 있다. 문희현이 황하 동쪽인 까닭에 하동河東 배씨 또는 문희 배씨로도 불리는 집안으로, 사학자들은 중국 역사상 최고의 명문가로 꼽기도 한다.

실제로 그런지는 이 가문 출신의 자손들이 자강불식의 노력하는 자세를 통해 세속적인 출세를 했다는 사실로도 확인이 가능하다. 우선 역대 왕조의 재상을 대대로 무려 59명이나 배출했다. 대장군에 오른 자손들의 숫자 역시 같다. 중앙 부처의 장관에 해당하는 상서尙書를 지낸 자손은 조금 적다. 55명이다. 그러다 도지사 같은 지방의 장관급인 자사에 이르면 폭발적으로 늘어나 무려 211명이나 된다. 여기에 황후와 태자비, 귀비, 유무명의 군수, 장군까지 포함하면 그 수는 수천여 명으로 확 늘어난다. 그래서 역사에 기록된 사학자, 서예가, 문인, 예술가, 과학자가 600여 명이나 되는 것도 별로 놀랍지 않다.

배씨 가문의 이런 위용에 대해서는 일찍이 모택동도 언급한 바있다. 1958년이었다. 모택동은 이해 3월 초순부터 하순까지 사천성 성도成都에서 열린 당 중앙정치국 확대회의에 참석하고 있었다. 회의기간에는 현지의 유적을 관람하면서 머리를 식히는 프로그램도 있었다. 하루는 회의에 참석한 대표들과 함께 성도에 소재한 제갈량諸葛亮의 사당을 찾았다. 역사나 문학에 대한 눈썰미에 관한 한 누구에게도 뒤지지 않는 모택동은 사당 앞에서 제갈량을 기리는 비문을 목격했다. 당나라 때 이름난 재상인 배도裴度가 쓴 글이었다. 그는 한참이나

가문 배씨 · 하동 끊임 마음과 없이 닦고 이을 다 8

195

배씨 가문의 고향인 산서성 문희현 배백촌. '천하의 배씨는 둘이 아니다'라는 문장이 적혀 있다.

글을 지켜보면서 감회에 젖다가 갑자기 뒤를 돌아봤다. 그의 눈이 간 곳은 산서성 대표로 회의에 참석한 도로가陶魯笳(타오루자) 산시성 당서기의 얼굴이었다. 모택동이 웃음 띤 표정으로 도로가에게 물었다.

"서기께서는 중국 역사상 가장 많은 재상을 배출한 현縣이 어디인 줄 혹시 알고 계시오?"

도로가는 한참을 생각했으나 대답을 하지 못했다. 모택동이 다시 물었다.

"서기께서는 산서성의 최고 책임자 아닙니까? 배도가 누구인지 모르지는 않을 텐데요."

그래도 도로가는 대답을 하지 못했다. 모택동은 더 이상 기다리지 않고 설명했다.

"중국에서 재상을 가장 많이 배출한 지방은 바로 서기가 재임하고 있는 산서성 문희현이오. 배도 역시 당나라 때의 재상으로 문희현 사람이지요. 그 외에도 재상이 한두 사람 나온 것이 아닙니다. 정말 대단한 가문 아닙니까?"

이처럼 모택동까지 찬탄해 마지않았던 배씨 가문의 역사는 진시황의 조상인 비자非子의 6대손 때부터 시작된 것으로 알려져 있다. 주나라 희왕僖王 시기에 활동했던 이 자손이 과거 성인 '菲'(비) 자 밑에 '邑'(읍) 자를 쓰는 글자에서 읍 자를 떼어 내고 '衣'(의) 자를 대신 집어넣어 배씨가 됐다고 한다. 이후 그 후손인 배엽裴曄이 한나라 영건永建 원년(126)에 현재의 배백촌에 정착해 배씨 가문의 역사가 시작되었다.

배백촌에서 시작되는 명문가의 자강불식

배엽이 배백에 정착한 이후 가장 먼저 한 일은 집안 후손들의 교육이었다. 학교를 세우고 인재를 양성한 것은 당연한 수순이었다. 또 가문의 후손들이라면 반드시 지켜야 할 금과옥조로 자강불식의 정신을 정했다. 지금 존재하는 배씨 가훈 12조의 기초가 되는 정신이었다. 이후 후손들은 이 정신을 철저하게 지키기 위해 노력했다. 결과는 곧 나타나 후손들은 너 나 할 것 없이 각계에서 맹활약을 하게 되었다.

우선 서진 때의 배수裴秀를 거론해야 할 것 같다. 그는 관직이 상서복야, 광록대부, 사공司空 등에 이르는 대정치인이 됐음에도 일찌감치 눈을 뜬 지도학에 매진해 큰 업적을 남겼다. 실제로 그가 창제한 제도육체製圖六體는 중국 고대 지도 제작학의 이론적 기초가 됐을 뿐 아니라 고대의 지도 제작학에 과학 및 수학적 근거를 마련했다는 평가를 받는다. 이 이론은 이후 명나라 말기까지 1,400여 년 동안이나 활용되기도 했다. 또 그가 지은 『우공지역도』禹貢地域圖 18편은 서문을 제외하고는 유실됐으나 중국 최초의 지도학 전문 서적으로 유명하다. 영국의 과학기술사가인 조지프 니덤이 그를 중국 지도 제작학의 아버지라고 부른 데에는 다 이유가 있다. 배수는 한마디로 유럽 고대 그리스의 천문학자이자 지리학자인 프톨레마이오스와 비견될 만한 인물이었다. 할아버지 배무裵茂, 조조曹操 밑에서 활약한 아버지 배잠裵潜 등이 교육을 통해 부단히 주입한 자강불식의 정신이 빛을 발한 경우이다.

배수의 아들인 배외裵頠는 가문의 정신을 철학 공부에 매진하는 것으로 빛냈다. 무無를 중시하는 허무주의 계열의 왕필王弼(노자의 『도덕경』에 주를 단 학자)과 하안何晏(한나라의 대장군 하진何進의 손자)이 주창한 귀무론貴無論에 대항해 『숭유론』崇有論을 썼다. 이 책에서 그는 '무는 유를 절대로 창조할 수 없다'는 사실을 기본으로 전제한 다음 '유有가 만물의 존재 변화의 기초'라는 낙천적 주장을 펼쳤다.

배외는 대단한 웅변가이기도 했다. 조정에서 조회를 할 때면 좌중을 압도하는 사자후를 뿜는 경우가 많았다. 진晉 무제武帝를 비롯한 조정대신이 하나같이 탄복할 정도였다. 그는 이런 말재주를 자신을 드러내는 데 별로 사용하지 않았다. 현명한 인재를 등용하고 충언을 받아들여야 한다고 무제를 설득할 때만 수다스럽다는 말까지 듣는 것을 감수한 채 집중적으로 사용했다.

남조 시기의 사학자 배송지裵松之의 대에 이르면 배씨 가문의 위용은 현란하다는 표현이 딱 맞을 정도가 된다. 배잠의 후손인 그가 아들 배인裵駰을 잘 훈육시켜 증손자 배자야裵子野까지 저명한 사학자로 만드는 기적을 일군 것이다. 조금 과장해 말하면 그의 직계 가문만 때로 떼어 놓고 살펴봐도 반고班固 가문에 크게 뒤진다고 하기는 어렵지 않을까.

이들 중 배송지는 자강불식의 생활을 실천하는 데 뛰어났다. 어릴 때부터 아버지 배규裴珪로부터 독서 교육을 철저하게 받아 여덟 살의 나이에 이미 『논어』와 『시경』詩經 등을 외웠다고 한다. 15세를 전후해서는 웬만한 유교 경전을 다 읽을 수 있었다. 나중에는 진보 속도가 훨씬 더 빨라져 고작 20세의 나이에 중장군中將軍이 되었다.

그가 큰 역사학자가 된 데에는 다분히 운명이라고 해도 좋을 행운도 있었다. 이 행운은 훗날 남조의 송나라를 개창하는 태위太尉 유유劉裕와 깊은 관계가 있다. 때는 416년이었다. 동진의 신하가 아니라 군주가 돼 보겠다는 야심이 강했던 유유는 이해에 일생일대의 용단을 내리고 북벌에 나섰다. 이때 배송지 역시 사주주부司州主簿라는 신분으로 그를 수행했다. 유유는 배송지를 유심히 살펴봤다. 일찍이 대단한 인물이라는 소문은 들었으나 보통 인재가 아니라는 생각이 계속 든 까닭이었다. 얼마 후 그의 입에서는 찬탄의 소리가 흘러나왔다.

"그대는 진짜 흔히 볼 수 있는 보통의 인재가 아니오. 완전히 타고났다고 해도 좋소. 그런데도 계속 노력을 하니 다른 사람들이 당해 내지를 못하지. 정말 나라를 이끌어갈 뛰어난 인재요."

유유는 자신의 야심대로 4년 후 동진의 공제恭帝의 양위를 받아 황제에 올랐다. 그는 자신의 평생소원을 성취하자마자 그 누구보다 조언을 많이 해 준 측근 배송지를 불러 말했다.

"그대는 어떤 자리에서 일하기를 원하오? 시원스럽게 말해 보시오. 내 다 들어주겠소."

배송지가 머뭇거리지 않고 대답했다.

"특별히 원하는 자리는 없습니다. 그저 폐하의 측근에 있으면서 조정에 도움을 드리고 싶습니다."

"아니오. 내 그대에게 태자를 지근거리에서 돌봐 주는 태자세마太子洗馬 자리를 주겠소. 우리의 조정이 잘되려면 태자가 훌륭해야 하오. 그 아이가 잘못된 길로 나가지 않도록 잘 이끌어 주시오. 눈을 뜨나 감으나 늘 노력하는 그런 사람이 되도록 말이오. 나는 그대처럼 진지하게 노력하는 사람을 평생 본 적이 없소."

배송지는 이렇게 해서 무제 집안의 가정교사가 되었다. 나중에는 무제의 셋째 아들인 문제文帝의 눈에도 들어 측근으로 완전히 자리를 굳혔다. 이 문제가 즉위한 지 얼마 안 된 어느 날이었다. 그는 배송지를 은밀히 불러 말했다.

"그대는 진수陳壽의 『삼국지』三國志를 읽어 봤을 거요. 어찌 생각하시오?"

배송지는 어안이 벙벙했다. 문제가 왜 엉뚱한 질문을 하는지 몰랐던 것이다. 그러나 그는 평소 생각대로 대답을 하기는 했다.

"대단히 훌륭한 역사서이기는 하나 문제가 전혀 없는 것은 아닙니다. 무엇보다 내용이 지나치게 간략합니다."

"그렇지. 그대도 나와 같은 생각이군. 그렇다면 그 약점을 보완하기 위해 책에 주석을 달아 보면 어떻겠소? 그대의 평소 노력하는 자세로 보면 별로 어렵지 않게 그 일을 할 수 있을 것 같소."

"능력은 없으나 맡겨 주시면 하겠습니다."

배송지는 곧 다양한 사료들에 대한 수집에 들어갔다. 얼마 안 있어 무려 140여 종의 사료가 모였다. 이후 그는 두문불출하면서 작업에 들어갔다. 사료의 출전을 밝혀 기록하는 방식이었다.

『삼국지』 원문의 3배나 되는 『삼국지주』三國志注, 이른바 '배주'裴注 65권은 그의 초인적인 노력 덕분에 예상보다 빨리 완성됐다. 그의 나이 57세 때인 420년이었다. 그는 완성된 원고를 들고 문제를 찾았다. 문제는 원고를 훑어보다 감탄을 금치 못했다.

"정말 불후의 작품이오. 대단하다고밖에는 달리 할 말이 없구려."

문제의 찬탄은 공치사가 아니었다. 실제로 배송지가 해낸 일은 대단했다. 무엇보다 고작 5년의 짧은 시간 동안 방대한 사료들을 다 읽고 일일이 주를 다는 것은 간단한 일이 아니었다. 원고의 양도 방대했다. 배송지가 끈질긴 집념이 없는 사람이었다면 불가능했을 일이었다.

인 재 의   보 고 가   되 다

배송지가 이런 사람이었으니 아들 배인 역시 간단할 리 없었다. 그가 주목한 사서는 『사기』였다. 그는 어린 시절부터 아버지의 영향을 받아 『사기』를 읽고 또 읽었다. 그러다 주가 없으면 후세 사람들이 연구하거나 읽을 때 무척 불편할 것이라는 생각을 하게 됐다. 그는 곧 아버지처럼 주석을 다는 작업에 착수했다. 몇 년 동안의 고통스러운 작업은 좋은 결과로 나타났다. 『사기』가 세상의 빛을 본 이후의 최초 종합 주석서이자 사마정司馬貞(당나라 때의 사학자)의 『사기색은』史記索隱

30권, 장수절張守節(당나라 때의 사학자)의 『사기정의』史記正義 30권과 함께 '사기삼가주'史記三家注로 불리는 『사기집해』史記集解 130권을 완성한 것이다.

배송지의 증손자이자 배인의 손자인 배자야는 『송략』宋略 20권의 편찬을 통해 자신 가문의 피에 녹아 있는 자강불식의 정신을 증명했다. 책이 너무나 완벽해 『송서』宋書를 저술한 심약沈約조차 "내가 도저히 따를 수가 없다"고 찬탄했다고 한다. 이로써 배인은 증조할아버지, 할아버지와 함께 '사학삼배'史學三裵로 불리게 되었다.

수나라와 당나라 때 주로 활약한 정치인 배구裵矩는 서진 때의 선조 배수와 충분히 비견될 만한 인물이다. 원래는 청백리로 이름이 높았으나 수나라 양제煬帝 때 변경인 장액張掖(지금의 감숙성甘肅省 일대)으로 가서 얻은 서역과의 무역 경험을 토대로 지리서인 『서역도기』西域圖記 3권을 완성했다. 그는 이외에 고구려의 풍속과 사회상을 담은 『고려풍속』高麗風俗이라는 책도 저술한 바 있다.

수나라 때의 배세청裵世淸도 자강불식의 정신을 실천한 배씨 가문의 일원으로 손색이 없다. 그의 노력은 외교 방면에서 두드러졌다. 608년 일본에서 사신을 파견하자 양제의 명에 따라 수나라 사절단 일행 13명을 대동하고 일본을 방문한 것이다. 당시 그는 오랜 항해도 무난하게 이겨 내고 일본의 왕을 만나 국서를 전달했다. 그가 휴대한 국서의 내용은 지금 일본 최고의 사서인 『일본서기』日本書紀에 그대로 남아 있다.

당나라 때는 배씨 가문의 전성기라고 해도 좋다. 수많은 후손의 자강불식 노력이 당나라의 태평성대를 이끌었다. 개국공신인 배적裵寂이 대표적이다. 수나라 말엽에 군웅이 할거하면서 천하가 대란에 빠졌을 때 이연을 도와 당나라를 세웠다. 이연이 그에게 종종 "내가 지금의 성공을 거둔 것은 공의 힘 덕분이다"라고 거침없이 말할 정도였다.

배행검裴行儉은 인생 자체가 자강불식의 드라마였다. 그가 태어나기 직전에 일어난 비극적인 사건 하나를 보면 알 수 있다. 수나라가 멸망한 이 시기에 그의 아버지 배인기裴仁基와 배행엄裴行儼은 군벌 왕세충王世忠 밑에서 활약하고 있었다. 각각 공도 상당히 많이 세워 왕세충은 전적으로 두 사람을 의지했다. 왕세충이 건국에 성공해 왕조를 오랫동안 이어 가면 요직에 중용될 가능성도 있었다. 그러나 두 부자는 다른 생각을 하고 있었다. 그를 제거하고 당나라에 투항하고자 한 것이다. 이 모의가 발각되자 왕세충의 피의 숙청이 시작되었다. 배씨 성을 쓰는 사람과 그 친족들의 씨가 완전히 말랐다고 해도 과언이 아니었다.

다행히도 배인기의 부인은 이 과정에서 살아남아 배행검을 낳았다. 하지만 사는 것이 죽는 것보다 못했다. 지금과 마찬가지로 당시에도 유복자와 과부의 삶은 지난할 수밖에 없었던 것이다. 배행검의 삶은 힘겨웠다. 공부는 고사하고 끼니를 때우지 못할 때가 하루 이틀이 아니었다. 선조들 같은 미래의 청사진을 그린다는 것은 그야말로 사치였다. 그러나 그는 좌절하지 않았다. 기가 죽지도 않았다. 오히려 어머니를 지키고 가문을 되살리기 위해 더 피나는 노력을 기울였다. 주경야독이 따로 없었다.

과연 노력은 헛되지 않았다. 그는 20세가 채 되지 않은 나이에 관직에 올랐다. 이어 예부상서禮部尙書까지 오르며 승승장구했다. 유학에 정통한 문관임에도 군사 전략가로서도 대단한 활약을 했다. 이른바

하동 배씨 가문의
대표 인물이라 할 수 있는
당나라 시기의 재상 배도

'싸우지 않고 굴복시키는 병법'으로 돌궐突厥을 수차례나 평정했다. 게다가 당대의 명필이었다는 사실까지 상기하면 그의 노력은 자강불식이라는 말로도 모자란다고 해야 한다. 오늘날도 그는 배씨 가문뿐 아니라 전체 중국의 역사 인물 가운데 가장 치열하게 자강불식의 노력을 기울인 대표적 인물로 꼽힌다.

　모택동이 언급한 배도 역시 거론해야 한다. 배도는 당나라 초기의 대표적인 재상 위징魏徵과 비교해도 손색이 없는 인물로 평가된다. 세 번이나 실각하고도 끈질긴 노력을 통해 재기한 사실을 놓고 보면 오뚜기로 불린 등소평의 멘토를 지하에서나마 자임해도 괜찮지 않을까. 무려 네 명의 황제 밑에서 20여 년 동안이나 국정을 운영한 점도 놀랍다. 당나라 때의 시인 백거이白居易는 그를 유방劉邦을 도와 한나라를 건국한 소하蕭何, 조참曹參보다 높이 평가했다.

배씨 가문은 당나라에서만 17명의 재상을 배출했다. 당나라의 황제가 측천무후를 제외하고는 19명이었으므로 한 황제에 한 명 정도의 재상이 나왔다는 얘기가 된다. 송나라 때의 문호인 구양수가 "당나라 때의 재상은 단연 배씨가 최고였다"라고 칭송한 것은 이런 사실에 근거한다. 또 지금의 문희현이 재상촌으로 불리는 것도 이 때문이다.

조　선　과　의　인　연

하동 배씨 가문의 후손들은 원나라 말기, 명나라 초기 때부터는 서서히 문희를 떠나 다른 지역으로 본격적으로 이주했다. 이후 이들은 곡옥曲沃, 안읍安邑 등의 8개 배씨로 세분되었다. 그러나 같은 조상을 두었기 때문에 한 가문으로 분류된다. '천하의 배씨는 둘이 아니다'라는 말은 이렇게 해서 생겼다.

이 시기에도 역사에 족적을 남긴 유명인은 많다. 명나라 말기, 청나라 초기 사람인 배희도裴希度를 먼저 꼽을 수 있다. 당시까지 전해 내려오던 수많은 명저들을 정리한 『식재장서』息齋藏書 12권을 편집해 후세에 남겼다. 이 책은 지금도 고전 연구가에게 귀중한 자료로 평가받고 있다. 이 책을 읽지 않으면 제대로 된 학자가 아니라는 말이 있다.

배씨 가문의 62대손인 배솔도裴率度와 아들 배종사裴宗賜, 손자 배

정문裵正文 역시 기억해야 할 것이다. 관직이 순무巡撫와 어사 등에 오를 만큼 세속적인 출세를 했음에도 3대를 이어 가면서 가문의 족보인 『하동배씨신보』河東裵氏新譜를 완성하는 자강불식의 노력을 보여 주었기 때문이다. 특히 배솔도와 배종사는 세상을 떠나는 순간까지도 자식에게 족보를 완성해 달라는 유언을 남기는 열정을 보였다. 착수한 지 1세기 만인 1805년에 조손 3대에 의해 족보가 완성된 것은 이 덕분이다. 이 족보는 문혁 때 사라질 위기에 처한 적도 있었다. 홍위병이 배백촌에서도 유물이나 유적을 파괴하는 등 기승을 부린 탓이었다. 그러나 이때 76대손인 배부인裵富仁(페이푸런)이 배씨 가문의 후손답게 생명의 위험을 무릅쓰고 족보를 지켜 냈다. 족보를 기름종이에 싼 채 마을의 홰나무 밑에 묻어 무사히 보전한 것이다.

배씨 가문의 후손에는 한국과 밀접한 관련이 있는 인물도 있다. 배삼생裵三生이다. 그가 젊었던 시절인 명나라의 마지막 황제 사종思宗(숭정제) 때였다. 중국 대륙은 그야말로 대혼란에 빠져 있었고 도적들도 벌떼처럼 일어났다. 이에 배삼생은 젊은 의기로 고향 대동大同(지금의 산서성 대동大同)에서 의병을 일으켜 도적을 소탕했다. 이어 북경이 여진족의 청나라 군대에 함락될 때 의병을 이끌고 나가 치열하게 싸웠으나 역부족으로 청나라 군대의 포로가 되었다. 20대 초반의 팔팔한 나이에 자유를 잃은 그는 곧 심양瀋陽으로 압송되었다. 그는 이 심양에서 당시 볼모로 와 있던 조선의 봉림대군鳳林大君과 운명적인 만남을 하게 된다. 만남이 길어지면서 청나라에 대한 반감이 골수에 사무친 두 사람은 의기투합했다. 하루는 무려 8년 동안이나 볼모 생활을 한 봉림대군이 그에게 말했다.

"배 공公, 나는 곧 돌아가오. 돌아가면 볼모로 당한 치욕을 반드시 갚을 요량이오. 청나라를 치기 위해 조선의 군사력을 막강하게 키울 것이오. 배 공의 도움이 필요하오."

배삼생은 조선으로 함께 가자는 뉘앙스를 풍기는 봉림대군의 말이 의미하는 바를 모르지 않았다. 그의 입에서 즉각 단호한 어조의 말이 튀어나왔다.

"소생도 조선으로 함께 가겠습니다. 청나라를 무찌르는 일이라면 소생은 물불을 가리지 않겠습니다."

배삼생은 자신의 말대로 봉림대군과 함께 조선으로 갔다. 1645년 무렵이었다. 이때 그와 함께 망명에 나선 인물은 모두 8명으로 중국에서는 그를 포함한 이들 9명을 '아홉 의사義士'라고 부른다. 그는 1649년 봉림대군이 효종孝宗으로 즉위한 다음 북벌 계획을 추진할 때 약속대로 적극적으로 참여했다. 조선 병사의 군사 훈련도 직접 시키면서 10여 년 동안이나 칼을 갈았다. 청나라를 치고 치욕을 갚을 날이 머지않은 듯했다. 그러나 1659년 효종이 세상을 떠나면서 그의 뜻은 이뤄지지 못했다. 배삼생은 끝내 한을 품은 채 망명지인 조선에서 세상을 떠났지만, 그의 후손은 지금도 가평과 서울에서 200~300명 정도 살고 있다. 약 3천 명 가까이 늘어난 다른 8명의 의사 가문 후손과 통혼하면서 치욕을 씻기 위해 자강불식한 선조의 정신을 잃지 않고 있다고 한다.

결 혼 을 통 한 인 맥 구 축

하동 배씨 가문이 2천여 년 동안 유일하다는 말을 들을 정도로 압도적인 중국 최고 명문이 된 데에는 후손들의 자강불식을 통한 맹활약 말고도 여러 요인이 있다. 청나라의 사상가 고염무顧炎武가 말한 바에 따르면 결혼을 통해 막강하게 구축한 혼맥婚脈을 들 수 있다. 또 이를 통해 계속 후손에게 넘겨진 신분 세습도 있다. 이 중 신분 세습의 가능성을 더욱 높여 주는 혼맥을 보면 입이 다물어지지 않는다. 당대의 명문과 통혼한 것을 굳이 들 필요조차 없다. 가문으로 따질 경우 늘 당대 최고인 역대 왕실과 맺은 혼맥만 살펴봐도 바로 알 수 있다.

『하동배씨신보』 등의 족보에 나오는 통계에 따르면 역대 왕조에서 배출된 배씨 가문의 황후만 3명에 이른다. 여기에 태자비 4명, 왕비 2명도 있다. 황제의 사위인 부마는 더 많아 21명에 이른다. 당연히 황실의 피를 타고 난 귀족의 수는 헤아릴 수조차 없다.

황실의 일원이 된 이들 후손 중에서 가장 유명한 인물로는 단연 당나라 때의 애황후哀皇后 배씨를 꼽아야 할 것 같다. 측천무후의 아들인 이홍李弘과 결혼해 태자비가 된 다음 황태후로 추증된 사람이다.

당초 그녀는 황후가 될 운명이 아니었다. 고종과 측천무후가 이홍을 위해 선택한 부인은 그녀가 아니었던 것이다. 둘이 자신들의 며느리로 선택한 사람은 빼어난 미모의 재원으로 유명했던 사위소경司衛少卿 양사검楊思儉의 딸 양미운楊美雲이었다. 이홍 역시 그녀의 빼어난 미모와 재주에 혹해 곧 이어질 결혼생활을 잔뜩 기대하고 있었다. 그러나 호사다마라는 말처럼 황실의 큰 잔치를 앞두고 엉뚱한 일이 벌어지고 말았다.

측천무후의 언니 무순武順에게는 하란민지賀蘭敏之라는 아들이 있었다. 당대의 미남답게 대단한 플레이보이로 소문난 인물이었다. 측천무후는 이 조카를 굉장히 총애해 궁중으로 불러들여 늘 가까이했다. 나중에는 친정의 후사를 잇도록 무씨 집안의 양자로 입적하기까지 했다. 하란민지가 무민지가 된 것이다. 그러나 그는 이모의 기대를 저버리고 우연한 기회에 만난 양미운에게 반해 그만 부적절한 관계를 맺는 실수를 저질렀다. 믿었던 조카와 예비 며느리에게 뒤통수를 맞은 측천무후는 분노했다. 하란민지는 변방인 뇌주雷州로 유배됐고 양미운은 폐태자비가 됐다.

이후 측천무후는 새 태자비를 알아보기 위해 고심했다. 더구나 한 번 실패를 한 만큼 이번에는 며느리 후보자에 대한 검증을 철저하게 해야 했다. 그러다 그녀의 눈에 우위장군右衛將軍으로 있던 하동 배씨 가문의 후손인 배거도裴居道의 딸이 들어왔다. 그녀는 즉각 배거도와 딸을 궁중으로 불렀다. 면접은 대만족이었다. 자강불식의 정신을 실천하는 명문가의 후손다웠다. 배거도의 딸은 끝까지 시어머니의 기대를 저버리지 않았다. 늘 검소하게 지내고자 노력했다. 남편이 일찍 세상을 떠나지 않았으면 실권 있는 황후가 되어 역사에 이름을 오래도록 남길 수도 있었겠지만 운명은 그녀에게 더 이상의 행운을 허락하지 않았다.

정사正史의 기록에 따르면 그녀는 자식을 낳지 않은 것으로 나온다. 그러나 야사에는 아들 이강李豐을 낳아 황실 밖에서 몰래 크도록 했다는 기록이 있다. 남편이 세상을 떠난 다음 궁중의 권력 투쟁이 두려워 임신 사실을 숨긴 채 궁중 밖에 나가 출산을 했다는 것이다. 후에 이강은 당나라 황실에 의해 왕자의 지위를 회복했으나 끝까지 농사를 짓고 살았다고 한다. 후손은 지금의 섬서성 서안西安 일대에 많이 사는 것으로 알려져 있다.

후손들을 통해 수신제가修身齊家와 더불어 치국평천하治國平天下의 전범을 보여준 배씨 가문의 얘기가 예술 작품에도 나오는 것은 너무나 당연하다. 실제로 유명한 역사극인 『유서호』游西湖, 『이혜랑』李惠娘, 『배항우선기』裴恒遇仙記, 『백사전』白蛇傳 등의 작품은 배씨 가문 후손과 관련한 얘기들을 주요 내용으로 한다. 이 중 『백사전』은 당나라 때의 유명한 정치가이자 서예가인 배휴裴休의 아들 법해法海가 주인공이다. 해마다 영화나 TV 연속극으로도 제작되는 인기 작품으로 유명하다.

지금 배씨 가문의 고향인 문희현 배백촌에는 이들의 영화와 관련된 유적들이 적지 않게 남아 있다. 우선 배씨박물관이 있다. 당나라 때 세워진 마을 북쪽의 사당인 배씨종사裴氏宗祀 옛터에 신축된 박물관으로 정문 앞에는 118개의 푸른 계단이 설치돼 있다. 이는 배씨 가문이 배출한 각각 59명의 재상과 대장군을 합친 숫자를 의미한다. 또 계단의 벽에는 "천하의 배씨는 둘이 아니다"라는 구양수의 말이 커다랗게 새겨져 있다. 이 밖에 박물관 주변에는 옛날 비석 수십 개가 아직 현존해 있다. 역사와 서예 연구자들에게 귀중한 사료로 평가받고 있는 유적들이다.

귀중한 교육 현장으로서의 가치

현재 이 배백촌은 중국뿐 아니라 외국에서도 큰 주목을 받고 있다. 귀중한 교육의 현장으로 부족함이 없기 때문이다. 산서성 당국도 이 사실을 깊이 인식하고 최근 마을 주변 일대를 문화테마파크로 개발해 해외의 관광객을 유치하는 계획을 속속 진행시키고 있다.

마을 일대 후손들의 생활 모습에서도 열심히 노력하고 쉬지 않는 배씨 가문의 정신은 읽을 수 있다. 각 가정의 대문마다에 농사를 짓고 공부를 하는 전통을 집안에 전한다는 의미의 '耕讀傳家'(경독전가)라는 글씨를 써 놓은 것은 이런 분위기를 대변한다. 그래서일까, 이 마을 후손들은 과거에 합격하지 못하는 사람은 조상의 사당에 들어가지 못한다는 가문의 전통에 따라 한 가지 원칙을 반드시 지킨다. 경제 사정이 아무리 어려워도 자녀들에게 최소한의 교육은 시킨다는 것이다. 이로 인해 이 마을의 적령기 아동의 중학 진학률은 100퍼센트에 이른다. 또 마을에서는 늘 학생들에게 '옥은 다듬지 않으면 보석이 되지 못한다. 사람은 가르치지 않으면 의를 모른다'는 정신을 가르치고 있다. 이 마을 출신 청년들 50~60명이 최근 4~5년 동안 '사람이 하나를 할 수 있으면 나는 열을 할 수 있다'는 정신으로 노력을 기울여 명문 대학에 입학할 수 있던 바탕이리라.

이런 노력을 잊지 않은 덕에 지금도 하동 배씨 가문의 후손들은 각계에서 맹활약하고 있다. 먼저 인민해방군 장군이 부지기수다. 장성 양성 학교인 국방대학교 교장까지 지낸 배회량裴懷亮(페이화이량) 예비역 상장上將(대장에 해당)을 비롯해 수십여 명에 이른다. 현직 부부장급

가 배 하 · 끊 갈
문 씨 동 · 임 마
　　　　없 음
　　　　닦 이 을 몸
　　　　　다 이 을 과　8

2
1
1

배백촌의 제사 모습

(차관급) 관리도 일일이 거론하기 힘들다. 주인도, 주폴란드 대사를 지낸 배원영裵遠穎(페이위안잉)이 대표적이다. 지금도 종종 언론을 통해 글을 기고하면서 중국 정부의 외교에 조언을 하는 노익장을 과시하고 있다.

예술가로 활약하는 후손도 있다. 대표적인 인물이 중국화의 중진 배개원裵開元(페이카이위안)이다. 현재 활동하는 강소성뿐 아니라 전 중국에서도 알아주는 화가로 유명하다.

배신화裵新華(페이신화)라는 여성은 하동 배씨 후손 중에서는 중국인에게 가장 친근한 사람이 아닌가 싶다. 1994년 명문으로 손꼽히는 전매傳媒대학교 방송과를 졸업한 후 국영 중앙방송인 CCTV 채널1의 일기예보 사회자로 일하고 있다. 자강불식의 정신을 잊지 않은 여성 선조들을 닮았다고 해도 과하지 않다.

이들 후손은 조상들의 정신만 기억하는 것이 아니다. 매년 음력 3월 3일이면 조상들의 영혼을 위로하는 제사까지 정성스럽게 지내고 있다. 1994년부터 시작된 이 제사에는 해마다 전국의 모든 배씨 종친들이 뽑아 보낸 대표 약 120여 명 정도가 참석한다. 당연히 배씨 후손으로서 계속 부끄럽지 않은 행동을 할 것과 가문의 정신을 잊지 않을 것을 다짐한다.

하동 배씨 가문은 어떻게 보면 한국의 명문가로 손꼽히는 경주 최씨 가문과 비슷한 일면이 있다. 우선 가문의 역사가 장구하다. 가훈을 정해 후손들을 제대로 교육했다는 사실도 유사하다. 하동 배씨의 경우 12개의 가훈, 경주 최씨는 후손인 최 부자 가문 13대의 가훈인 6훈이 유명하다. 그러나 결정적인 차이가 있다. 적극적인 현실 참여에 대한 입장이 다르다. 하동 배씨는 적극적으로 세상에 나가 국가와 민족을 위해 일하라는 정신을 고취시키는 반면 경주 최씨는 벼슬은 하지 말라는 가훈을 남겼다. 현실 참여에 대한 적극적 자세와 조용히 세상에 나가지 않고 은자처럼 사는 태도 중에서 어느 쪽이 더 낫다고 단언하기는 어렵다. 하지만 사회생활을 하지 않고 사는 것이 불가능한 시대인 만큼 하동 배씨 가문의 정신에 점수를 조금 더 주는 것도 무방하지 않을까. 이 점에서 보면 하동 배씨의 자강불식 정신은 오늘을 사는 현대인이라면 반드시 갖추어야 하는 생활태도라 보아도 좋을 듯하다.

9

왕희지
가문

소박하고 욕심 없는 삶

주나라 태자에서 시작되는 고귀한 가문

　권력이나 재력이 막강한데도 인간성까지 좋으면 정말 대단한 사람이다. 아니 최소한 오만방자하지 않기만 해도 그럭저럭 괜찮다. 그러나 대체로 그렇지 못한 경우가 많다. 가진 것이 많은 데도 겸손하고 인간에 대한 예의가 대단한 사람이 오히려 별종으로 취급 받는 것이 현실이다. 확연한 계급 사회였던 과거에는 더 말할 것이 없었다. 남보다 훨씬 우월한 지위에 있는 사람이 인격적으로 훌륭하기는 정말 쉽지 않았다. 굳이 애써 다른 사례를 들 필요조차 없다. 진 시황 이후의 중국 역사에서 나타났다 사라져간 408명의 황제들을 살펴보면 간단하다. 성군이나 명군으로 불리기보다는 폭군, 혼군昏君으로 손가락질받는 황제들이 훨씬 더 많다. 심지어 16명의 황제가 존재했던 명나라의 경우는 성군은커녕 평범한 황제조차 몇 명 되지 않았다. 하나같이 난폭하거나 무능, 황음에 빠져 들어 평생을 헤어나지 못했다. 인간에 대한 예의나 겸손 등과는 아예 거리가 멀었다. 이런 왕조가 어떻게 300년 가까이 존속했는지 의문이 들 정도이다. 하기야 그랬으니 1억 명의 인구를 보유하고도 겨우 50만 명에 불과한 여진족에게 멸망해 왕조의 문을 닫았을 것이다.

그러나 세상에는 종종 상식을 뛰어넘는 일이 벌어진다. 청나라가 역사상 최고의 융성기를 구가하도록 만든 강희제康熙帝, 옹정제雍正帝, 건륭제乾隆帝 등 3명의 황제가 이런 상식을 깬 경우에 해당한다. 능력은 굳이 말할 필요조차 없고 품성이라는 면에서도 명나라 황제들과는 비교조차 되지 않는다는 것이 역사의 기록이다. 황제만 그런 것이 아니었다. 정치인이나 학자, 일반 장삼이사 중에서도 이런 사람들이 많았다고 하기는 어려워도 적지는 않다. 가장 멀리까지 거슬러 올라가면 동진 때의 대서예가이자 정치인인 왕희지 가문이 있다. 특히 왕희지는 황제를 제외하면 모든 면에서 부러울 것 없는 신분이었으나 늘 겸손하고 진지하게 남에게 모범이 되도록 노력한 인물로 유명하다. 한마디로 인간에 대해 남다른 예의를 지켰다. 그가 지금도 서성書聖(서예의 성인)으로 불리는 것은 그저 단순하게 글씨만 잘 썼기 때문이 아니다.

당연히 왕희지의 이런 품성은 대를 이어 온 가정교육의 결과라고 단언해도 틀리지 않는다. 인생과 인간에 대한 진정성과 진지함이 가문의 정신이라는 얘기다. 역사 기록에 의하면 왕희지 가문의 조상은 주나라 때의 태자 진晉으로 주나라 영왕靈王의 아들이었다. 말 그대로 '일인지하 만인지상'이었다. 그러나 그는 이런 지위를 천박하게 즐기지 않았다. 대신 성심성의껏 아버지를 도와 1퍼센트의 귀족이 아닌 99퍼센트의 백성을 위한 선정을 베풀었다. 이는 "어려서부터 덕을 이루었다. 성품이 온유하고 공손했다"는 사서의 기록에서 드러난다. 당나라 때의 여제 측천무후가 그를 기리기 위해 선태자仙太子로 봉하고 숭악사嵩岳寺에 승선升仙(신선이 돼 하늘로 오른다는 의미) 태자비를 세운 것도 이런 사실과 맥락을 같이한다.

왕희지가 활동한 시기 이전까지 그의 정신을 제대로 이어받은 후손 중 눈에 띄는 인물은 헤아리기 어려울 만큼 많다. 흔히 귀곡자鬼谷子로 불린 왕후王詡, 진나라의 대장군을 지낸 9대손 왕전王翦, 한나라 때 궁중에 있다 흉노의 왕 선우에게 시집을 간 탓에 비운의 여인으로 불리는 왕 소군王昭君, 역시 한나라 때의 진보적인 사상가였던 21대손 왕충王充(『논형』論衡의 지은이)과 23대손 왕부王符(『잠부론』潛夫論의 지은이) 등을 들 수 있다. 그러나 선조의 정신을 가장 잘 실천한 인물로는 단연 25대손인 왕윤王允이 첫손가락에 꼽힌다. 잔인한 독재자인 동탁董卓이 황제를 꼭두각시로 만든 다음 백성을 도탄으로 몰아넣자 그를 제거했다가 일가족이 몰살을 당했다. 자신 한 몸만 생각했다면 동탁을 제거하기는커녕 그에게 바짝 붙어 호의호식을 했을 것이나 정반대의 길을 걸은 것이다.

왕 희 지 의　　어 린　　시 절

　　왕희지는 시조인 태자 진의 성이 '희'姬에서 '왕'으로 바뀐 이 가
문의 31대손으로 태어났다. 원래 그의 집안은 지금의 산동성 일대인
진晉나라 낭야국琅琊國의 명문거족이었다. 그러나 그의 아버지 왕광王
曠이 가정을 막 이뤘을 때인 4세기 초 진나라에는 일대 변란이 일어
났다. 이른바 8왕의 난(서진 시대에 8명의 왕이 개입한 내란)이라는 전란과 이
를 틈탄 북방 이민족의 침입으로 진나라의 북방이 혼란에 빠진 것이
다. 왕광은 도리 없이 모든 것을 다 버리고 식솔만 거느린 채 남행을
결행했다. 정착한 곳은 회계會稽로 불리던 지금의 절강성浙江省 소흥紹興
일대였다. 동진 역시 10여 년 후 이곳에 세워졌다.

　　거의 1,000년을 내려오던 명문거족인 왕희지 가문은 졸지에 적
수공권赤手空拳의 신세가 됐다. 그러나 썩어도 준치라고 근본 바탕이
있었던 탓에 어렵지 않게 재기할 수 있었다. 우선 아버지의 사촌인
당숙 왕돈王敦과 왕도王導가 그랬다. 진나라 황제들의 최측근으로 일하
면서 내란의 와중에서 허덕거리던 조정을 지탱하는 일등공신의 역할
을 했다. 당대의 서예가로 명성이 자자했던 아버지 역시 그럭저럭 괜
찮았다. 서법 연마에 몰두하는 와중에도 조정을 위해 열심히 일한 덕
에 태수 등의 자리까지 올라 명문거족의 일원이라는 사실을 증명했
다. 유명한 서화가에 온갖 예능에 능했던 삼촌 왕이王廙는 형보다 훨
씬 더 잘나갔다. 정국장군靖國將軍과 상서랑尚書郎, 좌위장군左衛將軍 등의
자리를 거친 후 형주자사荊州刺史까지 올랐다. 정무를 돌보는 사이사이
에는 황제들에게 서법과 경전 등을 가르치기도 했다.

잠시 추락의 위기를 맞았던 왕희지의 가문은 이렇게 해서 다시 완전하게 일어섰다. 황제 집안을 빼면 비교할 만한 가문도 거의 없었다.

왕희지는 어릴 때부터 아버지로부터 재주를 인정받았다. 일화를 보면 재주가 어느 정도였는지 알 수 있다. 하루는 아버지 왕광이 집으로 돌아왔다. 방에는 누가 그랬는지 그가 보던 책들이 어지럽게 널려 있었다. 그는 왕희지를 불러 물었다.

"무슨 책을 찾아보려고 그랬니?"

왕희지는 아버지가 자신을 혼내려고 하는 줄 알고 아무 대답도 하지 못했다. 그러자 어머니가 대신 대답을 했다.

"채옹蔡邕(후한의 학자, 문인이자 서예가) 선생의 필법에 관한 책을 찾으려고 했다는군요."

왕광은 아들이 기특했다. 그러나 너무 빠른 조기 교육도 좋지 않다 여겨 겨우 여섯 살인 아들을 조용히 타일렀다.

"네가 크면 이 아버지가 필법에 관한 비결을 적은 그 책을 너에게 틀림없이 물려주겠다. 하지만 지금 너는 너무 어려. 잘못하다가는 세상에 둘도 없는 보물을 잃어버릴 수도 있어."

왕희지는 아버지에게 자신의 속마음을 읽혔다는 생각이 들자 바로 꿇어앉아 진지하게 말했다.

"저는 이미 다 컸습니다. 더 있다가 그 책을 읽으면 늦을 것 같습니다. 지금 저에게 주십시오. 열심히 공부를 하겠습니다."

왕광은 보물로 간직하고 있는 책이 자칫하면 분실될지 모른다고 걱정했으나 어린 나이답지 않게 진지하게 나오는 아들을 보자 마음이 약해졌다. 게다가 아들이 서예에 천재적인 재주가 있다는 사실을

위대한 서성 왕희지

이미 알고 있지 않았던가. 그는 할 수 없이 침실 옆에 두고 있던 책을 꺼내 아들에게 건네줬다. 왕희지는 너무나 기뻐 이후 며칠 동안 식음을 전폐한 채 아버지가 물려준 책을 통해 글씨를 더욱 가다듬었다. 아버지 왕광 역시 흐뭇하게 이를 지켜봤다.

그러나 호사다마라고 얼마 있지 않아 불행이 닥쳤다. 내란을 평정하기 위해 군사를 이끌고 나갔다 대패한 왕광이 반란군의 포로가 된 다음 완전히 실종된 것이다. 왕희지가 단순한 글씨 쓰기에서 더 나아가 막 종합적인 밥상머리 교육을 본격적으로 받기 시작할 무렵이었다.

다행히 형 왕적지王籍之가 동생 같은 뛰어난 재능은 없어도 왕희지를 정신적으로 잡아 줄 그릇은 됐다. 어머니 위씨衛氏 부인도 명문거족 출신의 재원에 당대를 쥐락펴락한 여성 서예가답게 맹목적으로 사랑만 주는 사람이 아니었다. 왕희지에게 필진도筆陳圖라는 예술적인 서체를 가르치는 한편으로 늘 사람의 도리를 가르쳤다. 게다가 그에게는 아버지보다 여러모로 세속적으로 출세하고 유명했던 삼촌 왕이가 있었다. 왕이도 어려서 아버지를 잃은 조카를 돌보기 위해 온갖 정성을 기울였다. 특히 겸손하게 노력하는 모범적인 사람이 되라는 가문의 전통적 정신을 뇌리에 배게 하여 행동으로 옮길 수 있도록 교육했다. 그가 필생의 역작인 〈공자십제자도〉孔子十弟子圖를 그려 왕희지를 비롯한 조카들과 아들 왕호지王胡之에게 뜻을 늘 마음에 새기도록 한 것도 이 때문이었다. 어린아이들에게는 말보다는 시청각 교육이 더 효과적이라는 사실을 알았던 것이다.

천부적인 자질과 명문 집안의 분위기, 주변 집안 어른들의 교육을 통해 왕희지는 이미 10대에 서예 대가의 반열에 오르는 실력을 쌓을 수 있었다. 이 정도 되면 누가 나와 필적할 것인가 하고 교만해지기 십상이다. 하지만 그는 그러지 않았다. 자신이 부족하다고 생각하며 더 배우기 위해 노력했다. 자신보다 한참 아래에 있던 어머니의 여동생이자 당숙모(왕도의 부인)인 위씨 부인에게도 배울 것이 있다면서 제자로 거둬 주기를 청하기까지 했다. 명예와 이익, 권세나 권력 같은 것은 중요하게 생각하지 않는 그의 품성은 아마도 이 10대 때 완전히 형성되지 않았나 한다.

뜻 하 지 않 은 명 문 가 와 의 혼 인

이런 겸손함과 남에게 모범이 되고자 하는 인간적인 진정성은 그의 결혼에도 결정적인 영향을 미쳤다. 그가 20세 때인 323년의 어느 날이었다. 하루는 왕씨 집안의 젊은 준재들이 한 항렬 위인 왕도의 집에 모이게 됐다. 이들은 모두 잘 차려입은 채로 한담을 나누고 있었다. 마침 이때 왕도 집안의 집사가 오더니 젊은이들에게 말했다.

"조금 있으면 왕도 공께서 귀빈을 모시고 여러 공자들을 보시러 올 것입니다. 공자들 중 한 분을 치감郗鑒 대인의 사위로 삼는다고 하는군요. 공자들께서는 여기에서 기다리십시오. 절대로 이곳을 떠나시면 안 됩니다."

얼마 후 집사는 왕도와 무장 복장을 한 어떤 사람을 데리고 들어왔다. 열심히 잡담을 나누고 있던 왕씨 가문의 젊은 인재들이 약속이나 한 듯 일제히 조용해졌다. 잘 보이려고 긴장하는 표정도 역력했다. 무장 복장을 한 사나이는 젊은이들을 하나씩 뜯어보기 위해 치감이 보낸 면접관으로 이름은 조눌曹訥이었다. 조눌은 젊은이들에게 다가와서는 한마디도 하지 않았다. 그저 이리저리 왔다 갔다 하면서 그들을 살펴봤다. 그가 얼마 후 입을 열었다.

"한 공자도 빠지지 않았죠?"

조눌의 말에 집사는 깨달았다는 듯 입을 열었다.

"아. 동쪽 저 침상에 한 공자가 더 있네요."

조눌은 집사의 말에 따라 동쪽으로 발길을 옮겼다. 집사의 말대로 웬 젊은이가 침상에 앉아 태연하게 뭔가를 먹고 있었다. 게다가 소박해 보이는 옷을 풀어헤친 채 배까지 드러내고 있었다. 명문거족 가문의 사위가 되고 싶은 마음이 전혀 없다는 투였다. 오만하기보다는 욕심이 없는 자세라고 하는 것이 옳았다.

조눌은 이 젊은이에게 갑자기 흥미가 생기는 것을 어쩌지 못했다. 치감의 집에 가서 여러 다른 인재들에 대한 품평을 하면서도 이 젊은이 역시 빼먹지 않고 입에 올렸다. 그러자 치감이 웃으면서 말했다.

"그 친구가 내가 찾고 있던 사윗감일세! 드디어 내 눈앞에 나타났구먼. 정말 다행이야."

치감은 즉각 다시 사람을 왕도의 집으로 보냈다. 문제의 젊은이가 왕희지라는 사실은 어렵지 않게 알 수 있었다. 그는 곧 당대의 재원으로 꼽히던 자신의 딸 치선郗璇에게 남편감을 찾았다는 기쁜 소식을 조용히 알렸다. 왕희지도 졸지에 생각지도 않은 미모의 재원을 부인으로 얻게 됐다. 이후 왕희지의 명예나 권력을 탐하지 않는 자세는 단복동상袒腹東床(동쪽 침상에서 배를 드러낸다는 뜻)이라는 고사성어를 만들어 냈다. 이 말은 나중에 사위를 뜻하는 말이 됐다.

백 성 을   자 식 처 럼

그는 집안 내력과 실력, 처가의 배경으로만 놓고 보면 관직에서도 승승장구해야 했다. 하지만 평소 공명을 탐하지 않는 그가 자신의 발로 관직에 나가려 했을 리 없었다. 실제로 그의 재주를 아끼는 조정의 많은 고위 관료들이 그에게 이른바 러브콜을 보냈다. 관직에 올라 입신양명하라는 권유였다. 그럼에도 그는 꼼짝도 하지 않았다. 조정에서 관직을 줘도 정중하게 사양했다. 그저 인간에 대한 예의를 잊지 않으면서 후세의 귀감이 되는 서예가나 학자 정도로 남으려 하는 그로서는 너무나 당연한 태도였다. 그런 그에게도 자신의 올곧은 생각을 내려놓아야 하는 때가 있었다. 그 순간은 빨리 왔다.

그가 23세 되던 때였다. 이해에 그의 장인 치감과 당숙 왕도는 또 다른 당숙 왕돈의 난을 평정하는 큰 공을 세웠다. 당연히 논공행상에 따른 막강한 발언권을 가지게 됐다. 둘은 이심전심이라고 그들의 사위이자 조카인 왕희지가 관직에 오르도록 하자는 데 의견 일치를 봤다. 곧 둘은 그를 불렀다. 치감이 우선 입을 열었다.

"자네 나이면 지금쯤 관직에서 열심히 일을 하고 있어야 해. 어떻게 보면 너무 늦었어."

왕희지는 장인과 당숙의 생각을 모르지 않았다. 하지만 정말 생각이 없었다. 입에서도 자연스럽게 고사하는 말이 튀어나왔다.

"저는 그저 글이나 쓰면서 음풍농월하고 싶습니다. 서로 물고 뜯는 아수라장인 관계에는 나가고 싶지 않네요."

왕도가 그럴 줄 알았다면서 고개를 끄덕였다. 그럼에도 그는 이번만은 조카를 설득시켜야겠다는 의지를 굽히지 않았다.

"내가 너의 마음을 모르는 것은 아니다. 우리 집안의 정신이 그렇기도 하지. 그러나 관직에 있으면서도 선조의 유훈을 살릴 수 있는 길은 굉장히 많아. 항상 백성을 먼저 생각하는 겸손하고 진지한 관리도 될 수 있어. 이번에는 너의 장인까지 나섰으니 거절하지 마라."

왕희지는 아무 말도 하지 않았다. 당숙 왕도의 말도 틀리지는 않았던 것이다. 묵시적 수락의 뜻이었다. 곧 그에게 두 개의 자리 중 한 자리를 택일하라는 황제의 명령이 내려왔다. 하나는 권력을 휘두르는 자리인 상서랑이었다. 왕도가 추천한 자리였다. 다른 하나는 장인이 추천한 비서랑秘書郎이라는 자리로 상서랑과 함께 고위직으로 연결되는 엘리베이터였으나 일 자체는 청렴했다. 궁중의 장서 관리가 주된 일이었다. 평범한 사람이라면 아마도 100퍼센트 전자를 선택했을 것이다. 그렇지만 왕희지는 전혀 고민 없이 후자를 선택했다.

관리가 아닌 서예가와 학자의 입장에서 볼 때 그의 선택은 탁월했다. 비서랑으로 일하면서 각종 희귀한 전적들을 통해 당대의 명필인 종요鍾繇(삼국 시대 위나라의 정치가이자 서예가)를 비롯해 호소胡昭(종요와 같은 시대의 서예가), 장지張芝(한나라의 서예가), 색정索靖(서진 시대의 서예가) 등의 보물 같은 글씨들을 발견한 것이다. 그는 이때에도 겸손했다. 어릴 때의 초심으로 돌아가 베껴 쓰기를 거듭하는 노력을 기울여 실력을 거의 전인미답의 경지로 끌어올렸다.

그렇다고 왕희지가 자신이 하고 싶은 일만 하면서 나라의 녹을 의미 없이 축낸 것은 아니었다. 늘 겸손하게 백성을 위하는 마음을 잃지 않고 청백리로서 부모관父母官(백성을 직접 다스리는 지방 장관)의 역할을 다했다. 그가 50대의 나이로 우군장군右軍將軍 겸 회계내사會稽內史(내사는 지방 정부의 최고 책임자인 태수에 해당)로 있을 때였다. 주변 일대에 큰 기근이 발생했다. 백성들은 먹을 것이 없어 유랑 걸식을 하지 않으면 안 됐고, 이 광경을 본 그는 가슴을 쳤다. 왕희지는 조금의 망설임도 없이 용단을 내려, 회계 일대 지방 정부의 양곡 창고를 활짝 열어 이재민을 구제하라고 명령을 내렸다. 이뿐만이 아니었다. 그는 조정에서 세

금과 각종 요역(徭役)을 너무 심하게 강요할 때도 가만히 있지 않았다. 그래서는 안 된다는 상주문을 황제에게 계속 올려 보냈다. 아무리 명문거족 출신에 주위의 신망이 높다 해도 신하의 입장에서는 다소 과분한 자세였다. 자칫하면 파직이 아니라 목숨을 잃을 수도 있었다. 그러나 결과는 그렇지 않았다. 논리적이고도 백성들에 대한 사랑과 연민에 기초한 그의 글은 황제를 감동시키기에 부족함이 없었다.

왕희지의 인품과 관련한 재미있는 일화가 있다. 어느 날이었다. 저잣거리를 걷던 그의 눈에 바구니를 파는 할머니가 보였다. 그런데 바구니의 모양이 영 말이 아니었다. 낡은 것은 둘째 치고라도 아무 문양이 없는 것은 조금 문제인 듯했다. 도저히 팔릴 것 같지가 않았다. 안타까운 생각이 든 그가 할머니에게 말했다.

"할머니, 이렇게 바구니를 팔아서는 돈을 벌기 어려워요. 제가 바구니에 몇 자 적어 드릴 테니 그걸로 파세요. 파실 때는 왕 우군王右軍 (왕희지의 별칭. 그가 우군장군을 지낸 데서 유래함)이라는 사람이 이 글을 썼다고 하세요."

아니나 다를까, 할머니의 바구니는 순식간에 동이 났다. 할머니는 왕희지가 너무나도 고마웠다. 수소문을 한 끝에 그가 보통 사람이 아니라는 사실을 알았다. 할머니는 고마운 마음을 그의 인품이 훌륭하다는 소문을 열심히 내는 것으로 표현할 수밖에 없었다.

그는 이런 자세를 중년 이후 자신의 인생관으로 확고하게 정립하기도 했다. 그것이 그의 글에도 나오는 "정치는 도로써 해야 잘할 수 있으며, 너그러움과 부드러움을 근본으로 해야 한다."政以道勝, 寬和爲本라는 좌우명이다. 『진서』晉書 「왕희지전」王羲之傳에 따르면 그는 실제로도 이런 좌우명에 입각해 평생 행동을 도에 어긋나게 하지 않았을 뿐 아니라 주위의 모든 사람을 관대하게 대하고 존중했다.

원래 관직에 별로 애착이 없었던 그는 355년 나이 53세 때 회계 내사를 마지막으로 야인으로 돌아갔다. 이어 제2의 고향인 회계에 은거, 여러 유명 은사隱士들과 음풍농월하면서 말년을 즐기다 361년 58세를 일기로 세상을 떠났다.

훌 륭 하 게 키 워 낸 여 덟 명 의 자 녀 들

출신 성분과는 달리 권력과 명예, 재물을 탐하지 않았던 왕희지 는 스펙이 모든 것이 된 요즘의 시각으로 보면 주는 떡도 먹지 않은 바보 같은 사람처럼 보일 것이다. 자신에게 주어진 세속적인 발전 가 능성 역시 100퍼센트 발휘하지 않았다. 이 정도 되면 게으르다는 비 난을 받아도 할 말이 없다. 그러나 그는 자신에게 주어진 많은 것을 미련 없이 버림으로써 오히려 더 많은 것을 얻었다. 무엇보다 타고난 재주보다는 인간적인 본바탕을 더 중시했고, 이는 작품의 수준에도 영향을 미쳤다. 그의 작품 대부분은 서성이라는 그의 별칭에서 짐작 할 수 있듯 뛰어나나 이 중 회계내사 시절인 353년에 쓴 「난정집서」蘭 亭集書(왕희지 주재의 회계 난정 연회에 참석한 41명 명사의 시를 모아 만든 책머리에 쓴 서문) 는 불후의 작품으로 평가받는다.

부인 치선과 함께 훌륭하게 키워 낸 7명의 아들과 고명딸도 그가 마음만 고쳐먹었다면 얻었을 권력이나 명예, 재물 등보다 훨씬 더 값

산동성 임기에 복원된
왕희지의 옛집

진 보물이다. 자식들의 면면을 보면 그렇다는 사실을 잘 알 수 있다.

우선 큰아들 왕현지王玄之가 예사롭지 않았다. 예서에 특히 능해 후세에 서첩書帖을 남기기도 했다. 시도 한 수 남겼다. 아버지와 함께 난정의 연회를 주재하는 등 큰아들로서의 역할을 잘했으나 요절해 왕희지를 비통하게 만들었다.

둘째 아들 왕응지王凝之는 당대의 재원으로 불린 대시인 사도온謝道韞의 남편으로 유명했다. 본인도 뛰어나기는 했으나 워낙 탁월한 아버지와 부인에 묻힌 경우라고 해야 할 것 같다.

셋째 아들 왕환지王渙之는 초서를 잘 썼다. 아버지의 서체와 가장 비슷하게 쓴 아들로 기록되고 있다. 서첩도 남겼다.

넷째 아들 왕숙지王肅之 역시 형들과 난정의 연회에 참석해 시를 남겼다. 중서랑中書郎 등의 관직에 올라 활동했다.

다섯째 아들 왕휘지王徽之는 동생인 왕헌지王獻之만큼 재주가 뛰어났다. 관운도 좋아 거기참군車騎參軍, 대사마大司馬, 황문시랑黃門侍郎 등의 자리를 두루 거쳤다. 《승수병불감첩》承嫂病不減帖, 《신월첩》新月帖 등의 서첩도 남겼다.

여섯째 아들 왕조지王操之는 초서와 예서에 두루 능했다. 또한 어린 나이에 형들과 함께 난정의 연회에 참가할 정도의 기재가 있었다. 비서감秘書監, 시중侍中, 상서, 예장태수豫章太守 등의 관직에 올라 일했다. 부인인 하씨賀氏의 할아버지는 학자이자 정치인으로 유명했던 하순賀循이다.

장사와 태수를 거쳐 재상에 해당하는 중서령中書令까지 오른 일곱째 아들 왕헌지는 모든 면에서 아버지에 비견될 만했다. 서법에서는 행서와 초서가 아버지를 능가한다는 찬사까지 받을 만큼 이름을 날렸다. 아버지에게 가장 많은 영향을 받았으나 별로 그에 구애되지도 않았다. 오히려 가능하면 세상에 존재하지 않는 특이한 서체를 개발하기 위해 노력했다. 아버지와 함께 이왕二王으로 불리면서 소성小聖이라는 칭호를 얻은 데는 다 이유가 있었다. 청나라 건륭제가 왕헌지의 서첩인 《중추첩》中秋帖을 왕희지의 《쾌설시청첩》快雪時晴帖, 왕순王珣(왕도의 손자이자 왕희지의 7촌 조카)의 《백원첩》伯元帖과 함께 '삼희첩'三希帖으로 정리해 국보로 여긴 것도 이상하지 않다.

왕헌지의 뛰어난 재주와 인품이 부른 불행

왕희지는 7남1녀의 자녀에게 글만 가르친 것이 아니었다. 인간다운 삶을 통해 후세의 모범이 돼야 한다는 가문의 정신을 가르치는 것도 잊지 않았다. 자녀들도 하나같이 부모의 가르침에 어긋나지 않았으나 그래도 가장 충실하게 따른 자녀를 꼽으라면 역시 막내아들인 왕헌지라고 할 수 있다. 『진서』의 기록에 따르면 어릴 때부터 인간적이고도 겸손한 자세가 남달랐다고 한다.

그가 하루는 형 휘지, 조지와 함께 나중에 사돈이 되는 사씨謝氏 집안의 명사 사안謝安(동진의 명문가 출신으로 오랫동안 회계에서 은둔하며 왕희지 등과 교류하고 풍류를 즐겼음. 왕응지와 결혼한 사도온의 삼촌)의 집을 방문했다. 형들은 평소 사안과 교분이 있었던 까닭인지 활달하게 대화를 잘했다. 하지만 왕헌지는 사안과 몇 마디 말을 하지 않았다. 그와 형들이 돌아가자 사안의 친구가 그에게 물었다.

"저 왕씨 집안의 아이들 중에 누가 가장 뛰어나다고 보는가?"

사안이 생각할 것도 없다는 듯 대답했다.

"어린 친구가 가장 우수해."

친구가 다시 물었다.

"왜 그렇게 생각하는가?"

"원래 우수한 사람은 겸손한 법이야. 말도 적게 하지. 그 친구는 말을 적게 했잖아. 그러니 겸손하고 우수한 인재라고 해도 좋지."

왕헌지의 관대하고 겸손한 인간성은 도둑에 대해서도 예외가 아니었다. 어느 날 밤이었다. 그는 서재에서 글을 쓰다 깜빡 잠이 들었다. 마침 이때 도둑이 들어 집 안의 모든 귀중한 물건들을 훔쳐 달아나려고 했다. 도둑을 발견한 왕헌지는 놀라지도 않은 채 천천히 말했다.

"도둑 선생, 그 물건 중 담요는 조상 대대로 전해 내려온 것일세. 다른 것은 몰라도 그것만은 놓고 가시게."

도둑은 깜짝 놀랐다. 당연히 훔친 물건을 가져갈 수가 없었다.

왕헌지의 품성이 어느 정도인지는 그의 결혼 생활을 봐도 알 수 있다. 그는 원래 외삼촌인 치담郗曇(왕희지의 장인인 치감의 둘째 아들. 왕희지의 「난정집서」는 그의 무덤에 넣은 부장품이었음)의 딸인 외사촌 치도무郗道茂와 사이가 아주 좋았다. 이 때문에 아버지 왕희지가 처남인 치담에게 둘의 결혼을 제의해 부부로 맺어 주었다. 둘은 금슬도 그럴 수 없이 좋았다. 그러나 그의 출중한 인물과 인품이 문제가 됐다. 황제 간문제簡文帝의 딸인 신안민공주新安愍公主 사마도복司馬道福이 그를 흠모해 열렬한 애정 공세를 편 것이다. 그가 29세 때였다. 곧 일이 커졌다. 373년 즉위한 11세의 어린 황제인 효무제孝武帝는 이복누나의 닦달에 넘어가 왕헌지에게 치도무와 이혼하고 이혼녀인 신안민공주와 결혼을 하라는 거부하기 쉽지 않은 명령을 내렸다. 그렇지만 그는 10여 년 이상 자신을 정성으로 뒷바라지한 부인을 버릴 수 없었다. 어떻게든 방법을 강구해야 했다. 그는 고심을 거듭했다. 그러다 자신의 두 발에 불을 지르는 자해를 결행했다. 부인과 생이별을 하지 않기 위한 고육책이었다. 이로 인해 그는 만년을 불편하게 지내야 했으나 효과가 없었다. 결국 원하지도 않은 이혼을 해야 했던 것이다.

왕헌지는 신안민공주와 결혼한 후에도 친정으로 돌아간 전 부인을 좀처럼 잊지 못했다. 자주 편지를 보내 미안한 감정과 애끊는 자신의 심정을 전했다. 이런 그의 인간적인 풍모는 『진서』에 아주 자세하게 기록돼 있다. 신통력이 있다는 어느 도사가 그에게 평생 유감스러운 일이 무엇인지 물었을 때 "내 전처와 이혼한 것이 평생의 한이되오. 끝까지 버텼어야 하는 것인데. 불쌍한 사람 같으니"라고 말하기도 했다. 전 부인과의 사이에서 낳은 옥윤玉潤이 요절한 탓에 자식이 없었던 그는 신안민공주와는 왕신애王神愛라는 딸을 낳았다. 이 딸도 서예에 뛰어난 재능을 보였으나 훗날 말도 제대로 못한 바보 황제로 유명한 안제安帝의 황후가 된 다음 29세로 요절해 더 이상 재주를 꽃피우지 못했다.

왕헌지는 아들을 낳지 못했다. 무남독녀 고명딸 왕신애 역시 자식 없이 세상을 떠났다. 형 왕휘지의 셋째 아들인 왕정지王靖之를 양자로 들였으나 사실상 대는 끊긴 것이다. 그럼에도 그는 아버지처럼 어떻게 후세대를 교육시킬 것인가에 많은 노력을 했다. 또한 자신의 일생이 후세대의 모범이 되도록 철저하게 처신했다. 양자와 조카, 방계 손자가 모두 그의 인품이 그대로 묻어나는 서법을 연마해 당대를 주름잡은 것은 결코 우연이 아니었던 것이다.

왕 씨 가 문 의   교 류 와   후 예

왕희지 가문은 당대의 명문가로 손색이 없었으니 다른 명문가와 빈번하게 교유한 것은 당연했다. 우선 사안을 대표로 하는 사씨 가문과의 교유를 보자. 당시 '왕사'王謝(왕희지와 사안의 집안)라는 단어가 명문가의 대명사였던 만큼 두 가문은 교유가 잦았다. 실제로 왕희지와 사안은 17세의 나이 차이에도 불구하고 거의 친구처럼 지냈다. 늘 만나서법을 연마하거나 음풍농월을 했다. 「난정집서」는 그 결과물이다. 또 왕헌지를 비롯한 그의 형제들은 초서의 대가로 불린 사안을 거의 스승처럼 모셨다. 왕헌지의 경우는 글씨를 자주 주고받았다. 나중에는 결혼으로도 집안끼리의 인연을 이어 갔다. 사안의 조카 사도온이 왕희지의 둘째 며느리가 된 것이다. 이뿐 아니다. 왕희지의 외손녀는 사도온의 조카인 사환謝瑍에게 시집을 가서 걸출한 시인 사영운謝靈運을 낳았다. 왕헌지가 신안민공주의 애정 공세로 괴로워할 때는 사안이 적극적으로 나서 멘토 역할을 하기도 했다.

왕희지의 처가이자 왕헌지의 외가인 치씨 가문과의 인연 역시 남달랐다. 2대가 결혼으로도 인연을 맺었다. 특히 왕헌지와 치도무의 결혼은 비극으로 끝났으나 두 가문이 어느 정도 가까웠는지를 증명한다. 치씨 가문도 사씨 가문처럼 구성원 모두가 서법과 학식이 뛰어나 왕희지 가문에 적지 않은 영향을 미쳤다. 왕씨 가문이 미친 영향은 더 말할 필요가 없다.

왕희지와 비슷한 나이의 친구인 유익庾翼(서예가이자 장군) 가문과의 인연도 주목해야 할 것 같다. 왕희지를 유난히 아낀 유익의 형 유량庾亮은 기회가 있을 때마다 황제에게 그를 천거했다. 또 유익의 아들과 조카 들은 자신의 가문 역시 대단한 서예가 집안인데도 왕희지의 필법을 배우기 위해 노력했다. 이와 관련해서는 재미있는 고사성어도 전한다. 바로 집의 닭은 미워하고 들판의 물오리는 좋아한다는 뜻의 가계야목家鷄野鶩으로, 자신의 것은 싫어하고 남의 것을 좋아한다는 말이다. 유익이 자기 자식들이 자기보다 왕희지의 글을 더 좋아하는 사실을 한탄하면서 지인에게 한 말이라고 한다.

왕희지 가문은 후손이 많았다. 왕희지가 아들을 일곱이나 두었기 때문에 많을 수밖에 없었다. 가문의 정신을 이어받은 인물들 역시 적지 않았다. 수나라의 대유학자 왕통王通과 시인으로 유명한 동생 왕적王績, 왕통의 손자이자 당나라 때의 대시인 왕발王勃 등이 우선 그렇다.

그들은 왕희지의 10대손과 12대손으로 하나같이 세상의 권세를 탐내지 않고 유유자적하는 소박한 삶을 살았다. 특히 왕발의 경우는 젊어 요절했으나 작품인 「등왕각서」藤王閣序에는 고매한 인품이 그대로 묻어난다.

후대로 한참 내려와서는 걸출한 인물도 나왔다. 41대손인 대철학자 왕수인王守仁이 주인공이다. 조상의 정신을 이어받아 노력한 대표적인 후손으로도 손꼽힌다. 따라서 그가 모범적인 인생을 살기 위해 지행합일을 강조한 것은 결코 우연이 아니다. 사람의 귀천을 가리지 않고 모두 존중한 것도 그렇다. 나중에 대사상가가 된 이지李贄 등을 비롯한 다양한 제자들을 많이 거둔 데는 이런 자세가 작용했을 것이다.

근대에서는 문학, 철학, 미학, 사학 등의 다방면에 정통해 국학대사로 불린 52대손 왕국유王國維(왕궈웨이)가 단연 눈에 띈다. 학문을 하기 전에 우선 사람이 될 것을 강조한 인물로 유명하다. "인품이 높으면 글의 품격이 높아진다. 마음을 바로 쓰면 글도 올바르게 된다"라는 그의 말은 지금도 많은 중국인이 가슴에 새기는 교훈이다.

현재 활동하는 후손 중에는 서예의 대가도 있다. 54대손인 왕정량王正良(왕정량)이 대표적이다. 어릴 때부터 서예에 심취해 해외의 수장가들도 구입하고 싶어 할 정도의 대가로 성장했다. 매년 9월 4일이면 선조인 왕희지의 원래 고향인 산동성 임기에서 제사를 주재하는 좌주 역할도 한다. 훌륭한 인품으로 서예계에 정평이 자자하다.

55대손 중에는 아예 서예 학원을 열어 후학을 가르치는 청년도 있다. 고향인 소흥을 떠나 인근의 절강성 영파寧波에서 양정서원養正書院을 운영하는 왕탁유王琸瑜(왕줘위) 원장이 그 주인공이다. 어릴 때부

왕희지 추모 제사에 참석한 후손들. 가운데에 선 사람이 서예가로 유명한 왕정량

터 서예를 배우면 인품 함양에 좋다는 생각으로 수년 전부터 학원을 열어 어린아이들을 가르치고 있다. 늘 얼굴에 미소를 띠는 데다 인품까지 바르다는 소문이 자자해 학원 운영이 잘된다고 한다.

왕희지 가문의 서법은 가족에게만 전해진 것이 아니다. 제자들을 통해 후대로 전해졌다. 당나라 때의 구양순歐陽詢, 우세남虞世南, 안진경 등을 거쳐 송나라 때의 소식, 황정견, 미불米芾에게 전수된 다음 원나라의 조맹부趙孟頫, 명나라의 동기창董其昌 등까지 이어진 것이다. 하나같이 아름다운 이름을 남긴 사람들인 만큼 모두 그의 서법뿐 아니라 글에 깃든 정신까지 배웠다고 할 수 있다.

바야흐로 전 세계 최고 기득권층인 1퍼센트가 욕을 먹고 있는 시대이다. 물론 반드시 1퍼센트가 다 사악하거나 악질이고 99퍼센트가 일방적인 피해자거나 훌륭하다는 것은 아니다. 그러나 피할 수 없으면 즐기라는 말처럼 1퍼센트가 99퍼센트와 완전 격리된 채 따로 살지 못하는 한 현실은 받아들여야 한다. 다소 억울할지는 모르지만 미국 월스트리트에서부터 유행하기 시작한 "점령하라!"는 구호가 터져 나오기 전에, 1퍼센트 또한 각성할 필요가 있다. 그렇다면 어디에서 역할 모델을 찾아야 할까. 많이 가졌으면서도 겸손하고 소박한 삶을 산 왕희지 가문이 좋은 본보기가 되지 않을까.

10

반고
가문

역사의 힘을 믿다

역 사 가   가 문 의   시 작

　요즘은 말할 것도 없지만 과거에도 역사에서 배울 것은 무궁무진했다. 그러나 실제로 역사를 통한 배움을 실천하는 사람은 그다지 많지 않았다. 때문에 그렇게만 해도 대단하다고 해야 할 것이다. 여기에서 더 나아가 역사를 정확하게 교훈적인 기록으로 남긴다면 더 이상의 말이 필요 없다. 그것도 대를 이어 그렇게 할 경우는 아예 기적이라고 해야 할 것이다. 서양에서는 『로마사』(우리나라에서는 『몸젠의 로마사』로 발행)로 1902년 무려 90세를 바라보는 나이에 노벨문학상까지 수상한 테오도르 몸젠의 가문이 첫손가락에 꼽힐 정도로 유명하다. 손자 빌헬름 몸젠과 쌍둥이 증손자 볼프강 몸젠, 한스 몸젠까지 모두가 독일 당대를 대표하는 사학자로 이름을 날렸다. 특히 이 가문은 아버지 빌헬름 몸젠이 독일 나치스에 부역한 과거로 인해 교수직을 박탈당한 것과는 달리 아들 볼프강 몸젠이 반나치즘 사학자로서의 치열한 삶을 살아 추앙을 받음으로써 아이러니한 역사의 교훈도 남겼다. 집안의 삶 자체가 교훈을 주는 현대사였던 것이다. 한편 근대 이후 불후의 역사서로 불리는 방대한 『역사의 연구』의 저자인 영국의 아놀드 토인비는 가문을 대표해 명함을 내밀만 하다. 그는 케임브리지대학교 역사학과를 졸업한 어머니의 영향과 지도를 받아 영국을 대표하는 역사가가 된 것으로 유명하다. 한국에서도 이런 집안이 적지 않다. 지난 세기의 대표적 국보로 불린 정인보 가문이 가장 먼저 손꼽힌다. 아들과 딸, 손자, 며느리 등 이루 헤아리기 어려울 만큼 역사 분야에 많은 전문가를 배출했다.

한국보다 역사가 길고 인구가 많은 중국에 이런 가문들이 없을 까닭이 없다. 아마도 어느 정도 인문학적 지식이 있는 사람이라면 『사기』의 저자 사마천 가문을 가장 먼저 떠올리지 않을까 싶다. 아버지 사마담司馬談의 뒤를 이어 사마천이 사관史官에 해당하는 태사령太史令이 돼 『사기』를 저술했다. 그러나 통한의 궁형을 당한 후 절치부심, 『사기』를 저술한 드라마틱한 인생이 너무나도 많이 알려져 그렇지 사마천의 가문도 『한서』를 남긴 반고班固의 가문에 비하면 다소 부족한 데가 있다. 이 집안이야말로 역사에서 배우고 기록하는 문제에 관한 한 중국뿐 아니라 동서고금을 통틀어 최고라 할 수 있다. 독일의 몸젠 가문조차 시간이 흘러야 비견될 정도이다.

이 단정이 과언이 아님을 증명하려면 반고의 증조할아버지 대까지 올라가야 할 것 같다. 그의 증조부 반황班況은 일찍이 한나라의 무장으로 활약했다. 용맹으로 유럽 사람들을 떨게 한 흉노匈奴와의 전쟁에서 전공도 꽤 세웠다. 전쟁 중에도 버릇처럼 각종 사서史書를 끼고 다닌 것이 전투 때의 각종 전략 구상에 도움이 된 모양이었다. 그럼에도 관운은 그다지 좋지 않았다. 그저 그럭저럭 먹고살 만한 자리인 월기교위越騎校尉에 올랐을 뿐이다. 누가 봐도 크게 될 성부른 집안 같지는 않았다. 그러나 그의 다음 세대에 이르러서는 많이 달라졌다. 3남1녀 네 명의 자식들이 뛰어났던 것이다. 반황이 밥상머리에서의 가정교육이 중요하다고 생각하고 열심히 실천에 옮긴 덕이었다. 자식 네 명을 늘 옆에 두고 모두들 장성할 때까지 꽤 상당한 수준의 역사와 문학 강의를 했다고, 반씨 족보 중 하나인 『중화반가보』中華班家譜에 기록돼 있다.

첫째 아들인 반백班伯은 큰아들답게 아버지의 기대에 잘 부응해 『시경』, 『상서』, 『논어』 등에 정통한 학자로 대성했다. 당대의 학자로 불릴 만큼 명성도 자자했다. 그렇다고 책상물림의 서생만은 아니었다. 필요할 때는 흉노와의 전쟁에 나가 용맹을 발휘하기도 한 문무겸전의 인재였다. 이로 인해 그는 아버지와는 비교도 안 되는 자리인 정양태수定襄太守의 자리에 오를 수 있었다. 흉노와 전쟁을 할 때는 이릉李陵의 실패가 주는 교훈을 항상 잊지 않았다고 한다.

둘째 아들 반유班游도 형에 못지않은 박학다식과 능력으로 황제의 인정을 받아 간의대부諫議大夫 등을 지냈다. 반씨 족보 일부에는 황제를 비롯한 황실 사람들에게 역사 강의를 자주 했다는 기록이 있다.

셋째이자 막내아들인 반치班稚는 주변의 모함으로 일찍 초야에 묻혀 지낸 탓에 형들처럼 관계에서는 크게 두각을 나타내지 못했다. 하지만 오히려 이로 인해 더욱 학문을 갈고닦을 수 있었다. 특히 나중에 반고, 반초班超, 반소班昭 3남매의 아버지가 되는 반표班彪를 낳아

사학자가 되는 기틀을 닦도록 교육하는 데 정성을 기울였다. 타의에 의해 오랫동안 사서나 경전 등을 들여다볼 기회를 가진 덕분에 3형제 중에서도 수준이 가장 높았을 가능성이 크다.

황 제 의   후 궁   그 리 고   시 인

고명딸인 반녑班恬(일반적으로 반 첩여班婕妤라고 불림)은 대단한 여장부였다. 후세에 남긴 영향으로만 말하면 남자 형제들 셋을 다 합친 것보다 더 대단했다. 그녀는 어릴 때부터 상당히 똑똑했다. 특히 사서 독파를 통해 배양한 문학적 재능이 뛰어났다. 미모 역시 빼어났다. 요즘 말로 재원이라는 말이 딱 어울렸다. 황실에서 눈여겨본다고 해도 이상할 것이 없었다. 가문도 그다지 나쁘지 않았으니 당연했다. 아니나 다를까, 반녑은 막 성인으로 접어들 무렵 황실의 부름을 받았다. 나이 16세 때였다. 당시의 황제 성제成帝는 그녀를 보는 순간 젊은 나이답게 밀려오는 흥분을 주체하지 못했다. 서열 10위의 후궁이었으나 외견적인 지위는 곧 정부인인 허許 황후에 못지않게 수직상승하리라는 것은 의심의 여지가 없었다.

그러나 반녑은 자신의 분수를 알았다. 지위를 믿고 함부로 나대지 않았다. 황제의 총애만 탐하지도 않았다. 아버지로부터 사서를 두루 읽도록 교육받은 것은 확실히 효과가 있었다. 역사에서 좋은 것만 배웠다는 사실을 보여 주는 분명한 일화가 있다.

한번은 반념이 성제와 함께 황실의 정원으로 나들이를 가게 됐다. 그런데 당시의 황실 가마에는 한 명만이 탈 수 있었다. 황제와 같이 행차를 하더라도 수레는 따로 타고 가야 했다. 그녀와 한시라도 떨어져 가기 싫었던 성제가 갑자기 파격적인 명령을 내렸다.

"두 사람이 타고 갈 큰 수레를 빨리 만들도록 하라! 나는 첩여와 함께 타고 가고 싶구나."

반념은 이때 성제의 명령을 옆에서 지켜보고 있었다. 보통 여자라면 흐뭇하게 생각할 수 있었다. 아니 조금 더 황제의 총애를 받기 위해 함께 타고 다닐 큰 수레를 만들어 달라고 투정을 부려도 주위에 대놓고 욕할 사람도 없을 터였다. 하지만 그녀는 상식과는 완전히 반대되는 말을 했다.

"예부터 전해져 내려오는 그림들을 한번 보십시오, 폐하! 성군들은 모두 훌륭한 신하들을 옆에 앉혔습니다. 반면 하나라와 상나라, 주나라의 마지막 군주들인 걸桀과 주紂, 유왕幽王은 전혀 그렇지 않았습니다. 약속이나 한 듯 훌륭한 신하들은 쳐다보지도 않은 채 총애하는 비빈妃嬪만을 앉혔습니다. 그 결과가 어땠습니까? 모두들 나라를 망하게 하고 그 자신까지 죽임을 당했습니다. 만약 제가 폐하와 함께 수레를 타고 나가면 그 여자들과 하나 다를 바가 없습니다. 주변 사람들이 폐하를 존경하거나 우러러보겠습니까? 역사에서 반드시 배워야 합니다."

성제는 반념의 말이 사리에 딱 들어맞는다고 생각하고 즉시 자신의 생각을 거둬들였다. 진정성 보이는 충고를 건넨 그녀에 대한 호감은 더욱 강해졌다. 이때 그녀를 의구심 어린 눈으로 보던 황태후는 이에 대한 얘기를 측근으로부터 몰래 전해 들었다. 그녀의 입에서는 저절로 "옛날에 번희樊姬(춘추 시대 초나라 장왕莊王의 비. 장왕을 잘 보좌해 춘추오패 중 하나가 되도록 했다)가 있었다면 지금은 첩여(반녕)가 있구나. 황실을 위해서는 정말 다행한 일이로다"라는 찬탄이 터져 나왔다.

그렇지만 성제는 본바탕이 장왕처럼 뛰어난 인물이 아니었다. 반녕의 내조를 잘 받아들이지 못했다. 게다가 조비연趙飛燕 자매가 궁으로 들어온 이후에는 주색잡기에 빠져들었다. 자신의 손바닥 안에서 춤을 췄다는 전설을 남긴 날렵한 조비연의 몸매에서 눈을 떼지 못했다. 자연스럽게 반녕은 소외되었다. 심지어 얼마 후에는 그녀를 정적情敵으로 여긴 조비연 자매로부터 자신들이 비명에 죽도록 저주했다는 모함을 받는 지경에까지 빠졌다.

성제는 조비연 자매의 말을 곧이곧대로 믿었다. 자신이 직접 진상을 밝히겠노라며 나섰다. 반녕은 성제가 직접 심문에 나서자 적극적으로 자신을 변호했다. 다행히 혐의는 벗었으나 이미 엎질러진 물이었다. 이전의 영화는 완전히 사라진 뒤였다. 그녀는 성제에게 장신궁長信宮으로 거처를 옮겨 황태후를 모시겠다고 제의했다. 제의는 받아들여졌다. 반녕은 이후 사서 등을 읽고 시를 쓰는 등의 생활에만 골몰했다. 이때 「자도부」自悼賦와 「도소부」搗素賦, 「원가행」怨歌行 등 3편의 시와 부를 남겼다. 이 중 황제의 총애를 잃은 자신의 신세를 애잔하게 그려낸 「원가행」은 지금도 많은 사랑을 받고 있다. 역사 관련 기록도 남겼을 것으로 보이나 아쉽게도 전해지는 것은 없다. 당나라 때의 대시인 왕유王維가 역사에서 그녀를 찾아내 시 「반첩여」 3수를 남긴 것은 그럴 만한 이유가 있었던 것이다.

『사기』에 대한 아쉬움으로 역사를 기록하다

반념과 반치의 유전자는 조카이자 아들인 반표에게 그대로 전해졌다. 반표 역시 어린 시절 아버지로부터 그렇게 집안 교육도 받았으며, 이에 힘입어 이미 20대 초반에 사학자로 일가를 이룰 수 있었다. 그는 사마천에 대한 존경이 남달라 『사기』를 항상 옆에 끼고 살 정도였다. 자식들이 아버지의 대를 이은 사마천처럼 되기를 열망하기도 했다. 반고를 비롯한 3남매에게 역사와 문학 공부를 혹독하게 시킨 것도 이 열망의 반영이었다.

그는 늘 『사기』가 무제 때까지의 역사만 기록한 것을 대단히 아쉬워했다. 그리하여 저소손褚少孫, 유향劉向, 유흠劉歆, 풍상馮商 등의 학자들이 『사기』를 보충한 저작물들을 하나도 빠짐없이 읽었다. 하지만 그것들도 그를 만족시켜 주지는 못했다. 하나같이 자신이 기대한 수준에 미치지 못한다는 생각이 들었던 것이다. 급기야 그는 자신이 직접 『사기』를 보충하기로 결심하고 본격적인 연구에 들어갔다. 관련 사서의 수집에 적극적으로 나섰고, 여행을 다니면서 온갖 시정의 얘기까지 다 기록했다. 이 결과물이 『사기후전』史記後傳 65편이다. 지금은 전해지지 않으나 나중에 아들 반고와 딸 반소가 『한서』를 완성하는 데 밑바탕이 됐다. 하지만 그는 『사기후전』을 완벽하게 탈고하지는 못했다. 54년에 51세의 아까운 나이로 세상을 떠난 탓이다.

반표의 장남인 반고 또한 어릴 때부터 총명이 남달랐다. 아홉 살 때 시와 부를 자유자재로 암송했을 정도였다. 당시의 대학자들이 모두들 제자로 삼기 위해 눈독을 들인 것만 봐도 이 사실을 잘 알 수 있다. 그는 이 똑똑함을 인정받아 건무建武 23년(47)을 전후한 시기에는 낙양洛陽의 태학太學(요즘의 대학에 해당)에 입학했다. 물고기가 물을 만난 듯 그는 태학에서 7년 동안 공부하면서 온갖 종류의 전적을 두루 섭렵했다. 특히 역사 관련 도서는 몇 번씩 독파하기도 했다. 그러다 아버지가 세상을 떠난 건무 30년(54)에 22세의 나이로 고향인 부풍扶風(지금의 섬서성 함양咸陽의 동쪽)으로 낙향했다.

그런 그에게 급작스럽게 우울증이 찾아온 것은 이상한 일이 아니었다. 견딜 수 없는 무료함까지 그를 덮쳤다. 한참 나이에 덜컥 자의와는 달리 낙향을 해 버렸으니 그럴 수밖에 없었다. 그러나 그의 이 우울함과 무료함은 곧 사라졌다. 아버지가 남겨준 저서 『사기후전』이 눈에 들어온 것이다. 그는 평소 받은 교육에 따라 아버지의 유업을 계승해야 한다고 생각했다. 그는 본격적으로 『사기후전』을 탐독하고 보충하는 노력을 기울였다. 『한서』의 기본 뼈대는 금세 마련됐다. 저술에도 가속도가 붙었다.

그렇지만 그의 노력은 수년 후 브레이크가 걸렸다. 국사國史를 개인이 마음대로 개작한다는 모함을 받고 낙양으로 끌려가 감옥에 갇히는 신세가 된 것이다. 영평永平 5년(62)의 일이었다. 당시 국사를 함부로 개작하는 것은 그야말로 대역죄에 해당했다. 죽음을 면할 길이 없었다. 이 위기의 순간에 동생인 반초가 등장했다. 그는 죽음을 무릅쓰고 낙양으로 달려갔다. 이어 형의 무고함을 주장하는 상주문을 당시 황제였던 명제明帝에게 올렸다. 명제는 형제의 우애에 감동해 반초를 불러 접견했다. 반초는 솔직하게 자신의 생각을 토로했다.

"제 형은 사사롭게 국사를 함부로 개작한 것이 절대로 아닙니다. 형은 저와 함께 그저 아버지의 유업을 계승하고자 그 일에 착수했습니다. 아버지와 형이 기울인 노력은 무려 수십 년이나 됩니다. 그럼에도 한나라 조정과 선대 황제들께서 쌓아 놓은 덕을 다 정리하기에는 시간이 너무나 부족했습니다. 형이 이 작업을 한 것은 죄가 아닙니다. 오히려 상을 줘야 하는 일입니다."

명제는 한나라 조정과 선대 황제들을 칭찬하는 반초의 말에 기분이 좋아졌다. 게다가 반초의 말에도 일리가 있다고 생각했다. 마침 이때 부풍군의 군수가 반고의 집에서 압수 수색한 서적과 원고를 낙양으로 올려 보냈다. 반고의 책과 글을 본 명제는 무릎을 치지 않을 수 없었다. 진정한 역사가를 제대로 몰라봤다는 자괴감마저 느꼈다.

반고는 감옥 밖의 돌아가는 상황을 알지 못했다. 아니 이제나저제나 하면서 죽을 날만 기다리고 있었다. 그는 죽음은 두렵지 않았다. 다만 아버지의 유업을 계승하지 못하게 될지도 모른다는 불안이 그를 몹시 괴롭게 만들었다. 그는 이 불안을 앞으로 살아 나가면 반드시 완성하리라고 다짐한 『한서』의 내용을 머릿속에 그리는 것으로 겨우 달랬다.

얼마 후 명제는 그를 사면하라는 특사를 내렸다. 이어 그를 황실의 문서나 장서를 관리하는 난대령사蘭臺令史에 임명해 사서 편찬을 맡겼다. 형에 못지않은 능력을 보유한 반초 역시 그의 곁에 두도록 했다. 이렇게 해서 유방劉邦이 항우項羽와 숙명의 전쟁을 벌이던 기원전 206년부터 신新나라를 세웠던 왕망王莽이 사망한 지황地皇 4년(23)까지 230여 년 동안의 한나라 역사를 담은 『한서』가 완성을 향해 달려갈 수 있었다. 대략 완성이 돼 갈 무렵이 그의 나이 40대 중반이었으니 무려 20년 이상이나 걸린 대장정의 작업이었던 셈이다.

그는 이 기간 계속 관리로서도 일했다. 어쨌거나 생활은 해야 했던 것이다. 관직은 그다지 높지 않았다. 명제를 이은 장제章帝 때인 건초建初 3년(78)에 현무문玄武門이라는 궁궐의 문을 경비하는 현무사마玄武司馬가 됐을 뿐이었다. 그러나 장제는 반고가 학문이 뛰어나다는 사실을 알고 자주 궁궐로 불러들여 그의 고견을 듣기도 했다. 궁 밖으로 순유를 나갈 때는 종종 수행을 시키며 조정 대사에 대한 의견을 올리게 하는 일도 적지 않았다. 그러므로 그가 자신보다 훨씬 지위가 높은 조정의 대신들과 함께 서역西域 및 흉노 문제의 처리 등을 놓고 의견을 피력하는 기회를 가지게 된 것은 충분히 있을 수 있는 일이었다. 이뿐이 아니었다. 그는 장제가 당대의 대유학자들과 고위 관료들을 모두 불러 벌인 난상토론의 내용 등도 기록으로 남겼다. 이 기록은 지금 『백호통덕론』白虎通德論 또는 『백호통의』白虎通義라는 이름으로 전해지고 있다.

그의 말년은 안타깝게도 별로 좋지 않았다. 그는 화제和帝 영원永元 원년(89)에 50대 후반의 나이로 대장군인 두헌竇憲을 따라 흉노 토벌 원정군으로 참전했다. 직책은 자문 역할을 해주는 중호군中護軍이었다. 원래 두씨 가문과는 집안끼리 밀접한 교류가 있었기 때문에 대수롭지 않게 생각한 끝에 내린 선택이었다. 그러나 이는 결과적으로 그에게 치명적인 독약이 됐다. 이 전쟁에서 두헌은 원래 가진 능력을 십분 발휘하지 못했다. 과거의 그답지 않게 백전백승의 신화를 쌓는 것이 쉽지 않았다. 군사도 적지 않게 잃었다. 대대로 대장군을 배출한 두씨 가문으로서는 치욕이라고 해도 좋았다. 그래도 그는 마지막에 선우에게 대승을 거뒀다. 겨우 한숨을 돌린 그는 이때 지금의 몽골 지역인 연연산燕然山에 올라 반고에게 자신의 전공을 자랑하는 봉연연산명문封燕然山銘文을 새기도록 했다. 이로 인해 두 사람은 더욱 각별한 사이가 됐다.

그러나 두헌은 그가 새긴 명문에서 볼 수 있듯 상당히 교만했다. 게다가 장제의 황후인 두 태후의 오빠라는 신분은 그의 교만을 더욱 부추겼다. 견디다 못한 화제는 그를 파면한 다음 황제의 권한을 강화하고자 했다. 이에 화가 난 두헌이 황제를 제거하려고 나섰지만 사전에 모의가 발각이 나 영원 4년(92) 자살로 생의 막을 내렸다. 수행 종군할 만큼 가깝고 상당히 과장된 '두비어천가'까지 써 준 반고 역시 무사할 수 없었다. 역모 사건에 연루돼 두헌이 자살한 해에 다시 한 번 옥에 갇히는 신세가 되고 말았다. 노령이었던 그는 옥고를 견디지 못했고, 결국 이해에 세상을 떠났다. 향년 61세였다.

누이가 이룬 『한서』의 완성과 반초의 무인 인생

문제는 그가 『한서』의 일부분인 8편의 표表와 「천문지」天文志를 채 완성하지 못하고 세상을 떠났다는 사실이었다. 누군가는 마지막 방점을 찍어야 했다. 다행히 그에게는 고모할머니 반념의 판박이라는 평가를 듣던 누이동생 반소가 있었다. 반소는 오빠가 『한서』를 쓰는 오랜 시간 동안 줄곧 옆에서 그 모습을 지켜보았고, 때로는 편찬 작업을 함께하기도 했다. 이는 14세 때 조세숙曹世叔과 결혼한 그녀의 시댁이 같은 부풍군에 있어 가능한 일이었다.

『한서』를 마무리한 반소

　　사실 말이 그렇지 반소가 아버지와 오빠의 유업을 계승하는 것
은 쉬운 일이 아니었다. 무엇보다 오빠가 세상을 떠났을 때 그녀의
나이는 한창때를 지나 이미 50대를 바라보고 있었다. 체력도 정신적
인 능력도 역부족일 수 있었다. 그러나 반소는 아버지와 오빠의 유업
을 계승하지 못하면 천추의 한이 될 것이라 생각하고 모질게 마음먹
었다. 자료들을 싸 들고 두문불출하는 수년 동안의 생활이 이어졌다.
황제인 화제는 그녀에게 황실 도서관인 동관장서각東觀藏書閣에 보존된
자료까지 참고하도록 배려를 베풀었다.

　　그녀는 이후 아버지나 오빠처럼 『한서』의 보완에 20여 년 이상의
세월을 바쳤다. 미진한 부분도 거의 다 완성했다. 마지막 화룡점정畫龍
點睛은 그녀의 남자 제자인 마속馬續이 찍었다. 스승이 사망한 직후 황
실의 지원 아래 스승 가문의 저작을 보완하고 정리했다.

반고의 바로 밑의 남동생 반초는 얼핏 보면 반씨 집안의 돌연변이라고 해도 좋을지 모른다. 중년이 지난 이후부터 대부분 시간을 증조할아버지처럼 무장으로 활동했으니 말이다. 그러나 그도 처음에는 아버지와 형, 동생과 똑같은 길을 걸었다. 아버지 반표가 3남매에게 똑같이 역사와 문학을 가르친 덕에 사학자로서의 소질도 상당히 보였다. 학문의 습득 속도도 느리지 않았다. 명제가 형 반고를 난대령사로 임명한 다음 동생인 그에게 보좌 임무를 맡긴 것도 그런 까닭이었다고 할 수 있다. 하지만 형제였음에도 두 사람은 성격이 완전히 달랐다. 반고는 책상물림인 반면 반초는 괄괄한 성격에 남자로서의 기개가 대단했다. 열심히 사료 정리를 하면서도 늘 형에게 불평 비슷한 말을 털어놓고는 했다. 그러던 73년의 어느 날이었다. 그는 변경에 흉노가 쳐들어와 마구 노략질을 하고 다닌다는 소문을 들었다. 그예 그는 붓을 집어던지면서 평소의 불만을 폭발시켰다.

　　"사내대장부라면 장건張騫(한 무제 때 중국과 서역 간의 무역과 문화 교류의 길을 연 인물)처럼 변경에 나가 큰 공을 세워야지 이렇게 책상머리에 처박혀 글만 쓰고 있다니 되겠는가!"

　　반초는 자신의 생각을 바로 실천에 옮겼다. 붓을 버리고 군문에 투신, 공을 세우고자 한 것이다. 형인 반고도 이런 그를 더 이상 막지 못했다. 이때 마침 변방의 사무를 총 책임지고 있던 두고竇固가 무제 때의 방법을 벤치마킹해 서역에 사신을 보내고자 했다. 서역 각국과 우호 관계를 돈독히 해서 함께 흉노를 물리치려 한 것이다. 두고의 눈에 곧 용기와 재능이 뛰어난 반초가 들어왔다. 두고의 믿음대로 그는 맡은 바 임무를 훌륭하게 수행했다. 이후 반초는 30여 년 동안이나 서역 등을 무대로 활약했다. 지금의 중동을 넘어 유럽으로 통하는

역사가 대신 무장의 길을
선택한 반초

무역로도 열었다. 그 결과 서역은 다시 한나라에 조공을 시작했다.

　반초는 아버지에게 배운 학문과 형제들과 함께 나눈 DNA를 책상머리에만 쏟아붓지 않았다. 만약 그랬다면 『한서』는 그와 반고의 손에 완성되었을지도 모른다. 그렇지 않더라도 형이 세상을 떠난 다음 그가 적극적으로 나섰더라면 반소가 여성의 몸으로 늘그막에 고생하지는 않아도 됐을 수 있다. 하지만 그가 역사에서 배워 자신의 역할을 찾았다는 사실과 30여 년 동안 맹활약하면서 스스로 역사가 됐다는 점을 감안하면 이런 아쉬움은 충분히 상쇄된다. 두 아들인 반웅班雄과 반용班勇이 아버지의 유업을 계승해 서역에서 오랫동안 활동한 것도 반초가 나름대로 인생을 잘 선택해 살았다는 증거가 아닐까.

반 씨 가 문 의 명 문 가 교 류

예나 지금이나 인문학은 돈이 안 된다. 집이 넉넉하지 않은 경우 인문학을 공부했다가는 밥 굶기도 딱 좋다. 반고의 집안도 당시의 명문가와 비교할 때 세속적으로는 잘 먹고 잘살았다고 하기 어렵다. 하지만 정신적으로는 그 어느 가문보다 부유했다. 자부심도 있었다. 이는 그의 가문과 교류한 집안이 대단했다는 점을 상기하면 알 수 있다.

우선 황실인 유씨劉氏 집안과 가까웠다. 굳이 황제와 만날 기회가 많았던 남자들을 제외해도 그렇다. 반 첩여가 그랬다. 훗날 성제의 총애를 잃어 그렇지 아예 황실의 일원으로 들어갔다. 한나라의 황실이 반씨 가문을 좋게 봤다는 단정이 가능하다. 그녀가 남긴 영향도 적지 않았다. 성제가 세상을 떠나자 흔들리는 황실을 다잡은 채 정리하는 능력까지 보여줬다.

손녀 항렬인 반소도 고모할머니에 못지않았다. 오랫동안 황궁에 드나들면서 황후나 비빈에게 역사와 경전을 가르쳤다. 정식 직책이 없었다 뿐이지 황실 여인들의 스승이나 다름없었다. 나중에는 존경의 의미가 듬뿍 담긴 조 대가曹大家(조씨 집안의 큰고모 또는 최고의 여성이라는 의미. 그녀는 조세숙에게 시집갔으므로 조씨 가문의 사람으로 인정된다)라는 이름으로 불렸다. 그녀가 세상을 떠났을 때 황태후가 상복을 차려입고 몹시 애통해했다는 사실은 얼마나 많은 존경을 받았는지를 확실하게 증명한다.

그녀는 황실의 여인들에게 부덕婦德을 비롯한 품성의 함양도 강조했다. 지금도 전해 내려오는 『여계』女誡 7편은 그녀가 이때 강조한 내용들을 중심으로 기록한 것이다. 원래 반씨의 딸들을 위한 가문의 교과서로 지어졌으나 이후 전국적으로 퍼져 지금에 이르고 있다.

이 『여계』 7편은 한반도에도 전래돼 많은 영향을 미쳤다. 청나라 초기 왕진승王晉升이 엮은 『여사서』女四書(『여계』를 비롯한 네 권의 책을 엮은 것)가 조선 영조 때 『여사서언해』女四書諺解라는 이름의 한글 책으로 출판돼 조선의 여성들도 적지 않게 읽었다. 『조선왕조실록』에도 기록이 남아 있다. 『성종실록』 권3에 "궁궐에서 조 대가의 『여계』 한 질을 보내 준 다음 예문관藝文館으로 하여금 구결口訣(입으로 읽는 것)로 정리하도록 했다"는 성종 원년 2월 7일의 기록이다.

반소는 황실 외에는 같은 고향의 유명한 유학자 집안인 마씨馬氏 가문과도 아주 가까웠다. 이 가문의 일원인 마속을 아예 자신의 『한서』 보완 작업을 하는 제자로 거뒀을 정도였다. 또 그의 동생 마융馬融이 그녀에게 가르침을 받기 위해 황실의 동관장서각에서 무릎을 꿇은 채 간청한 일은 널리 알려져 있다. 그는 형 마속을 도와 스승이 저술한 책을 통독하고 의견을 개진하는 역할을 담당했고, 이런 내공이 쌓여 이후에 스승에 못지않은 명성을 날리는 대학자가 될 수 있었다.

반고의 가문은 당시 황실의 외척으로 유명한 명문가인 두씨竇氏 집안과도 대를 이어 인연을 맺어 왔다. 예컨대 반고의 아버지 반표는 한때 두융竇融(동한을 건국한 광무제光武帝 유수劉秀를 도운 개국공신)의 문하에서 녹을 먹은 적이 있고, 이 인연으로 미관말직이나마 관직을 받을 수 있었다. 또 반고는 그의 증손인 두헌을 따라 흉노 토벌군으로 늘그막에 참전하기도 했다. 이로 인해 『한서』의 완성은 결과적으로 뒤로 미뤄지게 됐지만 말이다. 이 밖에 반초는 두헌의 조카인 두고의 눈에 들어 사학자의 길을 버리고 장군의 신분으로 서역을 드나들었다.

반고 가문은 반초의 손자인 반시班始가 활동한 120년을 전후한 무렵에 다시 한나라 황실과 인연을 맺게 된다. 반시가 순제順帝의 고모이자 청하왕淸河王 유경劉慶의 딸인 음성공주陰城公主를 부인으로 맞아들인 것이다. 이 정도 되면 반고의 가문은 한때 거의 상하 관계에 있던 두씨 가문에 못지않은 명문 가문으로 발돋움했다고 해도 좋았다. 그러나 이 결혼은 반고 가문에 완전히 독이 든 성배였다. 음성공주의 행실에 상당히 문제가 있었기 때문이다. 황실과 사돈이 됐을 초창기만 해도 상황은 크게 나쁘지 않았다. 음성공주도 시댁 집안의 할머니인 반념의 『여계』 7편을 읽었는지 행실이 그럭저럭 괜찮았다. 그러나 원래 교만하고 음탕했던 음성공주는 차츰 본색을 드러냈다. 반시는 그럼에도 은인자중했다. 황실의 체면을 봐서 그녀를 내치지 않았다.

그러던 어느 날이었다. 평소보다 조금 일찍 집으로 돌아온 반시는 그만 못 볼 것을 보고 말았다. 하지만 평소 총애하는 하인과 부적절한 일을 저지른 음성공주는 너무나도 당당했다. 뭐가 문제가 되느냐는 투였다. 반시는 그 일도 꾹꾹 참았지만 참는 데도 한계가 있었다. 얼마 후 그는 결국 부인을 살해했다. 이 일이 황실에 알려지자 순제는 대노했다. 즉각 반시와 주변 방계 형제의 가족을 모조리 잡아들이라는 명령이 떨어졌다. 형벌은 가혹했다. 체포된 모두가 기시棄市(참수된 시신을 길거리에 내버리는 고대의 형벌)되는 참혹한 운명에 처하고 만 것이다. 이후 반고 가문의 가족들은 황실의 눈을 피해 전국으로 달아나지 않으면 안 됐다. 역사를 기록하는 일도 중요하지만 일단 살고 봐야 했으니까. 원래 고향인 지금의 함양에 반씨가 많이 살지 않는 이유가 여기에 있다. 반고의 두 아들인 반형班珩, 반규班珪를 통해서 이어졌던 직계 자손 역시 고향을 떠나 이리저리 흩어지고 말았다.

다만 역사학을 가학家學으로 하는 전통이나 역사에서 배운다는 집안의 정신은 완전히 끊어지지 않아, 특히 30대손인 당나라 반굉班宏의 대에서는 활짝 꽃을 피웠다. 선조들이 피신해 간 위주衛州의 급汲 (지금의 하남성 급현汲縣 일대) 출신인 그는 어릴 때부터 할아버지 반사간班思簡과 아버지 반경천班景倩으로부터 가문의 선조들에 대한 애기를 귀가 따갑게 들었다. 자연스럽게 사서와 경전을 가까이하는 생활을 했다. 그런 그는 천보天寶 연간 과거에 합격한 다음 승승장구해 지금의 재경부 장관에 해당하는 호부상서戶部尙書를 지냈다. 관직에 있을 때면 늘 사서에 나오는 사례들을 들어 대화해 과연 반고의 후손이라는 소리를 자주 들었다고 한다. 당대의 명필이기도 해 자신의 글을 새긴 비석을 많이 남겼다.

그는 할아버지와 아버지에게 받은 교육을 마치 매뉴얼처럼 아들 반숙班䎽에게도 그대로 전했다. 이로 인해 반숙 또한 아버지처럼 장원급제해 오늘날의 조달청장 정도에 해당하는 창부랑중倉部郎中의 자리까지 올랐다.

반고의 가문은 송, 원, 명, 청나라 때는 역사에 이름을 남긴 명사 후손을 상대적으로 그다지 배출하지 못했다. 아무래도 반시의 사건으로 선조들이 많은 피해를 입고 집성촌을 이뤄 은거한 탓일 것이다. 지금 이들이 살고 있는 이 집성촌 중 가장 유명한 곳은 대략 두 곳이다. 한 곳은 요령성 대석교시大石橋市 일원으로 알려져 있다. 반고의 후손 약 1만 5,000명이 살고 있다고 한다.

안휘성安徽省 소호시巢湖市도 반고의 후손이 많은 곳으로 손꼽힌다. 대석교시와 비슷한 규모의 후손들이 집성촌을 이루고 살아가고 있다. 최근에는 이곳 출신 중에 할머니인 반녑이나 반소와 비길 만한 재원이 활발한 활동을 하고 있어 화제를 불러일으키고 있다. 주인공

은 중국 판화와 채묵화계의 거목으로 불리는 반령班苓(반링)이다. 지방 화단에서 활약한다는 불리한 점에도 불구하고 전국적인 명성을 날리고 있다. 역사에서 배우라는 DNA가 그대로 녹아 있는지 판화, 채묵화 가릴 것 없이 옛날 미인도 등을 많이 그리는 것으로 유명하다. 그녀는 이에 대해 최근 언론과의 인터뷰에서 "우리가 자랄 때 마을에서 반념, 반소 할머니들에 대한 얘기를 듣는 것은 자장가를 듣는 것과 같았다. 아무래도 우리들의 뇌리 속에 그분들의 정신이 각인되지 않았을까 싶다"라고 언급, 알게 모르게 선조의 영향을 받았다는 사실을 자랑하기도 했다.

후 학 이   빛 내 는   전 통

말을 물가로 데리고 가는 것은 가능하다. 그러나 강제로 물을 먹이는 것은 쉽지 않다. 사람인 경우에는 더 말할 필요조차 없다. 물가로 데리고 가는 것조차 쉽지 않다. 더 나아가 강제로 뭔가를 시키려 하다가는 강력한 반발을 사기 쉽다. 자식도 다르지 않다. 조부모나 부모가 자신들 마음대로 원하는 것을 손자나 자식에게 강제로 시키면 제대로 따라하지 않는 경우가 꽤 많다. 그것이 손자나 자식 자신의 인생과 관계되는 것이라면 더 말할 나위가 없다. 윗세대는 어떻게 해서든 자신의 뜻을 관철시키려고 한다. 순순히 윗사람의 말을 듣더라도 그렇다. 적성에 맞지 않거나 나중에 싫증이 나면 곤란해진다. 주어진 환경에 적응하지 못한 채 방황하다 인생이 아주 망가질 수도 있다. 이 점에서 보면 반표의 아들 반초는 그나마 성공적으로 인생행로를 전환한 경우에 해당한다고 하겠다.

그럼에도 반고 가문의 사람들이 집안의 가학인 역사를 금과옥조처럼 받든 채 이를 통해 배우고 교훈을 얻는 데에는 다 이유가 있다. 윗대에서 정성을 다해 가르치고 모범을 보였기 때문이다. 조부모나 부모의 길을 그대로 따라가는 것이 당연할 뿐 아니라 오류가 없다고 여기도록 만들었다는 얘기다. 이들은 자신의 길에 대한 이런 확신을 평생 흔들리지 않고 가지고 있었다. 이런 덕분에 2대에 걸쳐 세 사람의 부모 자식이 『한서』를 완성하는 저력을 보이지 않았을까. 만약 중간에 반초가 붓을 내던지고 군문에 투신하지 않았다면 반고 가문은 그야말로 역사상 전무후무한 2대 네 명의 부모 자식이 불후의 역사서를 편찬하는 집안이 됐을 수도 있다.

　반초의 손자 대의 불미스러운 일로 반고 가문의 전통이 이후에 다소 퇴색한 것은 분명 아쉬운 대목이다. 그러나 이 대목의 아쉬움은 후한 시대부터 삼국 시대에 걸쳐 응소應邵, 복건服虔, 여순如淳, 맹강孟康 등 20여 명의 주석注釋 학자들이 나타나 경쟁적으로 『한서』에 주석을 단 것으로 충분히 달랠 수 있다. 이들의 주석은 당나라의 안사고가 주석을 달아 다시 집대성했다. 현재의 『한서』 간본은 모두 이 안사고의 주석을 단 『한서주』를 부각付刻한 것이다. 이외에 안사고 이후의 모든 학파의 주석은 청나라 말기의 왕선겸王先謙의 『한서보주』漢書補注에 집대성됐다. 후손들을 대신해 후학들이 이처럼 치열하게 『한서』를 연구한 것은 아무래도 반고 가문의 진정성 있는 역사 정신에 깊이 감동한 때문이 아닌가 여겨진다. 오늘날에 배워도 그 정신의 깊이가 주는 감동은 여전하다.

11

공자
가문

사
람
이

먼
저
다

파 란 만 장 한   부 침 의   역 사

지구촌에서 공자孔子를 모르는 사람은 별로 없다. 예수, 부처, 무함마드와 함께 세계 4대 성인으로 불리므로 누구나 이름 한 번쯤은 들어봤을 것이다. 그러나 솔직히 그를 들먹이면 누구나 진부하다는 생각을 먼저 하게 된다. 더 직설적으로 말하면 식상하다고 할 수도 있다. 이유야 어찌 됐든 관직을 얻기 위해 수많은 제후국을 14년이나 주유했다는 사실에 이르면 너무 정치적이었다는 비판도 받을 만하다. 하기야 그랬으니 근현대에 들어와 본고장인 중국에서조차 적지 않은 수난을 당하지 않았겠는가.

19세기 중반 전 중국 대륙을 엄청난 혼란으로 몰아넣은 태평천국太平天國(청나라 말기 농민반란군이 기독교 교리에 근거해 세운 국가)의 시대에 우선 그랬다. 공자는 홍수전洪秀全(태평천국을 건국한 인물)과 그의 추종자들에게 마귀라는 욕을 먹었다. 20세기 초반에는 중국 현대사의 시발점으로 일컬어지는 1919년 5·4 운동 시기에 수난을 당해야 했다. '공자주의를 쳐부수자'라는 슬로건을 내건 학생과 지식인에게 무참하게 난타당한 사실이 역사에 기록되어 있다.

공자의 수난은 이게 끝이 아니었다. 아니 어쩌면 이 수난들은 미래에 다가올 더 큰 횡액을 예고하는 전조였는지도 모른다. 더 큰 횡액은 모택동이 총연출자의 역할을 기꺼이 감당한 10여 년의 문화대혁명 때에 도래했다. 모택동을 비롯한 극좌파들은 공자 사상이 일반 민중을 노예처럼 부려 먹도록 만든 관료와 황실의 철학이라고 비난하면서 대대적인 공격을 가했다. 이에 따라 그와 관련된 모든 유적과 서적은 파괴되거나 불타는 운명을 면치 못했다. 심지어 모택동을 맹목적으로 추앙한 일부 홍위병은 그의 고향인 산동성 곡부曲阜의 공림孔林(공자와 자손 일부의 무덤이 있는 곳)에 있는 무덤까지 파헤쳐 그가 세상을 떠났다는 사실을 확인하기까지 했다. 진 시황이 자행한 분서갱유焚書坑儒가 따로 없었다. 이후 공자는 한동안 도저히 재기가 불가능한 상처를 입은 성인으로 각인됐다.

하지만 그는 지금 완전히 살아났다. 그야말로 화려하게 부활했다. 정말 그런지는 장예모張藝謀(장이머우)가 연출한 2008년 베이징올림픽 개막식이 무엇보다 잘 말해 준다. 공자와 그의 제자 3,000명이 대나무 책을 들고 행진하는 퍼포먼스가 전 세계인의 눈을 사로잡으면서 그의 완벽한 복권을 알린 것이다. 이뿐 아니다. 홍콩느와르 영화의 전설 주윤발周潤發(저우룬파)이 주연한 2010년 작 초대형 블록버스터《공자》역시 그의 부활을 보여 주는 증거이다. 이 영화는 비록 흥행에 실

공자의 수난과 부활.
홍위병이 '만세사표' 현판을
불태우고 있다(왼쪽). 2008년
베이징올림픽 개막식에 나타난
공자와 3천 제자

패했으나 호금도胡錦濤(후진타오) 전 총서기가 이끌던 중국 정부에서 전
폭적으로 제작을 지원한 작품으로 유명하다. 여기에 중국 정부에서
전 세계 100여 개 국가에 330여 곳에 이르는 '공자학원'을 설립한 사
실에 이르면 이제 공자는 부활에 그치지 않고 영원한 생명을 얻었다
고 해도 과언이 아니다.

공   자   의   약   점   들

공자의 현재 위상을 보면 그가 무결점의 완벽한 사람일 것이라
고 생각할지도 모른다. 그러나 알고 보면 그렇지 않다. 아니 조금 각

박하게 따질 경우 약점이 더 많은 사람이다.

　본인 잘못은 아니지만 우선 출신 성분이 그다지 좋다고 하기 어렵다. 간단하게 살펴보자.

　이름이 구丘, 자가 중니仲尼인 공자는 기원전 551년에 지금의 산동성 일대인 노魯나라에서 태어났다. 춘추 시대였다. 그런데 그다지 축복받은 출생이 아니었다. 그가 태어날 때 아버지 숙량흘叔梁紇이 67세, 어머니 안징재顔徵在가 17세였으니까 말이다. 물론 불륜은 아니었다. 안징재의 아버지가 당시 부인을 잃고 외로운 홀아비가 된 숙량흘에게 딸을 보냈다는 기록이 있다.

　그러나 정상적 관계라고도 하기 어려웠다. 사마천이 자신의 불후의 역사서 『사기』의 「공자세가」孔子世家에 공자의 출생을 '야합이생'野合而生(정상적이지 않은 남녀 관계로 태어남)이라고 쓴 데는 다 이유가 있었던 것이다. 게다가 그래도 없는 것보다는 있는 것이 훨씬 더 나은 이 아버지도 오래 살지를 못했다. 당시로는 고령이었던 탓에 공자가 세 살 때 세상을 떠났다. 태어난 지 겨우 3년 만에 한 부모 가정의 아동이 된 것이다. 설상가상으로 어머니 역시 그가 열일곱 살 때 세상과 하직했다. 좋지 않은 출신 성분에 가정적으로도 불우했다.

　공자는 외견으로만 보면 너무나 정치적이었던 사실에서 알 수 있듯 지조도 그다지 없었다. 그는 어머니가 세상을 떠난 지 2년 후인 19세 때에 송나라의 기관씨丌官氏와 결혼한다. 이듬해에는 아들 공리孔鯉도 태어났다. 당연히 가장으로서 가족을 부양하기 위해 먹고살 길을 찾아야 했다. 가장 좋은 길은 역시 관직에 오르는 것이었다. 이미 10대 후반에 나름대로 학문적 성취를 이룬 그는 관직을 통해 경륜을 펼치고자 하는 야심을 품었다. 다행히 이때 그에게 위리委吏라는 벼슬이 주어졌다. 나라의 창고를 관리하는 자리였다. 이어 다음 해에는 승전乘田이라는 벼슬이 그를 기다리고 있었다. 소와 양 등의 가축을 기르는 벼슬이었다. 그러나 이후부터는 상당 기간 동안 관직과 거리가 멀었다. 그 어떤 관직에도 올랐다는 기록이 없다. 이런 상황이면 「귀거래사」歸去來辭를 쓰고 자연으로 돌아간 후배 사상가인 동진의 도연명陶淵明처럼 하지는 않더라도 흔쾌히 마음을 비웠으면 좋았을 것이다.

　하지만 그는 끊임없이 관직을 원했다. 틈만 나면 "고지재, 고지재! 아대가자야"沽之哉. 沽之哉! 我待賈者也라고 노래를 부른 사실만 봐도 무섭도록 집요한 관직에 대한 열망을 알 수 있다. 이 말은 의역하면 '나는 대단한 능력이 있는 사람이다. 나를 한번 써 봐라'라는 의미이다. 지조나 자존심이라고는 어디에도 보이지 않는 말이다. 이뿐 아니었다. 그는 자신의 지극정성이 통해 51세 되던 해인 기원전 501년에 노나라 중도 지방의 책임자인 중도재中都宰가 된 이듬해에 사공司空을 거쳐 재상에 상당하는 대사구大司寇에 올랐음에도 만족이라는 것을 몰랐다. 55세 때인 기원전 497년에 노나라가 강대국이 될 것을 우려한 이웃 제나라의 모함으로 관직에서 쫓겨나자 위衛, 진陳, 조曹, 송宋, 정鄭, 채蔡 등을 도는 이른바 주유천하에 오른 것도 이 때문이었다. 말이 좋아 자신의 경륜과 이상을 펼치기 위한 주유천하였지 극단적으로 나쁘게 말하면 관직을 얻기 위한 구걸 행각에 나선 노추老醜와 크게 다를 바 없었던 것이다.

　이외에도 공자의 약점은 마음만 먹으면 꽤 많이 찾을 수 있다. 남녀 문제는 당사자 외에는 잘 모르는 것이지만 '공씨삼세출처'孔氏三世出妻(그와 아들, 손자가 다 부인을 쫓아냈다는 뜻으로 삼국 시대 위나라의 왕숙王肅이 지은 『공자가어』孔子家語에 나온다)라는 말이 있으니 가장으로서도 약간의 문제가

공자의 옛집인
산동성 곡부의 공부

있었던 듯하다. 또 공자백호孔子百壺(공자가 술을 마시면 100병을 마셨다는 의미)라는 말을 보면 심각한 술꾼이었을 가능성도 없지 않다.

그럼에도 그는 이제 호되게 비판을 받던 고향에서도 완전히 성인으로 자리매김을 했다. 그가 이렇게 된 이유는 헤아릴 수 없이 많지만 가장 결정적인 것은 역시 사람이 기본이라는 인생관에 바탕을 둔 그의 행동과 사상이 21세기에 들어 찬란하게 빛을 발하고 있기 때문이 아닐까 싶다.

사 람 이   기 본 이 라 는   가 치 관

지금은 설사 형식뿐이라 해도 '사람이 하늘'이라는 말이 그다지 이상하게 들리지 않는다. 하지만 춘추 시대 때만 해도 이런 말은 있을 수 없었다. 이는 봉건 시대로 접어들던 당시에 노예 제도의 관습이 상당히 많이 남아 있었다는 사실만 상기해도 알 수 있다. 평범한 사람은 닭이나 개와 같은 가축으로 여겨지지만 않았을 뿐 그보다 나을 것도 없었다. 바로 이런 시대에 공자는 모든 것에 우선하는 가치를 사람에게 두었다. 요즘 중국에서 유행하는 '사람이 근본이다'以人爲本라는 화두에 천착하고 이를 실천에 옮겼다고 할 수 있다.

공자가 그 어떤 것도 사람보다 우선하지 않았다는 사실을 말해 주는 증거는 많다. 그가 주유천하에 나서기 전 노나라에서 정사를 돌볼 때였다. 하루는 그가 조정에서 평소보다 일을 일찍 마치고 퇴근했다. 묘하게도 이때 그의 집 마구간에 불이 났다. 불이 났다면 당시에도 엄청나게 비쌌던 말이 화상을 입었거나 죽었을 가능성이 컸다. 또 불이 집에 옮겨 붙어 재산 손실을 볼 수도 있었다. 보통 사람이라면 당연히 이에 대해 먼저 물었을 것이다. 하지만 그는 불이 났다는 보고를 올린 하인에게 엉뚱하게 물었다.

"사람은 다치지 않았는가?"

당시 고관들의 집에서 말을 돌보는 일을 하는 사람은 대부분이 노예이거나 농노로 지위가 대단히 비천했다. 인격이라는 것이 없었다. 더 심하게 말하면 말을 할 줄 아는 도구 정도였다. 마음대로 목숨을 빼앗아도 되고 시장에 내다 팔아도 괜찮았다. 어쩌면 개나 닭보다는 낫더라도 말보다는 더 대접을 받지 못했을지도 모른다. 그럼에도 공자는 말보다 사람의 안위를 먼저 물었다. 이는 그가 '내가 사람이면 다른 사람도 사람이다. 고귀한 신분의 사람만 사람이 아니고 비천한 신분의 사람도 사람이다'라는 생각을 했다는 사실을 말해 주는 증거라 할 수 있다.

　사람이 모든 것에 앞서는 기본이라는 이런 사상은 그가 자주 하던 말에서도 잘 드러난다. 그의 사상을 한마디로 말해주는 단어로는 인仁과 예禮가 있다. 이 가운데 하나만 꼽으라면 인을 거론해야 한다. 오죽했으면 살신성인殺身成仁(자신을 죽여 인을 이룸)이라는 말까지 했겠는가. 그는 이 인을 '인이란 사람을 사랑하는 것'仁者愛人이라고 정의하고 제자들에게 늘 강조하고는 했다. 그러므로 그런 그가 자신의 집 마구간이 불탔을 때 '사람은 다치지 않았는가?'라고 물은 것은 크게 이상할 것이 없다.

　사람을 무엇보다 중요하게 생각하는 그의 사상은 "군대의 장군은 바뀔 수 있으나 사람의 의지는 바뀔 수 없다"三軍可以奪帥. 匹夫不可奪志也라고 갈파한 『논어』 「자한」子罕의 말에서도 잘 읽을 수 있다. 만약 그가 사람을 귀천으로 구분했다면 시정의 일반 사람보다 장군을 더 높이 평가했을 것이다. 이 경우 이 말은 '사람의 의지는 바뀌어도 군대의 장군은 바뀔 수 없다'가 되었을 것이다. 그러나 그는 이렇게 말하지 않았다. 이는 모든 사람에게는 그 사람의 고유한 인격이 있다는 말과도 통한다. 또 이 인격은 지위의 고하가 없다, 하나같이 고귀하다, 궁극적으로는 모든 사람은 평등하다는 사실을 웅변한다. 사람 위에 사람 없고 사람 밑에 사람 없다는 그의 기본 사상을 잘 표현하고 있다.

배 우 고 자   하 는   열 정

젊어 일가를 이루었으면 자신이 최고라 생각할 법도 하건만 남에게 배우기를 마다하지 않은 것도 그 어떤 사람의 생각이나 학문도 다 귀하다고 여기는 그의 사상과 맥락을 같이한다. 당나라 때의 대학자 한유韓愈의 글 「사설」師說에 따르면 성인은 일정한 스승이 없어도 크게 이상할 것이 없다. 실제로 각종 기록을 아무리 들춰 봐도 공자를 어릴 때부터 장기간 가르친 스승은 나오지 않는다. 그러나 그는 끊임없이 남에게 배워 하나라도 더 얻으려 했다. 우선 그가 많이 입에 올린 이른바 '선왕先王의 도'라는 말에서 알 수 있듯 그는 주공周公(주나라를 세운 문왕文王의 아들로 노나라를 개국한 인물. 예악禮樂과 법도法度를 제정해 중국의 제도와 문물을 창시)에게서 배우고자 했다. 오죽했으면 『논어』「술이」述而에 나오는 것처럼 "나도 늙었구나! 이렇게 오랫동안 꿈에서 주공을 만나지 못하다니"라며 한탄을 했겠는가. 또 있다. 그의 인간 우선의 사상은 사실 그보다 100년 정도 앞서 활약한 제나라 관중管仲의 생각을 그대로 벤치마킹한 것이라고 해도 틀리지 않는다. 그리고 그는 동시대의 담자郯子, 장홍萇弘, 사양師襄 등 자신보다 모든 면에서 뛰어나지 않은 사람에게 배우는 것 역시 부끄러워하지 않았다. '불치하문'不恥下問이라는 자신의 말을 실행에 옮기기도 했다.

공자가 마차를 타고 주유천하를 할 때였다. 하루는 길가에서 일곱 살쯤 된 아이가 흙으로 성을 쌓고 있는 모습을 봤다. 아이는 마차를 피하려고 하지 않았다. 공자가 의아해서 물었다.

"너는 왜 마차를 피하려고 하지 않느냐?"

아이가 대답했다.

"아니, 선생님은 천하가 다 아는 공자님이 아니십니까? 그런데 지금 보니 대단하지 않으신 것 같네요. 세상에 마차가 성을 피하지 성이 마차를 피하는 것을 봤습니까?"

공자는 재미있다는 표정으로 아이에게 다시 물었다.

"너는 어디에 사는 누구냐?"

"저는 촌구석에 사는 항탁項橐이라고 합니다. 아직 자는 없네요."

"너에게 몇 가지만 다시 물어볼 테니 한번 대답해 보려무나. 너 돌이 없는 산이 어떤 산인지 아니? 또 어떤 물에 물고기와 새우 등이 없을까? 어느 문에 문짝이 없는지도 맞혀 줄 수 있겠니? 바퀴가 없는 마차는 뭘까? 송아지를 낳지 않는 소는 뭐라고 부르지? 또 망아지를 낳지 않는 말은 무슨 말이겠니? 어떤 칼의 손잡이 밑에 둥그런 도환刀環(칼끝에 달린 고리 모양의 옥)이 달려 있지 않을까? 어떤 불에 연기가 없지? 또 아내가 없는 사람은 누구야? 반대로 남편이 없는 여인은 누구겠니? 어떤 날이 부족하고 어떤 날은 남아돌겠어? 마지막으로 어떤 나무에 나뭇잎이 없고 어떤 성城에 장이 서지 않는지 한번 맞혀 봐라."

항탁이라는 아이는 생각도 하지 않고 바로 대답했다.

"흙산에는 돌이 없죠. 우물의 물에는 물고기 따위가 없어요. 텅 빈 문에는 문짝이 없고 가마에는 바퀴가 없지요. 진흙으로 만든 소는 송아지를 낳지 못해요. 나무로 깎은 말 역시 망아지를 낳지 못합니다. 땔감을 베는 칼에는 둥그런 도환이 없어요. 또 반딧불에는 연기가 없잖아요. 선인仙人에게는 아내가 없습니다. 옥녀玉女에게는 당연히 남편이 없어야죠. 겨울날은 짧습니다. 반대로 여름날은 길어서 남아돕니다. 또 고목에는 나뭇잎이 없어요. 사람이 살지 않는 텅 빈 성에는 장이 설 수 없슴니다.”

공자는 찬탄을 금할 수 없었다. 그는 내친김에 항탁과 서로 몇 가지 질문과 대답을 더 주고받았다. 항탁의 대답은 막힘이 없었다. 또 질문은 예리해 공자가 쩔쩔매야 했다.

“훌륭하구나. 후생가외後生可畏(후세대가 무섭다는 의미)라는 말은 이럴 때 쓰는 것이구나.”

공자는 충격을 받았다. 이후 더 열심히 학문에 전념한 것은 당연했다. 그래서 후세 사람들은 항탁이 공자의 스승이라는 말까지 했다.

그가 다른 사람으로부터 배우는 것을 얼마나 좋아했는지를 보여주는 대표 사례는 노자老子에게 가르침을 청한 것이다. 그가 28세 때인 기원전 523년의 어느 날이었다. 제자인 남궁경숙南宮敬叔에게 그가 갑자기 말했다.

“주나라에서 장서 관리를 하는 노자라는 분이 아주 박학다식하다고 하네. 나는 그분을 만나기 위해 주나라로 가려는데 자네도 같이 가겠는가?”

남궁경숙은 흔쾌히 동의했다. 공자는 노자를 만나자 예에 대해 물었다. 노자가 대답했다.

“그대가 받드는 사람들은 이미 오래전에 세상을 버렸소. 이제는 뼈조차 썩어서 남아 있지 않소. 남아 있는 것은 그저 말뿐이오. 군자는 때를 만나면 수레에 올라타나 때를 만나지 못하면 들에 묻혀야 하오. 원래 훌륭한 장사꾼은 깊숙하게 감추는 법이오. 마치 아무것도 없는 것처럼 해야 하오. 군자 역시 큰 덕을 갖추고 있어도 밖으로는 마치 어리석은 듯이 감춰야 하오. 그대는 교만과 욕심, 티를 내려는 생각과 간사한 마음을 버리시오. 이것들은 모두 그대에게 이로울 것이 없소. 내가 그대에게 해 주고 싶은 말은 이것뿐이오."

공자는 공손하게 인사를 하고 주나라로 돌아왔다. 이어 제자들에게 말했다.

"새는 난다. 물고기는 헤엄을 친다. 짐승은 달린다. 뛰는 짐승은 올가미로 잡을 수 있다. 헤엄치는 물고기는 낚시로 낚을 수 있다. 새는 화살로 잡을 수 있다. 그러나 용은 다르다. 바람과 구름을 타고 하늘로 올라간다. 정체를 알기 어렵다. 노자는 그런 사람이다."

공자는 노자에게 예를 물은 것에서 그치지 않았다. 극찬까지 했다. 보통 사람에게도 성의를 다하는 그로서는 당연한 일이었다. 그가 "아침에 도를 깨달으면 저녁에 죽어도 좋다"라고 하거나 "세 사람이 길을 가면 그중에 나의 스승이 한 사람 있다"라고 한 것은 이런 사실을 감안하면 수긍할 수 있지 않을까.

인 간 에   대 한   깊 은   애 정

공자의 사람에 대한 이런 지극한 애정은 적극적 실천 의지로도 나타났다. 춘추 시대는 철저한 계급 사회였다. 그래서 전 인구의 1퍼센트에 해당하는 왕과 제후, 대부 이외에는 누구나 할 것 없이 먹고 살기가 쉽지 않았다. 더구나 왕과 제후, 대부는 자신들이 누리는 무한 특권에도 불구하고 나머지 99퍼센트 사람들이 가진 것을 시도 때도 없이 뺏으려 했다. 당연히 무지렁이 백성들의 생활은 죽는 것이 사는 것보다 훨씬 더 나은 질곡 그 자체였다. 공자는 이런 사회 구조와 현상을 대단히 안타깝게 생각했다. 기회 있을 때마다 자신의 고견을 듣고 싶어 하는 제후들에게 강조하기도 했다. 『논어』「옹야」雍也를 보자.

제자인 자공子貢이 하루는 그에게 물었다.

"만약 누군가가 백성들에게 많이 베풀고 대중을 구제한다면 어떻습니까? 어진 사람이라고 할 수 있겠습니까?"

공자가 대답했다.

"어찌 어진 사람이라고만 하겠는가? 성인과 같다고 할 수 있다! 요堯와 순舜도 하기 어려운 일이다."

공자와 자공의 대화 이후 유명한 고유명사로 정착된 이 '박시제중'博施濟衆(두루 베풀고 대중을 구제함)의 사상은 지금도 현실로 나타나기가 쉽지 않다. 그러나 공자는 이미 당시에 이런 파격적인 주장을 펼쳤다. 사람이 기본이라는 생각에 입각한 인간에 대한 지극한 사랑이 없다면 절대로 불가능했을 주장이다.

『논어』「학이」學而에 나오는 그의 '절용애인'節用愛人(나라의 재물을 아껴 쓰고 백성을 사랑함) 정신 역시 이 점과 관련해 나름의 평가를 받아야 한다. 춘추 시대의 제후들은 마치 금을 흙처럼 마음껏 사용했다는 말이 있듯 작심하면 하지 못할 일이 없었다. 물론 이렇게 하면 백성이 고통을 받을 수밖에 없었다. 그러나 통치자가 욕망을 절제할 경우는 많이 달랐다. 절약한 만큼 백성이 당해야 하는 수탈이 줄어들었다. 또 절약되는 국고가 백성에게 돌아갈 수도 있었다. 공자는 절용과 애인을 주창했으나 사실 절용이라는 행위 자체가 바로 애인이라고 할 수 있다. 아마도 그는 자신이 지고지순의 가치로 생각한 애인을 강조하기 위해 절용까지 거론하는 수고를 마다하지 않았을 것이다.

　이런 공자였으니 제자를 받아들일 때 사회적 직위나 출신 성분을 따질 까닭이 없었다. 가르침에는 차별이 없다는 이른바 유교무류有敎無類의 정신을 실천했다. 실제로 그의 3천 제자 중에는 온갖 종류의 사람이 다 있었다. 위로는 공경대부가 있었는가 하면 아래로는 비천한 신분의 보잘것없는 시정의 잡배도 있었다. 후자의 대표적인 제자로는 자장子張을 꼽을 수 있다. 노예보다 조금 나은 비천한 집안의 출신에 젊어서는 범죄를 저지른 경력을 보유한 사람이었다. 요즘 말로 하면 개과천선이 도저히 불가능한 전과자였다. 그러나 그는 공자의 문하에 들어가 완전히 변했다. 학문에 정진해 공자가 가장 아끼는 제자 중 한 명이 됐다. 후세에는 공자를 비조로 하는 유학의 8파派 중하나인 '자장 유학'의 창시자라는 이름까지 남겼다.

　공자는 사람에 대한 편견 역시 가지지 않았다. 제자 중에서 가장 뛰어난 이들을 일컫는 4과科10철哲(공자의 3천 제자 중에서 뛰어난 제자들은 77현인賢人 혹은 72현인이라 한다. 이중에서도 특출 나게 뛰어난 이들을 '공문孔門4과10철'이라고 부른다)에 반드시 포함되는 안회顏回와 자공을 비교해 보면 알기 쉽다. 둘은 공자의 가장 탁월한 제자들 가운데 하나인 점은 같았으나 결정적인 하나가 달랐다. 가진 재산의 규모였다. 안회는 집 안을 아무리 털어도 먼지밖에 나오지 않는 천하의 가난뱅이인 반면 자공은 요즘 말로 재벌이었던 것이다.

　하지만 사람 자체가 중요했던 공자에게 이 사실은 아무런 의미가 없었다. 자공이 돈이 많다고 그를 더 총애하지도 않았으나 그렇다고 안회를 연민의 눈으로 바라보거나 측은하게 여기지도 않았다. 아니 오히려 안회의 안빈낙도安貧樂道하는 삶을 극찬했다. "현명하구나, 안회

공자가 아낀 제자 안회

야! 대로 만든 그릇 하나의 밥과 표주박 한 그릇의 마실 것으로 산다면 다른 사람들은 그것을 견뎌 내지 못하나 너는 아랑곳하지 않고 자신의 즐거움을 바꾸지 않는구나. 현명하도다, 안회야!"라고 한 것이다. 심지어 그는 인생 말년에 안회가 젊은 나이로 자신보다 빨리 세상을 떠나자 비통해 마지않았다. "하늘이 나를 버리는구나"라는 한탄은 상투적인 조사弔辭가 아니라 120퍼센트 진심이었을 것이다.

공 자 사 상 의 전 승

공자는 자신의 이런 사상을 당연히 널리 세상에 전파하고자 했다. 더 나아가 현세에서 구현됐으면 하는 열망을 가지고 있었다. 당시 상황에서 그 생각 자체가 계란으로 바위 치는 것과 다를 바 없었는데도 그랬다. 때문에 그는 어떻게 보면 안 되는지 알면서도 실현 불가능한 유토피아를 붙들고 늘어진 비운의 이상주의자인지도 모른다. 실제로 그는 『논어』「헌문」憲問에 나오는 말처럼 "안 되는 줄 알면서도 굳이 애써 실현하기 위해 노력하는 사람"이라는 말을 자신의 시대에 들어야 했다. 지조와 자존심을 다 버리고 주유천하를 통해 벼슬을 구걸한 듯 보인 것도 사실은 그래서가 아니었을까.

그의 이상은 주지하다시피 14년 동안의 주유천하에도 불구하고 큰 빛을 보지 못했다. 그럼에도 그는 실망하지 않았다. 68세 때인 기원전 484년에 고향 노나라로 다시 돌아가 제자 교육과 저술에 몰두하게 된 것도 다 이런 자세 덕분에 가능했다. 이후 그는 젊었을 때보다 더 열정적으로 제자들을 가르쳤다. 이때 흔히 '오경'으로 일컬어지는 『시경』, 『상서』(『서경』書經), 『주역』周易, 『예기』禮記, 『춘추』春秋를 다시 편찬해 제자들을 교육하는 교재로 썼다. 통칭 유학으로 뭉뚱그려진 그의 학문 체계는 이로써 기본적으로 완성되었다. 이어 기원전 479년, 그는 당시로서는 상당히 장수했다고 할 수 있는 나이인 73세를 일기로 눈을 감았다.

세속적인 시각으로 볼 때 공자가 완벽하게 성공한 인생을 살았다고 하기는 어렵다. 무엇보다 사람을 기본으로 하는 자신의 이상 정치를 현실로 옮길 기회를 확실하게 가지지 못했다. 게다가 주유천하의 결과가 좋지 않았으면 과정이라도 괜찮았어야 했으나 그렇지도 않았다. 죽을 뻔한 고초까지 수없이 겪었다.

그러나 이후 사실상 그가 집대성한 유학이 발전하는 과정을 보면 얘기는 달라진다. 우선 그의 사상은 제자들에게 계승돼 훗날 전국시대의 유학 8파로 발전했다. 자장, 자사子思, 안회, 맹자孟子, 칠조漆雕, 중량씨仲良氏, 손씨孫氏(순자荀子를 대표로 하는 일파로 알려져 있음), 악정씨樂正氏(맹자의 제자 악정극樂正克 또는 증자曾子의 제자 악정자춘樂正子春이라는 설이 있음)의 유학이다. 이어 그의 사상은 한나라 무제 때 만개하기에 이른다. 평생 동안 그를 인생과 학문의 멘토로 흠모한 유학자 동중서董仲舒의 적극적인 제안에 의해 유교가 국교가 된 것이다. 이때 동중서는 '파출백가, 독존유술'罷黜百家, 獨尊儒術(모든 학문을 배척하고 오로지 유학만 존숭한다)이라는 파격적인 주장을 펼치기도 했다. 이에 따라 공자 사상의 정화인 '오경'은 당시 지식인의 필독서가 됐다.

이후부터는 거칠 것이 없었다. 유학의 도통道統이 학문적으로 더 발전된 상태에서 우선 동한의 정현鄭玄을 거쳐 송나라 때의 주돈이周敦頤에게 계승된 다음 정호程顥, 정이程頤 형제에게 이어졌다. 또 정호 형제의 제자인 주희朱熹와 육구연陸九淵이 이를 한 차원 더 승화시켜 이른바 신유학으로 확고하게 정착시켰다. 16명 황제 대부분이 유학이고 정사고 간에 다 내팽개친 채 장생불사를 보장해 준다는 도가道家와 단약丹藥에 빠졌던 명나라 때는 왕수인이 단연 압도적이었다. 그는 육구연의 연구 성과를 이어받아 유학 사상을 체계화해 주희와 함께 지금까지도 가장 충실한 공자의 제자로 일컬어진다. 이 때문에 그는 오늘날 성리학의 개창자인 주희처럼 양명학의 비조로 추앙받고 있기도 하다. 공자 사상이 청나라 때의 고증학파 대가들인 고염무顧炎武와 황종희黃宗羲를 거쳐 지난 세기 말까지 활약한 풍우란馮友蘭(펑유란), 웅십력熊十力(슝스리), 양수명梁漱溟(량쑤밍) 등의 거유巨儒에게 계승되고 발전된 데에는 어느 정도 그의 공도 있다.

공   자   의   후   손

사람에 대한 무한한 애정이 기본이 된 덕에 더욱 빛나는 공자의 사상은 제자나 후학에게만 이어지지 않았다. 후손 모두에게도 평생 동안 영향을 미쳤다. 그는 20세 때에 낳은 유일한 자식 공리에게도 제자에게 쏟은 만큼 정성을 다했다. 그러나 사람은 모두 평등하다는 신념을 가진 그는 아들이라고 편애하지는 않았다. 직접 가르치지도 않았다. 이런 일화가 있다. 공자의 제자인 진항陳亢이 하루는 공리에게 물었다.

"선생의 부친인 선생님께서는 선생을 직접 가르치지 않았습니까?"

공리가 대답했다.

"그렇지 않습니다. 그러나 하루는 부친께서 나에게 『시경』을 공부했느냐고 물으시더군요. 나는 공부하지 않았다고 대답했습니다. 그러자 부친께서는 『시경』을 공부하지 않으면 어떻게 자신의 사상을 표현할 수 있겠느냐고 하셨지요. 나는 이후 『시경』을 공부했습니다.

부친의 말씀대로 표현 능력이 좋아지더군요. 또 하루는 『예기』를 공부했느냐고 물으셔서 공부하지 않았다고 했습니다. 그랬더니 『예기』를 공부하지 않고 어떻게 세상을 살아가는 도리를 알 수 있겠느냐고 하셨습니다. 나는 바로 『예기』를 공부했지요. 이것이 내가 부친에게 받은 딱 두 번의 단독 교육입니다."

공리는 아버지처럼 학문적으로 대성하지 못했다. 또 50세를 바라보는 나이에 급(伋)(자사)을 낳고 바로 세상을 떠난 탓에 아들 교육을 시킬 기회도 별로 없었다. 하지만 그는 『시경』과 『예기』를 공자 가문의 전통 필수 학문으로 확립했다는 사실만 놓고 봐도 공자의 아들로서 나름의 할 일은 했다고 할 수 있다. 더구나 세상을 떠나기 직전 아슬아슬하게 걸출한 아들을 낳아 가문의 대를 이었다.

이 걸출한 공자의 손자 공급은 어릴 때 아버지와 할아버지가 잇달아 세상을 떠나 가문의 교육을 많이 받지 못했다. 게다가 아버지가 세상을 떠나자 어머니가 바로 개가하여 기본적인 교육 환경도 썩 좋지 않았다. 그러나 공자의 손자답게 어릴 때부터 가능성을 보였다. 하루는 공자가 좋지 않은 일로 탄식을 하고 있었다. 그러자 공급이 달려가 물었다.

"할아버지께서는 제가 어리석어서 조상을 욕보이지 않을까 걱정하시는 것입니까?"

공자는 어린아이가 너무 맹랑한 말을 하자 웃으면서 물었다.

"어린 네가 어찌 내 생각을 알겠느냐?"

"저는 할아버지로부터 교육을 여러 차례 받았습니다. 아버지가 나무를 하는데 아들이 지고 가지 않으면 어리석은 것이라고 말입니다. 저는 그래서 항상 이 문제를 생각했습니다. 제가 할아버지나 아버지의 학문을 계승하지 못하지 않을까 하고 말입니다."

"그래. 그렇다면 내가 걱정을 하지 않아도 되겠구나."

공급의 이런 총명함은 너무도 어린 나이에 조실부모한 탓에 자칫했으면 사장될 수도 있었다. 그러나 그에게는 할아버지를 흠모하는 제자 3천 명이 있었다. 우선 공자가 세상을 떠난 다음 묘를 6년이나 지킨 재벌 자공이 그를 돌봤다. 경제적으로 아쉬울 까닭이 없었다. 위衛나라 출신인 자공이 고국으로 떠난 이후에는 노나라에서 고관으로 일한 염구冉求가 스승의 손자를 위해 발 벗고 나섰다. 경제적인 도움을 제공하는 데 그치지 않고 그를 지성으로 가르쳤다. 민자건閔子騫 역시 스승을 잊지 못해 공급의 훈육을 위해 기꺼이 일익을 담당했다. 하지만 공급의 진정한 스승은 증자曾子라고 해야 한다.

자사는 스승 증자와 어릴 때는 그다지 가깝지 않았다. 또 16세 이후에는 할아버지 제자들의 곁을 떠나 송나라와 위나라로 가 공부하면서 살았다. 노나라로 다시 돌아와 스승을 만난 것은 그의 나이 중년에 가까웠을 때였다. 그러나 늦게 만났다고 의미가 퇴색되지는 않는다. 오히려 그는 증자의 밑에서 할아버지 사상의 요체를 제대로 배웠다. 증자의 기본적인 사상 역시 사람이 먼저라는 생각에 기초한 것이었기 때문이다. 그의 저서인 『증자』曾子「대효」大孝에는 이런 말이 있다. "하늘이 낳고 땅이 기르는 것 중에 사람이 가장 위대하다."

자사 역시 할아버지와 스승의 영향을 강하게 받았다. 공자, 안자顏子(안회), 증자, 맹자와 함께 유학의 5대 성인으로 불리는 그의 사상의 요체가 천인합일天人合一이라는 사실은 무엇보다 이를 잘 말해 준다. 그의 이런 사상은 그의 저서로 알려진 『중용』中庸의 핵심을 이루고 있기도 하다.

자사는 할아버지, 아버지와 마찬가지로 독자를 두었다. 이름이 백白, 자가 자상子上인 아들이었다. 아쉽게도 공백孔白을 그가 어떻게 가르쳤는지는 알 길이 없다. 그저 집안의 정신과 철학을 익히고 실천에 옮기도록 지도했으리라 짐작할 뿐이다. 그렇다고 공자와 증자 그리고 그의 학문적 성과나 사상이 중간에 허공으로 사라진 것은 아니었다. 자사의 애제자 중 한 명이 맹자라는 걸출한 인물을 길러 내 스승들이 평생 갈고닦은 성과를 빠짐없이 전한 것이다. 말하자면 공자-증자-자사-맹자로 이어지는 학통 내지는 도통의 계보가 완성된 것이다. 지금 공맹孔孟 사상이나 사맹思孟 학파 등의 학술 용어가 중국 사상사에 존재하는 데는 이런 이유가 있다. 당연히 맹자도 스승들의 영향을 많이 받았다. 따라서 인본주의자로서 '사람이 제일 중요하다'가 그의 핵심 사상인 것은 전혀 이상하지 않다. 그가 저서인 『맹자』를 통해 왕도王道(도덕적 교화를 통해 순리를 따름. 패도覇道의 반대) 정치를 주창한 것이나 순자荀子의 성악설性惡說과 완전히 반대 되는 성선설性善說을 주장한 것도 이런 사실과 맥락을 같이한다.

공 자 후 손 들 의 활 약

역사 기록에 따르면 자사 이후에는 공자 가문에 상당 기간 동안 이렇다 할 학문의 태두가 탄생하지 않았다. 그저 조상의 정신과 학문의 끈을 놓지 않은 채 공백 - 공구孔求 - 공기孔箕 - 공천孔穿 - 공겸孔謙으로 대를 이어 갔다. 아슬아슬하게도 거의 대부분이 독자였다. 다행히 8대손인 공겸에 이르러서는 공부孔鮒, 공수孔樹, 공등孔騰 등 세 아들이 태어났다. 이 9대손 중에서는 전국 시대와 진秦나라 말기에 살았던 유생인 큰아들 공부가 조상이 남긴 전적典籍과 정신을 지키기 위해 노력한 후손으로 가장 유명하다. 진 시황 34년(기원전 213) 무렵이었다. 공부는 재상 이사李斯가 분서갱유를 준비한다는 말을 위魏나라에 살 때의 친구인 진여陳餘로부터 들었다. "진나라 황제가 유학의 전적을 불태우는 짓을 하려고 하네. 자네는 전적의 주인이 아닌가. 위험하네."

공부는 즉각 자신이 보관하고 있던 『논어』, 『상서』, 『효경』 등의 책을 선조들의 고향 옛집 벽장 속에 감춘 다음 감쪽같이 봉해 버렸다. 이어 숭산嵩山에 은거해 제자 100여 명을 가르치기 시작했다. 그의 은거는 길지 않았다. 얼마 후 영생할 것 같던 진 시황이 맥없이 세상을 떠나고 천하대란이 일어나자 그는 농민 반란군의 수장인 진승陳勝의 군문에 투신했다. 그의 이 결정은 어떻게 보면 도저히 이해하기 어려운 것일지 모른다. 그러나 진승이 농민 반란군을 지휘하면서 '왕후장상의 씨가 어찌 따로 있는가?'라는 기치를 내건 사실을 떠올리면 이해가 되는 측면도 없지 않다. 진승의 슬로건에서 자신의 유전자에도 그대로 녹아 있었을 사람 우선이라는 공자 사상의 일단을 읽었을지 알 수 없는 일이다.

물론 그의 이상은 진승의 반란 실패에 따라 실현되지 못했다. 그러나 그의 인생은 공자 사상의 정화를 담은 전적을 세상에서 사라지지 않도록 벽장에 숨겼다는 사실만으로도 충분히 성공적이었다. 발각날 경우 최소한 기시로 다스려질 위험을 무릅쓰고 감행한 행동은 한나라 무제 때 결실을 맺는다. 이 전적들이 당시 자신의 궁궐을 넓히

공묘에 놓인 노벽

고자 공자의 옛집을 헐던 무제의 이복형제 노 공왕魯恭王에 의해 발견되어 세상의 빛을 다시 보게 된 것이다. 이후 명나라 때에 이르러 공자의 사당인 공묘에는 이를 기념하기 위한 노벽魯壁(공자의 전적이 나온 벽이라는 의미)이 세워져 지금까지 보존되고 있다.

공부의 막내 동생인 공등 역시 조상에게 부끄럽지 않은 후손으로 역사에 기록돼야 할 것 같다. 한나라를 연 개국 군주 유방이 제후 영포英布의 반란을 진압하고 노나라 땅을 지날 때였다. 요즘으로 치면 조폭 출신의 무식하기 이를 데 없는 그였지만 유학이 통치에 필요하다는 인식만큼은 가지고 있었다. 공자를 위한 제사를 지낸 후 주변의 신망이 두터웠던 공등을 봉사관奉祀官(공자의 제사를 전문적으로 관할하는 관리)으로 임명한 것도 이 인식 덕분이었다. 이때부터 공자는 역대 왕조의 황제들로부터 대대로 존경받는 성인으로 각인될 수 있었다. 또 공자의 후손들 역시 대대로 성인을 선조로 둔 인물들로 존중을 받게 됐다. 손이 귀한 집안이었으나 대가 끊어지지 않고 지금까지 이어져 내려오는 전기가 자연스럽게 마련됐다.

아버지가 영웅이면 아들도 영웅이라는 말처럼 후손들 또한 학문적으로 맹활약했다. 대표적인 인물이 한나라 때의 11대손 공안국孔安國이었다. 공등의 아들 공충孔忠의 둘째 아들인 그는 원래 노벽에서 춘추 시대의 『고문상서』古文尙書가 발견되기 전까지만 해도 『금문상서』今文尙書와 『시경』 공부에 주력해, 경학經學(유학 경전을 해석하거나 저술하는 학문)에서 일가를 이룬 대학자였다. 그러다 『고문상서』가 발견되자 평생에 걸쳐 쌓은 내공을 전력투구해 즉시 이에 대한 정리와 연구에 들어갔다. 이 결과물이 『상서공전』尙書孔傳으로 이는 『상서』 연구에 없어서는 안 되는 자료로 손꼽힌다.

14대손인 공광孔光도 거론하지 않으면 안 된다. 학문적인 성취를 크게 인정받아 한나라 원제元帝, 성제成帝, 애제哀帝, 평제平帝 등 4대 황제를 거치면서 어사대부, 승상丞相, 대사도大司徒, 태부太傅 등의 고위 관직을 17년 동안 역임했다. 공자의 후손 중에서는 가장 높은 관직에 오른 것으로 유명하다.

20대손인 공융孔融은 지명도에서 단연 다른 후손들의 추종을 불허한다. 소설 『삼국연의』三國演義에도 등장할 뿐 아니라 건안칠자建安七子(동한 헌제獻帝의 건안 연간인 196년부터 220년 사이에 활약한 문학 그룹 가운데 가장 뛰어난 인재 7명, 즉 공융을 비롯해 진림陳琳, 왕찬王粲, 서간徐幹, 완우阮瑀, 응창應瑒, 유정劉楨을 이른다)로 지금까지 이름을 날리고 있다. 당대의 명유名儒라는 평가에 어울리게 성품이 강직하고 총명했으나 공자의 후손답게 인간에 대한 따뜻한 사랑을 시나 산문으로 자주 나타냈다. 대표 작품 「잡시」雜詩는 어릴 때 요절한 아들을 그리워하는 내용으로 독자의 심금을 울린다. 과연 공자의 후손이라는 찬사를 받도록 한 작품으로 손꼽힌다.

요즘으로 치면 멘사 회원이 될 정도의 천재였던 공융은 비상한 머리의 소유자답게 재미있는 에피소드도 적지 않게 남겼다. 열 살 때 그는 아버지 공주孔宙를 따라 고향에서 당시의 수도인 낙양에 가게 됐다. 이때 낙양에는 사대부로 유명했던 이응李膺이 살고 있었다. 그는 이응을 만나고 싶었다. 하지만 이응은 저명인사나 집안끼리의 교류가 있는 사람이 아니면 그 누구도 만나 주지 않았다. 그는 이응이 얼마나 대단한 사람인가 알아보고 싶었다. 그래서 집안 간의 교류가 있다고 거짓말을 하고 이응을 만났다. 이응이 그를 보자마자 물었다.

"너와 나의 집안은 어떤 교류가 있는가?"

공융이 대답했다.

"과거 저의 선조인 공자께서는 선생 집안의 선조인 노자에게 주 나라의 예에 관해 배움을 청했습니다. 그러므로 저와 선생의 집안은 교류가 있다고 하겠습니다."

이때 이응의 집에는 적지 않은 사람이 모여 있었다. 모두들 공융의 총명함에 찬탄을 금치 못했다. 나중에 중대부中大夫인 진위陳煒가 늦게 도착해 공융의 말을 들었다. 그러자 그가 공융에게 말했다.

"어릴 때 똑똑한 사람은 커서 멍청해진다고 하더군."

공융은 어린 나이임에도 지지 않았다. 바로 진위에게 직격탄을 날렸다.

"그러면 대부께서는 어렸을 때 틀림없이 똑똑했겠군요."

진위는 공융의 당돌한 말에 아무런 대꾸도 하지 못했다. 이응이 크게 웃으면서 말했다.

"나중에 크게 될 아이로군."

이응의 판단은 틀리지 않았다. 성장한 공융은 호분중랑장虎賁中郎將

을 거쳐 북해北海의 재상이 된 다음 대중대부大中大夫의 자리에까지 올랐다. 특히 그는 6년 동안 북해의 재상으로 있을 때 학교를 세우고 유학을 장려하는 정책을 펼쳐 역시 공자의 후예라는 소리를 들었다. 그러나 사람이 근본이라는 가문의 가르침에 충실하다 나중에 조조의 미움을 받아 피살되는 횡액을 당하고 말았다. 그럼에도 권력에 아부하지 않고 선조의 가르침에 충실했던 그의 정신은 후세에 높이 평가받고 있다.

2 0 세 기 의   공 자   가 문

공자의 가문은 한나라 평제 때인 원시元始 1년(서기 1)에 서양의 작위에 해당하는 포성후襃成侯라는 봉호封號를 받았다. 이후 이 봉호는 각 왕조를 거치면서 약 1,000여 년 동안 변하지 않고 적손嫡孫(큰아들에서 큰아들로 이어지는 직계 혈통)에게 세습됐다. 송나라 인종仁宗 지화至和 2년(1055)에는 연성공衍聖公으로 바뀌어 계속 이어졌다. 그러다 1935년 중화민국 정부에서 봉호를 취소하고 '대성지성선사봉사관'大成至聖先師奉祀官으로 다시 바꾸면서 연성공도 사라졌다.

이 마지막 연성공은 77대손인 공덕성孔德成(쿵더청)이다. 그 역시 원나라 말기 명나라 초기의 55대 적손 공극견孔克堅, 청나라 때의 극작가로 유명한 64대 적손 공상임孔尚任 같은 대부분의 선조처럼 곡부가 고향이었다. 하지만 고향과의 인연은 공덕성이 1949년 공산당과의 내

전에서 패한 장개석의 국민당 정부를 따라 대만으로 가면서 완전히 끊어졌다. 아니, 그가 자발적으로 놓았다고 하는 편이 옳다. 사람을 근본으로 생각하는 집안의 정신이 사람까지 물질로 여기는 유물론의 공산당과는 기본적으로 맞지 않는다고 생각했기 때문이 아닐까.

그는 심지어 중국과 대만 관계가 일반인의 상호 방문을 허용할 정도로 좋아진 1995년에 친누나 공덕무孔德懋(쿵더마오)가 대만을 방문해 귀향을 눈물로 호소했을 때도 들은 척조차 하지 않았다. 결과론적이기는 하나 그가 고향을 떠난 것은 탁월한 선택이었다. 공자가 개보다 못한 취급을 당한 문혁의 10년 세월 동안 그대로 곡부에 남아 있었다면 그의 운명이 어떻게 됐을지는 불 보듯 뻔한 일이기 때문이다.

대만의 국보로 불리면서 대만대학교 교수, 고시원 원장(한국의 과거 총무처 장관에 해당)을 지낸 공덕성은 한국과도 인연이 많다. 1980년 한국 유학 총본산인 안동의 도산서원을 방문한 이후 몇 차례 더 한국을 찾은 것이다. 그가 이런 행보를 보인 것은 한국이 중국보다 유학을 훨씬 더 잘 보존하고 발전시켰다는 생각과 맥락을 같이한다. 더불어 퇴계 이황이 나이와 신분을 가리지 않고 정성으로 사람을 대하는 평등주의를 실천한 유학자라는 사실과도 깊은 관련이 있다. 이런 그의 생각은 2012년 3월에 한국을 찾은 공자의 79대손이자 그의 손자인 공수장孔垂長(쿵추이창)이 맹자의 76대손 맹영계孟令繼(멍링지)와 함께 다시 도산서원을 찾아 참배함으로써 계속 이어졌다.

현재 공자의 적손, 즉 공덕성의 후손인 79대손 공수장, 80대손 공우인孔佑仁(쿵유런)은 모두 대만에 살고 있다. 곡부에 살고 있는 3만 명의 후손은 모두 방계 혈통인 셈이다. 하지만 이들이 인간을 무엇보다 우선시한 조상의 정신을 지키고자 노력한다는 점에서는 별로 다를

공자의 77대 손인 공덕성과
손자 및 증손자

것이 없다. 곡부를 비롯한 산동성 일대의 문화계, 학계, 예술계에서
인성 위주의 인재 육성에 관한 한 공씨 가문은 그 어느 가문보다 맹
활약하고 있다.

　지금도 유명한 방계 후손은 적지 않다. 모택동의 큰사위 공영화,
여류 바둑의 지존으로 불리는 공상명孔祥明(쿵샹밍)과 한때 이창호의 라
이벌이었던 공걸孔杰(쿵제), 외교부 부장조리(차관보) 공천孔泉(쿵취안), 탁구
스타 공영휘孔令輝(쿵링후이) 등이 대표적으로 손꼽힌다. 지난 세기에는
이른바 4대 가문(대만으로 쫓겨 간 국민당의 핵심 세력으로 장개석의 장씨, 송자문과 송씨
3자매의 송씨, 공상희의 공씨, 진과부와 진입부의 진씨)의 일원인 공상희가 가장 유
명했다. 적손은 아니지만 그 또한 공자 가문의 75대손이다.

　공자는 요즘 말로 하면 휴머니즘을 주창했다. 휴머니즘이 사상적
세계관으로 조금씩 논의되기 시작한 유럽의 15세기와 비교하면 시기

적으로는 무려 2천 년 정도나 빨랐다. 또 실천과 보급을 위해 생명을 바치고자 하는 진정성을 보이며 노력했다. 대명천지인 오늘날에도 인간을 인간답게 살지 못하도록 만드는 기본적인 불균형, 불평등 구조가 존재하는 현실을 감안하면 그의 생각과 노력은 아무리 높이 평가해도 과하지 않다. 그가 만세사표萬世師表로 불리는 데에는 이처럼 분명한 이유가 있다.

참고문헌

『孔子』, 薛娜 著, 2009年, 光明日报出版社

『老舍經典作品』, 老舍 著, 2011年, 當代世界出版社

『老舍評傳』, 潘怡爲 著, 2009年, 靑島出版社

『論語』(上下), 中國國學文化藝術中心 編, 2011年, 人民敎育出版社

『唐代史学與墓志研究』, 牛致功, 2006年, 三秦出版社

『唐代河東裴氏墓志論述』, 周征松 · 高洪山, 2009年, 人民出版社

『圖說宋氏家族』, 王東方 · 聶茂 · 彭利芝 著, 2005年, 團結出版社

『圖解論語』, 孔子 著, 2012年, 鳳凰出版社

『圖解本草綱目』, 紫圖 編, 2012年, 陝西師範大學出版社

『명가의 탄생』, 홍순도 저, 2009년, 서교출판사

『毛澤東傳: 崢嶸歲月(1893~1923)』, 李銳 著, 2013年, 北京聯合出版公司

『毛澤東最后七年風雨路』, 顧保孜 著, 2010年, 人民文學出版社

『班固評傳』, 陳其泰 · 趙永春 著, 2002年, 南京大学出版社

『四大家族恩怨秘史』, 柴晨淸 編著, 2011年, 台海出版社

『四世同堂』, 老舍 著, 2012年, 北京十月文藝出版社

『蘇東坡集』, 蘇軾 著, 2012年, 廣陵書社有限公司

『蘇軾』, 田姝 著, 2009年, 光明日報出版社

『宋氏家族全傳』, 程廣 著, 2001年, 中國文史出版社

『顔眞卿』, 權海帆 著, 2010年, 太白文藝出版社

『顔真卿墨迹』, 孫寶文 編, 2011年, 上海辭書出版社

『梁啓超自傳』, 梁啓超 著, 2012年, 江蘇文藝出版社

『王羲之評傳』, 郭廉夫 著, 2011年, 南京大學出版社

『王羲之行書集唐詩』, 于魁榮 主編, 2006年, 中國書店出版社

『李時珍』, 王蓮鳳 編著, 2012年, 中國社會出版社

『李時珍』, 重陽 著, 2008年, 南海出版社

『二十四史精華』, 司馬遷・班固 等 著, 2008年, 萬卷出版公司

『中国家族教育』, 黨明德 等 主編, 2005年, 山東教育出版社

『中國名家經典童話』, 葉聖陶 等 著, 2011年, 同心出版社

『中國歷史上的著名家族』, 李清棟 著, 2005年, 中國社會出版社

『中小學生必讀叢書: 少年中國說』, 梁啓超 著, 2010年, 陝西師範大学出版社

『漢書』, 班固 著, 中華國學文庫 編, 2012年, 中華書局

명문가의 격 :
고귀하고 명예로운 삶을 추구한 중국 11대 가문의 DNA

2013년 7월 14일 초판 1쇄 발행

지은이
홍순도

펴낸이	**펴낸곳**	**등록**
조성웅	도서출판 유유	제406-2010-000032호(2010년 4월 2일)

주소
경기도 파주시 문발동 560 숲속길마을
동문굿모닝힐 302동 102호 (우편번호 413-782)

전화	**팩스**	**홈페이지**	**전자우편**
070-8701-4800	0303-3444-4645	uupress.co.kr	uupress@gmail.com

편집	**디자인**
이경민	이기준

제작
(주)재원프린팅

ISBN 979-11-85152-01-1 03910

이 도서의 국립중앙도서관 출판시도서목록(CIP)은 서지정보유통지원시스템
홈페이지(http://seoji.nl.go.kr)와 국가자료공동목록시스템(http://www.nl.go.kr/kolisnet)에서
이용하실 수 있습니다.(CIP제어번호: CIP2013010079)